Sudha Rajagopalan

·

# Journeys of Soviet Things

## Cold War as Lived Experience in Cuba and India

Routledge

New York / London

2023

Судха Раджагопалан

•

# Путешествия советских вещей

## Холодная война как жизненный опыт на Кубе и в Индии

Academic Studies Press

Библиороссика

Бостон / Санкт-Петербург

2024

УДК 327.54
ББК 63.3(2)63
Р15

Перевод с английского Арсения Черного

Серийное оформление и оформление обложки Ивана Граве

**Раджагопалан, Судха.**

Р15    Путешествия советских вещей. Холодная война как жизненный опыт на Кубе и в Индии / Судха Раджагопалан ; [пер. с англ. А. Черного]. — СПб.: Academic Studies Press / Библиороссика, 2024. — 366 с. (Серия «Современная западная русистика» = «Contemporary Western Rusistika»).

ISBN 979-8-887199-06-1 (Academic Studies Press)
ISBN 978-5-907767-95-9 (Библиороссика)

Выполненная на стыке культурологии, истории материальной культуры, исследований памяти и феминистских изысканий, эта работа представляет собой устную историю социалистической глобализации, строившейся вместе с отправкой в Индию и на Кубу различных советских вещей в годы холодной войны. Опираясь на рассказы обычных людей из Индии и с Кубы, автор изучает маршруты следования таких предметов советского быта, как автомобили, стиральные машины, фотокамеры, книги, матрешки, изделия из фарфора и многое другое. Рассматриваемая в подобной перспективе, сама холодная война оказывается личным и близким событием, относящимся к каждодневной жизни людей.

УДК 327.54
ББК 63.3(2)63

ISBN 979-8-887199-06-1
ISBN 978-5-907767-95-9

*Посвящается Майтрейе*

# Список иллюстраций

2.1. Первые советские часы Антолина Барсены (куплены в 1962 году). Фото — Антолин Барсена

2.2. Первая реклама советских наручных часов «Полет». Bohemia 24. 1961. 11 июня

2.3. Социальная реклама, призывающая экономить электроэнергию. Bohemia 77. 1985. № 40. 4 октября

3.1. Советский кондиционер 1980-х годов, полученный в качестве премии на работе; висит в спальне Луизы Карбайейры, функционирует по сей день. Фото автора, публикуется с любезного разрешения Луизы Карбайейры

3.2. Виниловый проигрыватель Мигеля Ариза. Куплен в СССР в 1960-е годы. Фото автора, публикуется с любезного разрешения Мигеля Ариза

3.3. Советский утюг Лиз Лопес и Агустина Фандо. Фото автора, публикуется с любезного разрешения Лиз Лопес и Агустина Фандо

3.4. Радиоприемник Selena Хуана Кабреры у меня на кухне (Гавана, район Ведадо). Надпись на задней стенке сообщает, что прибор был изготовлен на Кубе в соответствии с советской технической документацией («Made in Cuba, according to the Soviet technical documentation of the electronics industry of Minkom»). Фото автора, публикуется с любезного разрешения Хуана Кабреры

3.5. Телевизор Caribé и настольный вентилятор из СССР дома у Лиз Лопес и Агустина Фандо. Фото автора, публикуется с любезного разрешения Лиз Лопес и Агустина Фандо

3.6. Советский кинопроектор Хуана Карлоса Гарсии. Фото автора, публикуется с любезного разрешения Хуана Карлоса Гарсии

3.7. Швейная машинка Мигеля Аризы. Фото автора, публикуется с любезного разрешения Мигеля Аризы

3.8. Советский настольный вентилятор «Орбита» Антолина Барсены. Фото автора, публикуется с любезного разрешения Антолина Барсены

3.9. Старый советский кондиционер БК-1500 по-прежнему исправно охлаждает картинную галерею Кристины Вивес. Фото автора, публикуется с любезного разрешения Кристины Вивес

3.10. Неработающая, но бережно хранимая как памятный артефакт советская стиральная машина «Аурика» в доме Хосе Мигеля Фигередо и Мерседес Эчаге. Фото автора, публикуется с любезного разрешения Хосе Мигеля Фигередо и Мерседес Эчаге

4.1. Письмо из Государственного департамента США с сообщением об одобрении визы Эдуардо Пуэнте. Фото автора, публикуется с любезного разрешения Эдуардо Пуэнте

4.2. Советская открытка, которую Эдуардо получил от своей тети. Фото автора, публикуется с любезного разрешения Эдуардо Пуэнте

4.3. Брошюра Института русского языка имени Максима Горького, хранящаяся в личном архиве Антолина Барсены. Он был одним из первых подавших заявку на поступление, когда институт только открылся. Фото автора, публикуется с любезного разрешения Антолина Барсены

4.4. Походная фляга, привезенная Каридад Брето из советского пионерлагеря. Фото автора, публикуется с любезного разрешения Каридад Брето

4.5. Гжельская статуэтка, подаренная Рафаэлю Бельтрану по окончании аспирантуры в Москве. Фото автора, публикуется с любезного разрешения Рафаэля Бельтрана

4.6. Матрешка, портрет Пушкина и другие советские артефакты, собранные Сиомарой Гарсией. Фото автора, публикуется с любезного разрешения Сиомары Гарсии

4.7. Советская поваренная книга, подаренная Ноэми Диаз в знак благодарности матерью чернобыльца. Фото автора, публикуется с любезного разрешения Ноэми Диаз

4.8. Подаренный на свадьбу фарфоровый сервиз, выпущенный к 50-летнему юбилею Октябрьской революции. Фото автора, публикуется с любезного разрешения Тереситы Урры и Антонио Труебы

4.9. Календарь, напоминающий о том, что 1969 год стал для Райны и Рудольфо особенным: именно тогда в Москве у них родилась дочь. Фото автора, публикуется с любезного разрешения Райны Родригес и Рудольфо Альвареса

4.10. Сервант с советскими артефактами, многие из которых Райне и Рудольфо дарили на память принимавшие их в СССР. Фото автора, публикуется с любезного разрешения Райны Родригес и Рудольфо Альвареса

4.11. Снимки из фотоальбома Мириам Месы: 1970-е годы, Москва, погрузка вещей для отправки в Гавану. Подпись сообщает: «Приготовления в обратный путь — зима 1979». Фото автора, публикуется с любезного разрешения Мириам Месы

4.12. Анна с парой носков, вручную связанных ее русской мамой. Фото автора, публикуется с любезного разрешения Анны Лидии Веги Серовой

4.13. Каридад Брето показывает мне русские платки. Фото автора, публикуется с любезного разрешения Каридад Брето

4.14. Снимок баннера со словами «перестройка» и «rectificación» на фоне советского и кубинского флагов. Фото автора, публикуется с любезного разрешения Кристины Вивес

6.1. Том романа Л. Н. Толстого «Воскресение» Шабнам Хашми. Публикуется с любезного разрешения Шабнам Хашми

6.2. Большой фотоальбом, посвященный республикам СССР, благодаря которому Дипа Бхашти впервые познакомилась с видами советской страны. Публикуется с любезного разрешения Дипы Бхашти

6.3. Девадатта Раджадхьякша показывает издание цикла рассказов Виктора Драгунского «Денискины рассказы» в переводе на маратхи. Публикуется с любезного разрешения Девадатта Раджадхьякша

6.4. Апарна Сингх и сейчас иногда перечитывает повесть Владислава Крапивина «Та сторона, где ветер» — одно из своих любимейших советских произведений. Публикуется с любезного разрешения Апарны Сингх

6.5. Малаяльский перевод рассказа Николая Носова «Шурик у дедушки» из личной библиотеки Сайида А. Латхифа. Публикуется с любезного разрешения Сайида А. Латхифа

6.6. Повесть Николая Дубова «Мальчик у моря» в переводе на малаялам из личной библиотеки Сайида А. Латхифа. Публикуется с любезного разрешения Сайида А. Латхифа

6.7. Книга «Солнечный ветер» Алексея Леонова на полке Ранджита Хоскота. Публикуется с любезного разрешения Ранджита Хоскота

6.8. Советское пособие по горному делу и минералогии, которым Девараджан Майлапалли пользовался во время обучения в аспирантуре в Индии. Публикуется с любезного разрешения Девараджана Майлапалли

6.9. Девараджан говорит, что советскими учебными материалами (наподобие «Полевого определителя минералов» Кузина и Егорова) пользовались параллельно с местными и американскими изданиями. Публикуется с любезного разрешения Девараджана Майлапалли

6.10. Советский учебник по алгебре, сразу начинающийся со сложных упражнений вместо плавного введения в тему. Публикуется с любезного разрешения Рамеша Ананта

6.11. Книга о космической станции «Мир», которой, как вспоминает Винай Аравинд, зачитывались все его одноклассники в элитной гимназии города Коттаям. Публикуется с любезного разрешения Виная Аравинда

6.12. Советские книги различной тематики из личной библиотеки Ранджита Хоскота. Публикуется с любезного разрешения Ранджита Хоскота

7.1. Фотопортреты Пратиикши Сингх и ее брата напоминают о времени, проведенном в Советском Союзе. Публикуется с любезного разрешения г-на и г-жи Сингх

7.2. Кухонный безмен, приобретенный в Москве. Публикуется с любезного разрешения г-жи Сингх

7.3. Аниль Наурийа демонстрирует фотографию, на которой он и его дед запечатлены с маршалом Жуковым в 1957 году. Публикуется с любезного разрешения Аниля Наурийи

7.4. Классическая сине-золотая фарфоровая пара — один из многочисленных русских артефактов, дорогих сердцу Шабнам Хашми. Публикуется с любезного разрешения Шабнам Хашми

7.5. Колокольчик из гжельского фарфора рядом с традиционными предметами убранства индийского дома. Публикуется с любезного разрешения Лалимы Сингх

7.6. Кукла Таша, подаренная Ранджане Саксена старинным другом из России, заняла почетное место на книжной полке в ее доме в Нью-Дели. Публикуется с любезного разрешения Ранджаны Саксена

7.7. Советские камеры «Смена» С. Анантханараянана. Публикуется с любезного разрешения С. Анантханараянана

7.8. Анубхути Маурья уверяет, что через этот советский бинокль можно наблюдать спутники Юпитера, что свидетельствует о его качестве. Публикуется с любезного разрешения Анубхути Маурья

8.1. Расписной поднос, который Ума Мукхерджи купила в Москве во время конференции. Публикуется с любезного разрешения Умы Мукхерджи

8.2. Обложка пластинки легендарной группы «Аквариум». Этот альбом Субир Синха приобрел в Нью-Дели вскоре после распада СССР. Публикуется с любезного разрешения Субира Синха

8.3. Задняя сторона того же винила. Публикуется с любезного разрешения Субира Синха

8.4. Аудиосистема Мигеля Аризы — типичный пример кубинского DIY для меломанов: усилитель Crown с подключенным к нему старым советским виниловым проигрывателем. Фото автора, публикуется с любезного разрешения Мигеля Аризы

8.5. Примирение эпох материальной культуры: дореволюционный утюг фирмы General Electric на фоне советского визави. Фото автора, публикуется с любезного разрешения Родриго Эспины

# Слова благодарности

В мае 2022 года от осложнений, вызванных COVID-19, скоропостижно скончался Эрнесто Гомес Фигередо, мой референт из Гаваны. Эрнесто был молодым, талантливым и весьма ярким журналистом. Живой энтузиазм, с которым он погружался в представленный в этой книге материал, неподдельный интерес к личным историям и переживаниям людей чрезвычайно облегчили привычные трудности полевой работы. Эрнесто страстно желал путешествовать и продолжать обучение журналистскому делу в Европе. Сердце разрывается при мысли, что дальнейших планов ему построить не суждено. В последней нашей переписке за неделю до ухода он воодушевленно рассуждал о книге, с нетерпением ожидая своего экземпляра. Эрнесто, без тебя мне никогда не удалось бы справиться с подобной работой.

Я сердечно благодарна всем собеседникам с Кубы и из Индии, откликнувшимся на электронные письма и звонки, не пожалевшим времени и сил на интервью и подготовку для меня имеющихся у них советских вещей. Они гостеприимно впустили меня в свою жизнь, поведали свои истории, подчас весьма личные, благодаря чему и получилась эта книга. Некоторых из тех, с кем мне довелось побеседовать, сегодня уже нет, но я всегда вспоминаю о них с теплом и признательностью.

Свой вклад в успешное окончание настоящего проекта внесли многие люди и организации. Так, в 2019 году факультет европейских исследований Амстердамского университета великодушно одобрил мой академический отпуск для работы над книгой. На первых порах мне оказали серьезную поддержку коллеги, особенно Артемий Калиновский, Кристиан Ноак, Миха Кемпер, Алекс Дрейс-Френсис и Дина Файнберг. Целый ряд новых вопросов по теме был сформулирован в результате оживленной дискуссии на организованном в 2018 году Университетским колледжем Лондона и Школой востоковедения и африканистики семинаре «Социалистический мир, третий мир и медиамиры». Не менее плодотворной для моей работы стала и прошедшая в 2019 году в Мюнхенском университете имени Людвига и Максимилиана конференция «Культурная холодная война», организаторами которой выступили Гаутам Чакрабарти и Кристофер Балм. Я выражаю глубокую признательность за упомянутые (а равно и многие другие) встречи и обсуждения, тем или иным образом питавшие и направлявшие мои исследовательские устремления.

Вся полевая работа в Гаване вовсе не состоялась бы без Пара Кумарасвами, профессора кубинской литературы в Университете Рединга, уже на этапе подготовки помогавшего мне ценными советами и полезными знакомствами. Кроме того, во время работы в Гаване мне весьма помогли Изабель Стори, Дамарис Пуньялес-Алписар и Мария Каррера Арус, щедро делившиеся контактами. Чудесные люди из Кубинского института культурных исследований имени Хуана Маринелло — ректор Родриго Эспина и глава отдела по внешним связям и обмену Хенри Эредиа — были невероятно отзывчивы, великодушно помогая мне как в подготовке поездки, так и во время работы в Гаване. Их гостеприимство я навсегда сохраню в сердце. Я также признательна Ане Лауре Мартинес, занимавшейся расшифровкой испаноязычных интервью.

Что касается так называемой индийской части работы, я должна особенно поблагодарить Свапну Кону Найюду, ставшую моим первым собеседником: именно пилотное интервью с ней окончательно убедило меня в том, что выбранное направление работы не только сулит ценные находки, но и создает атмосферу приятной ностальгии от соприкосновения с советскими вещами. Я также чрезвычайно признательна всем, кто помогал мне в поисках собеседников посредством перепостов в социальных сетях. Нередко такие публикации приводили к появлению разнообразных коллективных воспоминаний (очаровательное следствие обращения к социальным платформам для поиска заинтересованных собеседников). Я выражаю особую благодарность Нилю Мадхаву, подарившему мне возможность побеседовать с его отцом Сумантом Кумаром Сингхом, с которым мне не удалось связаться через скайп.

Было бы упущением с моей стороны не упомянуть отдельно вклад Виная Аравинда, благодаря профессионализму которого фотографии в этой книге были приведены в должный для публикации вид. Кроме того, мне весьма помогла моя бывшая магистрантка Летиция ван Дейк из Нидерландов, взявшая на себя нелегкое дело вычитки черновых набросков для подготовки окончательного текста рукописи. Благодаря ее кропотливой работе мне удалось соблюсти даже собственные сроки выполнения проекта.

Неоценимую пользу в работе над книгой принесла конструктивная критика, высказанная редакторами культурологической серии о холодной войне издательства Routledge. На протяжении всей работы меня сильно поддерживал Макс Новик, без которого эта книга вряд ли вообще увидела бы свет. Я глубоко признательна Нику Броку, Сарите Шринивасан и замечательной выпускающей команде Routledge и Straive, чьи педантизм и внимание к деталям внесли в работу важные последние штрихи. Я должна поблагодарить и Амита Прасада, великолепно справившегося с предметно-именным указателем и помогавшего готовить книгу к выпуску.

Амма и Сварна, спасибо за вашу убежденность в том, что, несмотря на все трудности, этот проект будет успешно реализован. Я благодарю вас, Йост и Майтрейя, за искренний интерес к моей исследовательской работе, что помогало мне легко справляться с неизбежными в подобном деле моментами неуверенности в себе. Наконец, я высоко ценю тщательный и вдумчивый перевод, выполненный Арсением Черным, который помог мне осуществить давнюю мечту — достучаться до русскоязычных читателей. Спасибо Арсению и редакции издательства Academic Studies Press.

# Введение

Сумант Кумар Сингх (1954 года рождения) из округа Кагария (штат Бихар) вспоминает, что в 1960–1980-е годы даже в его деревушке за 1000 км от Нью-Дели были семьи, выписывавшие иностранную советскую периодику, наподобие журналов «Советский Союз» или «Советская женщина». Журналы, говорит он, обычно лежали при входе (*derwaza* на местном наречии), чтобы гости при желании могли полистать их глянцевые страницы.

На Кубе, в другой части света, Ноэми Диаз (того же года рождения) показывала мне изрядно потрепанную советскую кулинарную книгу, подаренную ей матерью чернобыльского ребенка, за которым Ноэми ухаживала в местном госпитале.

В эпоху холодной войны международные отношения строились и ощущались через поток подобных материальных предметов в не меньшей степени, нежели осуществлялись и посредством распространения военных и ядерных технологий.

В этой книге мы рассмотрим воспоминания о холодной войне и советских жестах дружбы очевидцев с Кубы и из Индии через призму самых обычных, повседневных советских вещей, которыми люди пользовались дома.

## Что это за книга

Геополитика как практика и дисциплина традиционно полагает жизненно важным представление глобального устройства через фиксированные, дискретные пространства с известной иерархией и рядом основополагающих атрибутов. Другой важный момент в традиционном геополитическом подходе — это сосредоточенность на государстве и территории, сугубо в рамках которой и рассматривается общество со всеми своими привычными устоями. При таком подходе геополитика оказывается «миром без людей», «миром абстрактных, бестелесных политических субъектов» [Staeheli, Kofman, Peake 2004: 5]. Вместе с тем «геополитика… лучше всего познается в ее беспорядочной контекстуальной данности» [О'Тоал 2009: 191]. С этой целью нам понадобится изучить, как геополитика вторгается в частную жизнь людей, определяя их взгляды и встраивая их агентность в работу геополитических субъектов [Hörschelmann 2008: 590]. Такое геосоциальное измерение дополняет политико-экономические подходы к изучению геополитических отношений [Kallio, Häkli 2017: 93]. Так как же нам подступиться к геосоциальным процессам — геополитике как «воплощенной» и «беспорядочной» практике? Как рассмотреть геополитическую субъектность, конституируемую в повседневной жизни, а не только в безличных «элитарных сценариях» [Dittmer, Gray 2010: 1665].

Книга о путешествиях советских вещей[1] полагает первым шагом к решению подобных вопросов формирование геополитического воображения в обыденных местах и пространствах, которые в противном случае считали бы совершенно далекими от политики. Если история торговых отношений Советского Союза с государствами-единомышленниками или странами,

---

[1] Я намеренно употребляю слово «вещи» в названии книги, желая тем самым подчеркнуть совершенно обыденный, банальный, «повсеместный до степени невидимости» характер предметов, обсуждаемых с собеседниками. Вещи наличествуют безотносительно нас; они такие сущие, что «эффективно функционируют», оставаясь при этом «сокрытыми от взора» [Harman 2010: 18]. Но при обращении к ним вещи «опредмечиваются»: как говорит Хайдеггер, «нечто самостоятельное может стать предметом, когда мы ставим его перед собой… Вещественность вещи, однако, и не заключается в ее представленной предметности» [Хайдеггер 1993: 317]. Вещи и сущности могут колебаться между тем, чтобы быть «сокрытыми от взора» и оказываться сознательно представленными, то есть «поставленными *перед* собой», предметами. Словом, я намеренно говорю о «вещах», поскольку для многих моих собеседников они действительно именно такие «вещи» — «сокрытые от взора», незаметные, давно принятые за данность — и таковыми оставались вплоть до сознательного их «опредмечивания» в ходе интервью.

искавшими поддержки, вполне известна, о конкретном опыте живых людей, возникавшем на почве этих политических решений, мы знаем не слишком много. Воспоминания же пожинавших плоды от приобретения этого опыта говорят о том, как в их повседневной жизни осуществлялось, ощущалось и осознавалось международно-политическое дружелюбие в холодную войну. Обсуждение советских вещей поможет нам обратиться к этим частным историям в рамках феноменологического подхода к изучению роли Советского государства на Глобальном Юге.

Настоящая работа выполнена на стыке культурологии, исследований материальной культуры, памяти и феминистской геополитики и ставит целью «прояснить способы народного и международного проявления в бытовой повседневности, принимаемой нами за данность» [Dowler, Sharpe 2001: 171], к чему я прибавила бы «и то, как национальное, местное и интернациональное пересекаются друг с другом в этом пространстве». Путешествия вещей, упоминаемых в книге, остались в памяти моих собеседников эпизодами их биографии, из которых можно почерпнуть то, каким образом ими формировались геополитические образы тех мест, из коих они прибыли. В силу же того, что советские вещи оказывались у людей в домах, они и являлись ближайшим связующим звеном между популярной культурой и советской «мягкой силой», личным и геополитическим миром. Почему в фокусе нашего внимания будут именно такие — личные — вещи, а не какие-либо общественные проекты или инфраструктурные объекты? Мой выбор пал на предметы домашнего обихода, поскольку дом — это такое место, где память человека реконструируется в его привычках, укладе, а также через сопутствующие этому вещи. Дома «память делает нас теми, кто мы есть» [Jones 2011: 875]. В пространстве дома предметы становятся эдакими отголосками прожитых историй, маяками, указывающими на их «место действия» уже в настоящем, напоминая, а порой и воссоздавая прошлое [Myers 2004: 210]. Что люди берегут, что ставят на видное место и что вообще делают неотъемлемой частью своего дома — все это может поведать нам об их представлениях о своей родословной. Откуда пошел их род, где были они сами, кого видели и знали — словом, все то пережитое в прошлом, что направляет их жизнь в настоящем, формируя взгляд на мир и свое место в нем, то есть предметы домашнего быта составляют будто «точки на карте», связующие их с самыми разными частями света [Riggins 1994a: 109], цит. по: [Haldrup 2009: 53].

Собранные здесь рассказы о путешествиях различных советских предметов являются важным подспорьем в деле изучения процессов социалистической глобализации в период холодной войны. Пересекая границу восточного блока, советские вещи обретали нарративную и символическую силу, обрастая смыслами и ценностями, привносимыми теми, кто ими обладал и пользовался; эти вещи становились в итоге своего рода посредниками, позволяя людям пережить через себя и дискурсивно конструировать не только опыт Советского Союза, но и собственное место в мире. Таким образом, вещи являются связующим звеном между популярной культурой и международной политикой. Предметы советского быта в подобном аспекте оказываются геополитическими артефактами, а отношения, действия, эмоции и воспоминания тех, с кем они связаны, показывают настроение людей относительно геополитически значимых событий и процессов. Вести подобные условные раскопки в области геополитической субъективности — значит ставить вопрос, во-первых, о том, как геополитическая ситуация холодной войны повлияла на жизнь конкретного человека, во-вторых (что еще более важно), о том, как повседневные действия, поступки и привычки человека способствовали очередному геополитическому витку, придавая международным стратегическим отношениям государств осязаемый и интуитивно понятный характер. Именно здесь — в живом опыте, вещах и памяти людей — и бьется сердце этой книги.

### Куба и Индия

Выбор стран для нашего исследования был обусловлен рядом факторов. Куба с Индией имеют много общего, но одновременно и весьма отличны друг от друга в политкультуре и экономике, а также культуре потребления. Обе страны были серьезными игроками на Глобальном Юге, но обладали совершенно разной политической культурой (радикальный социализм и авторитарный строй на Кубе — «полусоциализм» и демократия в Индии). Исследователи отмечают, что кубинская коммунистическая революция совершилась без поддержки со стороны СССР, а также подчеркивают значимость фигуры Кастро с его видением самобытности кубинского коммунизма. Индия же была примечательна тем, что являлась — пользуясь советской терминологией — «крупнейшей буржуазной демократией», с которой Советский Союз сохранял тесные политические и экономические связи даже тогда, когда Индия и ряд государств создали Движение неприсоединения[2]. Обе страны находились в так называемой геополитической серой зоне, в которой дружба с Советским Союзом не мешала принимать независимые внешнеполитические решения. Яркой иллюстрацией их самостоятельной политики является то, что Индия выступила одним из основателей Движения неприсоединения, в заседаниях которого принимала — в лице Кастро — активнейшее участие и Куба.

Индийский и кубинский внешнеполитический курс пролегал главным образом по пути антиимпериализма, которого придерживалась и бо́льшая часть неправительственного Глобального Юга. На Бандунгской конференции[3] неправительственные организации из Африки и Азии избегали откровенной блоковой риторики, даже если правительства их стран склонялись к той или иной стороне [Stolte 2019]. «Именно многогранная полифония интернационализма и даровала участникам подобную роскошь — обсуждать антиимпериалистическую повестку вместо диктовавших официальные нарративы злободневных демаркаций и идеологических размежеваний холодной войны» [Stolte 2019: 130]. Иными словами, конкурирующие нарративы обновления

---

[2] Созданное в 1961 году, это движение на сегодняшний день насчитывает 120 государств-членов и еще 20 наблюдателей. — *Прим. пер.*

[3] Прошедшей в конце апреля 1955 года и ставшей своеобразной репетицией Движения неприсоединения. — *Прим. пер.*

и развития, распалявшие холодную войну, воспринимались не столь взаимоисключающим образом, как их пытались продвигать; с Советским Союзом Глобальный Юг сближал именно антиимпериализм, нежели причастность к тому или иному послевоенному идеологическому лагерю.

Противостояние сверхдержав, каждая из которых отстаивала в годы холодной войны свою модернизацию, подстегнуло официальный экспорт (а равно и уже неофициальное распространение) советских технологий в страны Юга. Советские вещи бытового и личного пользования попадали в страны ближнего и дальнего зарубежья Азии и Латинской Америки как посредством торговых отношений между государствами, так и благодаря частным лицам, покупавшим вещи и получавшим их в дар. В разгар холодной войны всевозможные советские вещи — от бытовой техники до книг — должны были транслировать превосходство советского модернизационного проекта, а также добрую волю Советов в отношении Глобального Юга, многие страны которого, став независимыми, подумывали о смене политического курса. Добрые отношения между Советским Союзом и этими государствами способствовали также неформальному обороту вещей наподобие сувениров и прочих подобных артефактов, полученных в результате взаимодействия людей, ставшего возможным благодаря новым геополитическим связям, особенно таким, как программы студенческого обмена и взаимные дипломатические миссии.

## Советские вещи

Отношение к вещам в советской политике — что внутренней, что внешней — случайным, конечно, быть не могло. Уже первые советские конструктивисты видели в окружающих предметах своих товарищей, утверждая такое отношение к вещам, которое способствовало бы интеграции повседневных предметов в жизнь так, чтобы укреплять социалистическую сознательность. Тем самым они оппонировали капиталистической — так называемой товарной — культуре, где потребление считалось делом частным и приватным, самодовлеющим и оторванным от творческой области производства, то есть товар капиталистического происхождения никоим образом не оказывал воздействия на сознание индивида [Kiaer 2005: 31–32]. Как писал в своем эссе «Быт и культура вещи» Борис Арватов, «связь индивидуума и коллектива с вещью есть самая основная, важная, определяющая из социальных связей» [Арватов 1925: 75]. Здесь важно то, что уже тогда, в начале XX века, исследователь прямо указал на ключевую роль бытовой материальной культуры в формировании субъекта [Kiaer 1997: 105].

Александр Родченко, другой пионер конструктивизма, еще нагляднее сформулировал продуктивистский принцип, называя вещи «друзьями-товарищами» и указывая на необходимость «радикально отличной социополитической концепции вещей и наших с ними отношений» [Kravets 2013: 42]. Сергей Третьяков, публицист и драматург, входивший в кружок лефовцев⁴, говорил даже о «биографии вещи», чья «композиционная структура... представляет собой конвейер, по которому движется сырьевая единица, с помощью человеческих усилий превращающаяся в полезный продукт» [Третьяков 1929/2000: 71], то есть весь производственный цикл — от изначального проекта до конечного потребления — являлся составляющей этой «биографии вещи», в то время как люди со своими эмоциями и чувствами были делом наживным: «Биография вещи имеет совершенно исключительную емкость для включения в нее человеческого материала. Люди подходят к вещи на поперечных сечениях конвейера» [Там же: 71]. В этой «биографии, — продолжает он, — эмоция становится на подобающее ей место и ощущается не как личное переживание» [Там же].

Таким образом, задолго до материального поворота в европейских и американских гуманитарных штудиях советские художники выработали взгляд на вещи как ключ к пониманию человеческого поведения.

---

⁴ ЛЕФ («Левый фронт искусств») — объединение, основанное в 1922 году в Москве бывшими футуристами во главе с Маяковским. — *Прим. пер.*

### *Технологии ведения домашнего хозяйства*

Но вплоть до окончания Второй мировой войны конструктивизм
не имел шанса хоть как-то повлиять на производство ввиду маги-
стрального экономического курса на индустриализацию страны.
Когда же в 1950-е годы, оправившись от пережитого за годы Великой Отечественной войны потрясения, советская сфера потребления вновь начала развиваться, в советские дома начали проникать
все новые бытовые удобства. С хрущевской программой массового
домостроения и началом производства товаров широкого спроса,
призванных закрыть базовые потребности населения, как раз
и представился такой шанс — начать в последующие десятилетия
широкое обсуждение при плюрализме мнений и вкусов. По мнению
Юлии Карповой, есть указания на то, что конструктивизм наконец
занял свое законное место при обсуждении проектов и в производстве бытовых товаров, хотя при позднем социализме между дизайном и конечным товаром нередко имели место и расхождения
[Karpova 2020: 4–5]. С этим соглашаются и другие исследователи,
отмечая, что в послевоенные годы многие товары действительно
имели известный отпечаток конструктивизма. «Советская продукция послевоенного периода была весьма близка к конструктивист-
скому идеалу социалистического товара» в том смысле, что эти
вещи «можно было с легкостью адаптировать и видоизменить под
те или иные нужды», то есть они «заведомо предполагали осознан-
ный подход к потреблению», обладали «глубокой социальной на-
правленностью» и утверждали «общность и солидарность среди
всех поколений советских людей» [Kravets 2013: 431]. На рынке
появились всевозможные телевизоры, радиоприемники, посудомоечные машины и кухонные комбайны, а в советских журналах
стали публиковать рубрики с советами о том, что социалистический
потребитель должен быть сдержан и рассудителен [Reid 2002].
«Производственническая» риторика пронизывала все вокруг, пишет Алексей Голубев, исследовавший послевоенную культуру
массового производства. Населению рассказывали о том, что техника обеспечивает его настоящее и будущее, а советские интеллек-
туалы видели в машинах и новых технологиях фундамент социа-

листического прогресса: «Именно машины и достижения техники олицетворяли теперь сущность социалистического прогресса в глазах значительной части советской интеллигенции»; как следствие, язык продуктивизма проникал во все сферы советской жизни [Голубев 2022: 39]. Советские товары начали поступать на мировой рынок, особенно в развивающиеся страны, где, как предполагалось, их значение и эффект от их использования будут особенно ощутимы. Как на внутренней, так и на внешнеполитической арене, «апеллируя к миру современной техники, официальные дискурсы создавали образ советского общества — прогрессивного, технократического и индустриализованного государства, состоящего из рациональных социалистических субъектов [Голубев: 44].

Словом, львиная доля подобных рассуждений ранних советских теоретиков материальной культуры касалась бытовой техники и того, как новые технологии можно употребить для коммунистического преобразования общества. Вместе с тем то были далеко не единственные вещи, отправлявшиеся в путь из Советской страны.

### Книги

Помимо разного рода мелких бытовых приборов, за границу отправлялись также тома по марксизму-ленинизму, произведения советских писателей, русская классика и, конечно, масса книг для детей. Последним придавали особое значение, так как воспитание будущих активных граждан являлось одной из первостепенных задач Советского государства.

> Всеми силами продвигая свою систему ценностей, пытаясь обеспечить ее укоренение и в грядущем поколении русских детей, большевистские элиты выдвигали на передний план угодные им версии событий и сюжетов для детских книг, стремясь в итоге к созданию новой культуры... На заре XX столетия, особенно после Октябрьской революции, область детской литературы превратилась в настоящее поле битвы. Растерянные учителя, политики, авторы и иллюстраторы — все включились в обсуждение подобающих форм новой, советской детской литературы [Olich 2000: 1].

Словом, в идеологическом проекте создания нового поколения советских граждан книги для детей считались важнейшим инструментом, формирующим их мировоззрение. В 1920-е годы шел явный переход к идеологически приемлемой детской литературе, завершившийся окончательно уже к новому десятилетию.

Всего (примерно) за десятилетие «книги о будущем» сумели перевести ключевые понятия марксистской концепции на язык сказок и цветастых плакатов, вооружив миллионы людей поведенческими сценариями и символическим инструментарием. Детская литература была призвана всячески поддерживать и популяризовать новые социальные ценности — преемственность поколений, коллективный труд, интернациональную солидарность трудящихся и т. д. Так образовалась и аудитория новых советских читателей [Oushakine 2016: 219].

Николай Богданов, известный советский публицист и детский автор, писал:

Детская книга — это не просто веселое времяпрепровождение, но побуждение к действию. Подражая героям, ребенок постепенно находит способ выплеснуть эту энергию. Советские детские писатели это понимают в полной мере, потому традиционно пишут рассказы и создают героев, способных повлиять на жизнь юного читателя. Талантливый, способный на создание притягательного образа писатель может не только влиять на детские взгляды, но и направлять их, подсказывая, как следует поступать. Именно поэтому естественно, что такие герои — ролевые модели, побуждающие действовать, — и пользуются наибольшей популярностью у юных читателей, как раз они запоминаются и живут дольше всего, а по этой причине обладают наибольшим воспитательным значением. Они помогают советскому обществу воспитать детей гуманными, добросердечными и свободолюбивыми, готовыми активно строить новый, лучший мир, стремиться к добру и соответствующим образом поступать. В этом и заключается цель нашей советской детской литературы [Bogdanov 1961: 164].

Итак, советская детская книга должна была быть источником примеров для подражания и советов о том, как следует поступать.

Динамика советского настоящего передавалась не только посредством текста, но и при помощи иллюстраций. Книга предназначалась «для всех без исключения и являлась главнейшим средством коммуникации, направленным на возбуждение интереса к окружающему миру и сообщение основных сведений о нем» [Jankevičiūtė and Geetha 2017: 40]. Для советских детских книг были характерны «смелые эксперименты с графикой, со шрифтами и современными техниками дизайна» [Ibid.]. Многие из моих собеседников, как мы увидим далее, обладают и очень дорожат советскими изданиями для детей.

Кроме того, важно упомянуть и советскую программу ликбеза, ликвидации безграмотности, руководствовавшуюся логикой эффективного внедрения знаний в производственный процесс; необходимо было сделать знание и грамотность всеобщими, а науки — общедоступными.

> Они [коммунисты] надеялись, что рациональное научное знание ниспровергнет власть религии и суеверия над умами людей. По крайней мере в сознании самих коммунистов вера в силу науки как панацеи от большинства социальных проблем уже сама по себе заместила религиозные верования или во всяком случае достигла в них аналогичного рвения и приверженности [Kojevnikov 2008: 118].

В отличие от «буржуазной» науки, советская была «союзницей революции», являясь ключевым фактором социально-экономического прогресса. Исследователи считают, что советский подход к популяризации науки предполагал значительно более широкую теоретическую базу. Отмечается, что советские учебники были сложнее западных аналогов: главы содержали упражнения разного уровня сложности, а объяснение трудных вопросов перемежалось описанием более легких [Stigler et al. 1986: 156].

Стремление Советского государства сделать науку общедоступной затем было перенесено в геополитическую повестку в виде помощи странам, недавно ставшим независимыми, в развитии местной образовательной инфраструктуры с миллионами потенциальных учащихся.

## Декоративные артефакты

Хотя традиционное русское декоративно-прикладное искусство и не было чисто советским артефактом (в том смысле, что не обладало революционным духом), в 1950-е годы оно вновь вошло в моду и присоединилось к прочим путешествиям советских вещей, отправлявшихся за рубеж. Советские и постсоветские исследователи указывают на то, что народное искусство никак не притеснялось в коммунистический период, несмотря на свое дореволюционное происхождение и соответствующие традиционные мотивы и сюжеты. Львиная доля крестьянских мотивов сохранилась, а вскоре получила и официальную поддержку, когда в начале 1930-х годов произошел поворот к народному искусству как носителю советского идеологического содержания. К 1950-м годам советская экономика уже по праву гордилась темпами производства товаров массового потребления, но объем изготовления сувенирной продукции увеличился позже [Hilton 1995: 277]. Зарубежный интерес к дореволюционному народному искусству означал постоянный источник дохода, отказываться от которого советская власть не могла. Кроме того, и внутри страны народное искусство тесно сплеталось с идеологическими поисками самобытных традиций, которые свидетельствовали бы о национальной идентичности. Традиционные ремесленные промыслы с крестьянскими мотивами теперь воспринимались наилучшим воплощением неосязаемой русскости; дореволюционное народное творчество «поступило на государственную службу» и более не противоречило советской идеологии. Так, под руководством ученого А. Б. Салтыкова в 1940-е годы произошло «возрождение традиций гжели», а к 1980-м годам традиционные изделия из фарфора завоевали уже всемирную славу [Макарова 2012: 9]. Помимо этого, все бо́льшую популярность в послевоенные годы, несмотря на издевки 1930-х годов за якобы отражение реакционных крестьянских суеверий, приобретала и палехская роспись, считавшаяся теперь олицетворением национальной идентичности и самобытности в рамках советского многонационального проекта [Jenks 2003: 635]. Вездесущие матрешки рассматривались уже как квинтэссенция «репродуктивной жизненной силы» русского народа. «Согласно авторепрезентирующему русскому мифу, матрешка — это символ стойкого народного плодородия, неисчерпаемого запаса здоровой простоты, физической силы и жизнеутверждающих исконных ценностей, присущих сугубо русскому народу» [Goscilo 2019: 232]. Словом, на заре 1960-х годов предметы народного искусства уже приобрели неоспоримое значение, поскольку вещи собственно советские часто казались банальными и бессмысленными, а снижение интереса к ним трактовалось как «культурная утрата» [Jenks 2003: 639, 654]. Матрешки, посуда с хохломской, шкатулки с палехской росписью, гжельский фарфор — все это транслировало русский дух и русскость так, как никогда этого не делали (да и не могли) советско-коммунистические артефакты, поэтому популярность предметов традиционного народного творчества год от года неуклонно росла. В глазах иностранцев эти артефакты оставались совершенно синонимичными всему русскому, хотя их нередко приводили в качестве примера и для описания чего-либо связанного с Советским Союзом.

Когда же подобная вещь — будь то бытовой прибор, книга или сувенир в народном стиле — выходила из контекста советского производства, оказываясь за рубежом, предполагалось, что для тех, кто будет ею пользоваться в месте назначения, эта вещь тоже будет воплощать ценности развитого социализма, коммунистической морали и русской культуры в целом. Для нас, впрочем, нет большого смысла в этом предположении: что люди действительно «считывали» вещи и пользовались ими именно так, как то предписывалось их изготовителями. Кроме того, затруднительно полагать, что значение привезенных вещей все их владельцы «переживали» с неизменной интенсивностью в течение долгого срока, например в четыре десятилетия.

## Интернационализм: конкурирующие технологии и культурный охват

Согласно Тобиасу Руппрехту, социалистический интернационализм в постсталинский период являлся комбинацией прежнего интернационализма с его идеей распространения революционного движения и нового, послевоенного интернационализма, ориентированного на культурный и прочий обмен [Rupprecht 2015: 15–16]. Именно в это время СССР особенно стремился заручиться поддержкой Индии и Кубы: первая в 1947 году как раз обрела независимость, во второй же в 1959 году и вовсе произошла коммунистическая революция. Начатая Хрущевым практическая реализация политики мирного сосуществования ознаменовалась масштабнейшими событиями наподобие VI Всемирного фестиваля молодежи и студентов 1957 года, а также целым рядом крупных международных мероприятий в сфере кино, спорта и т. д. Советские граждане также начали знакомиться с заграницей, пусть и при организаторском посредничестве государства [Rupprecht 2015: 13–14]. Взаимный между Советским Союзом и странами Глобального Юга показ кинофильмов, программы студенческого обмена, официальные торговые и целый ряд политических соглашений — все это характеризовало тогдашние советско-южные отношения. В этот период поиска новых партнеров, союзников и рынков сбыта советские товары — дома, в СССР, призванные обеспечить должные социалистическое воспитание и образ жизни — теперь попадали и на иностранные прилавки или их приобретали в СССР же хлынувшие сюда туристы, студенты и прочие заграничные гости.

Соединенные Штаты Америки в послевоенные годы также пытались не отставать от Советского Союза в попытках мобилизовать сочувствующую общественность по всему миру, вследствие чего холодная война нередко представляется в виде резкого противостояния идеологических дискурсов и мировоззрений. Как известно, две противоборствующие державы — Советский Союз и Соединенные Штаты Америки — проецировали собственное видение на огромный ряд стран, многие из которых лишь недавно обрели независимость. Обе сверхдержавы усматривали истинный признак прогресса именно в научно-технических достижениях страны. Таким образом, как раз малые и промышленные технологии должны были стать проверкой сильных и слабых сторон обеих систем и в итоге привести к тому, что одна из них одолеет в идеологической схватке другую. Начиная с 1950-х годов в рамках культурного обмена между Востоком и Западом обе державы проводили выставки, на которых демонстрировали свои технические достижения — в лучших традициях всемирных выставок предыдущего столетия. Кроме того, разъезжали по миру и торговые выставки обеих стран с новинками в области бытовой техники [Oldenziel, Zachmann 2009]. Первое собственное Экспо Советский Союз провел в 1961 году в Гаване. Ранее, в 1955 году, на выставке в Нью-Дели американский и советский стенды соперничали за внимание аудитории [The Economic Weekly 1955]. Вновь они встретились в Нью-Дели в 1959 году — теперь на Всемирной сельскохозяйственной выставке, причем руководству советской делегации пришлось импровизировать уже на месте, чтобы не уступить американцам [Dyakanov 2015: 31–34]. Все подобные мероприятия служили международной витриной советской внешней торговли, с 1960-х годов только набиравшей обороты.

В течение холодной войны советская риторика раз за разом подчеркивала необходимость «сеять добрую волю» и за границами страны — посредством студенческих обменов, позволявших иностранным студентам, которые обучались в СССР, прочувствовать русскую щедрость и открытость[5]. Таким образом, помимо непосредственно товарного экспорта, роль Советов в качестве значимого центра научной и культурной силы для многих стран Глобального Юга подкреплялась также культурно-пропагандистскими программами с выделением соответствующих стипендий. Идея финансового поощрения студентов из недавно ставших независимыми стран приобрела в послевоенное время беспреце-

---

[5]   Циркуляция знаний уже тогда являлась важным геополитическим инструментом: и США, и СССР обладали целым рядом стратегических программ в сфере образования, призванных помочь иностранным студентам сделать выбор.

дентную государственную поддержку [Tournès, Scott-Smith 2018], при этом взаимный обмен допускался исключительно в том случае, если принимающая сторона тоже являлась коммунистическим или социалистическим государством: советские студенты могли отправиться по программе на Кубу, а вот в Индию — нет. Такая комбинация социализма и культурного интернационализма распахнула двери для тысяч кубинских и индийских студентов, желавших получить советское высшее образование и изыскивавших для того «возможность мобильности» [Jobs, Pomfret 2015: 4].

> К концу 1989 года советское высшее (88 %) и среднее техническое (12 %) образование получили 39 675 студентов из Латинской Америки (из них 26 439 — с Кубы), 39 223 — из арабских стран, 21 615 — из некоммунистической Азии, 36 146 — из стран Африки к югу от Сахары [Katsakioris 2017: 540].

Начиная с 1960-х годов студенческие воспоминания и впечатления как раз и сопровождали многие советские вещи, обретавшие новый дом на Кубе и в Индии. Место учебы или работы оказывалось носителем геополитических образов, которые должны были сформировать новое послевоенное поколение.

> По всему миру схожие коллективные идентичности среди юных сверстников объединялись в области международного политического обмена, сотрудничества и участия. Старшее поколение организаторов, наблюдавшее ситуацию изнутри, от центра к периферии, видело в новых поколениях пластичный материал будущего прогресса, отличающийся от предшествующих поколений по взаимодействию с наднациональными силами [Honeck, Rosenberg 2014: 237].

Цель заключалась в том, чтобы подспудно заручиться политическими симпатиями, сформировав представление о советской системе как о заслуживающей доверие альтернативе того, что предлагал Запад. Подобное *воспитание* (широкая форма социализации, включавшая в себя как идеологический, так и личностный аспект) являлось нормативной частью учебного процесса иностранных абитуриентов; вместе с тем многие страны (в том числе Индия) строго-настрого наказывали своим студентам не посещать лекций по марксизму-ленинизму [Hessler 2018: 210].

Обмен технологическими наработками также предполагал визиты и стажировки профильных специалистов, что, в свою очередь, влияло на тот факт, что на местах придерживались тех или иных геополитических взглядов. Кроме того, благодаря разного рода дипломатическим связям появилась отдельная группа туристов, обосновавшихся в московском посольстве и живших там год-другой. Повседневная жизнь дипломатов и членов их семей, как правило, не очень привлекает внимание исследователей геополитической ситуации; вместе с тем к бытовой стороне дипломатии относились особые формы социальной открытости, связывавшие местное население с событиями официальной политики.

Наконец, еще одной немаловажной группой, внесшей весомый вклад в неофициальный оборот советских товаров, были советские же туристы: стесненные в иностранной валюте, находясь за границей, они нередко обменивали товары отечественного производства на местную утварь.

### *Структура*

Теоретические предпосылки работы будут изложены в главе 1 с указанием ключевых отправных точек в таких дисциплинах, как критическая геополитика (с фокусом на частно-бытовых аспектах, субальтернах[6], а также эпизодах биографии собеседников), исследования материальной культуры (для прояснения агентности вещей, а также того, что приписываемые им смыслы являются сугубо внешними) и социология потребления (с разбором пользовательских стратегий и представлений о функцио-

---

6  Термин «субальтерн» восходит к работам итальянского левого мыслителя Антонио Грамши. В современных постколониальных исследованиях под этим определением подразумевают подчиненную, угнетаемую группу. — *Прим. пер.*

нировании вещей). Таким образом, в главе будет представлен аналитический инструментарий, сочтенный нами полезным для экстраполяции массива смыслов, содержащихся в историях о себе и своих вещах, которыми со мной любезно поделились собеседники.

Смысловое ядро книги разбито на две части: первая посвящена Кубе, вторая — Индии. Часть I предваряется вводной главой 2, содержащей беглый обзор советско-кубинских отношений в период с 1959 по 1991 год. Здесь будут обрисованы основные точки согласия и расхождения с внимательным разбором публичной позиции Кубы по геополитическим событиям холодной войны и зависимости от Советского Союза. В последующих двух главах представлен анализ бесед с кубинцами, владеющими советскими вещами; здесь же будут указаны ключевые дискурсивные модели, наглядно проявившиеся в рассказанных историях. Советская бытовая техника была на Кубе повсюду: в главе 3 собеседники вспоминают об этом в русле как внутренней, так и внешней политики страны, ее солидарности и признательности за оказанную помощь. Глава 4 посвящена путешествиям на Кубу разного рода советских сувениров наподобие гжельского фарфора и палехских шкатулок, а также тому, как они встраивались в историю геосоциальности, то есть тому, как они функционировали на геополитически-интимном уровне жизни рядовых кубинцев.

Часть II — так называемая индийская — также открывается вводной главой 5, в которой рассматриваются ранние и последующие этапы развития советско-индийских отношений, посвященные дискурсивному контексту, в котором осуществлялась советская помощь Индии, а также постепенно ослабевавшим социалистическим настроениям в стране. В двух последующих главах с рассказами индийских собеседников будет рассмотрено то, как разнообразные советские вещи мобилизовались в русле обсуждения геополитических переживаний. Глава 6 посвящена важнейшей роли советских книг, повлиявших на множество людей в Индии и потому запомнившихся в контексте культурно-идеологической близости и представлений о социалистическом прогрессе. В главе 7 рассказывается о различных сувенирах и бытовых приборах: сувениры относились к эмоциональному и социальному измерениям геополитических связей, а тот или иной предмет бытовой техники оказывался встроен в рамки понимания собеседниками принципов советской модернизации.

Заключительные замечания в главе 8 объединяют полученные результаты, предлагая новый вариант рассмотрения того, как, повествуя о себе и советских артефактах, геополитические субъекты взаимодействовали и сообщались с политическим, идеологическим и моральным миром Советского Союза в годы холодной войны. Комплексный субъективный опыт индийцев и кубинцев побуждает нас переосмыслить охват и резонанс советской материальной культуры и идей, по-новому взглянув на идеологическое влияние холодной войны.

## Методология работы: интервью как беседа

Поскольку нашей ключевой задачей является проникновение в субъективные переживания и воспоминания, представленные в работе интервью являются ее самым настоящим сердцем, биение которого ощущается на каждой странице. В меру необходимости интервью дополнят и другие важные источники. Рассказы, сфокусированные в общем на вещах, повествуют также о самих рассказчиках, об их жизни: заданные вопросы касались материальных предметов, однако же, выступая эдаким «загустителем», скрепляющим повествование, они помогали людям рассказать о собственных переживаниях. Вторя Клер Хампфри и Аарону Смиту, я тоже задалась вопросом, «каким же образом люди и вещи сходились друг с другом» [Humphries, Smith 2014: 486], то есть я ставила различные вопросы относительно «биографии вещи», такие как момент ее (при)обретения, манера использования, символическое значение и, наконец, соотношения с событиями, людьми, идеями и их практической реализацией. Здесь же подразумевалось и изучение отношений вещи с ее владельцем, поскольку биография субъекта-собеседника также является ключевой составляющей «биографии вещи». Подобное включение «вещественного» интервью в более широкое, почти напоминающее биографическое, означает, что выводы о вещах предстанут также в весьма обширных контекстуальных рамках. Кроме того, людям было куда проще говорить о своих вещах, если они уже начали с рассказа о себе. Наконец, подобное контекстуальное повествование, возможное благодаря тандему биографии рассказчика с «биографией вещи», что обсуждалась, дает важный материал для тематического подхода к внимательному разбору повседневного опыта холодной войны [Holmes, Hall 2020: 78–79]. Так, истории о советских вещах и в целом культурно-символическом присутствии Советского Союза в бытовой жизни людей представляли собой рассказы о различных поездках и путешествиях, знакомствах и отношениях, студенческих и рабочих связях, эпизодах семейной жизни, о местной и национальной политике и даже более глобальных геополитических событиях.

Записанные интервью были, так сказать, полуструктурированы: у меня был ряд базовых, необходимых, на мой взгляд, вопросов, на которые интервьюируемые были вольны отвечать так, как им захочется, самостоятельно выстраивая сюжет ответа, связывая один вопрос с другим, и т. д. Иные предпочитали сразу же обращаться к делу, тут же описывая вещь и то, каким образом она к ним попала; тогда я просила их сделать своего рода шаг назад, рассказав немного о предшествующих событиях и о том, как сложилась жизнь впоследствии. Благодаря этому я получала куда более подробное, богатое обстоятельствами комплексное повествование для дальнейшего разбора. Цель заключалась не в получении «репрезентативной выборки», а именно в понимании манеры смыслообразования и интерпретации сидящего напротив меня собеседника, а значит, и в том, чтобы «постоянно запрашивать и анализировать репрезентативные горизонты смыслов» [Holstein, Gubrium 1995: 83–84]. Здесь я сразу должна пояснить, что каждое интервью я рассматриваю как некоторое интерактивное событие. Соответственно, вышеупомянутое «смыслообразование», происходящее в ходе беседы, является непосредственным продуктом взаимного общения интервьюера с интервьюируемым. Словом, интервью «культивирует смыслообразование в той же мере, в какой оно "изыскивает" информацию» [Holstein, Gubrium 1995: 12–13]. В ходе «активного интервью» проводящий его не просто задает вопросы, на которые респонденту достаточно дать «логичные и обоснованные» ответы, попадающие в работу эдакого «конвейера передачи знания» [Holstein, Gubrium 1995: 11–12]. Интервьюер активно взаимодействует с собеседником,

> подчас даже побуждая его к смене позиции, дабы лучше прояснить имеющиеся альтернативы и взгляды на них. Вместо поиска наилучшего или же наиболее достоверного ответа задачей является систематическое задействование наиболее уместных [в этот момент разговора] способов познания, то есть любых возможных ответов, которые готов дать респондент, сколь бы разнообразны и противоречивы таковые ни оказались [Holstein, Gubrium 1995: 12–13].

Как и мои соотечественники из Индии, с которыми мы беседовали, и я имею опыт поездки в Москву для изучения русского языка; подобно им, институциональные пертурбации холодной войны также оказались мне на руку; как и у них, у меня дома в Индии тоже хранится «странная» советская вещица. В принципе, именно собственный опыт геополитической субъектности со встречами с различными культурными мирами и побудил меня задаться вопросом об аналогичных переживаниях других людей. Многое из того, что прочувствовали, поняли и видели они, часто перекликалось с моими ощущениями и воспоминаниями. К этим последним я нередко обращалась и в разговоре, желая получить в ответ более подробные воспоминания и наблюдения, чтобы не ограничиваться теми, что сам собеседник изначально счел относящимися к делу, то есть вещи, которая, как правило, появлялась во время беседы (либо физически, либо же в качестве живо описанного воспоминания), что, конечно, не означает, что изначальные сведения были ненадежны, но лишь указывает на то, что всякое смыслообразование имеет процессуальный характер, являясь продуктом диалогического общения, взаимодействия и столкновения между его акторами. Конечно, периодическое обращение к собственным впечатлениям никоим образом не мешало нам с собеседниками расходиться во мнениях, когда мы по-разному оценивали те или иные пережитые события, что и нашло отражение в наших беседах.

## Кубинские и индийские интервью

Все представленные в книге беседы проводились на русском, испанском и английском языках. Вследствие моих весьма базовых познаний в испанском, при проведении соответствующих интервью помощью для меня было присутствие моего, ныне покойного, ассистента Эрнесто Гомеса Фигередо. На Кубе мы провели 32 интервью и еще 2 — с кубинскими учеными в Америке (посвященные главным образом научному взгляду на материальную культуру, советско-кубинским отношениям, а также личным воспоминаниям ученых); таким образом, в общей сложности было проведено 34 беседы. Все так называемые кубинские интервью прошли в Гаване, в гостях у моих собеседников.

Помимо этого, с жителями Индии я провела 32 интервью: 30 бесед состоялось в скайпе и зуме, а еще 2 (по просьбе собеседников) — в формате электронной переписки; ½ опрошенных кубинцев и ⅓ индийцев имели опыт путешествия в Советский Союз. По этическим соображениям перед началом каждого интервью (будь то скайп или очная беседа) собеседникам предлагалось подписать информированное согласие, дающее возможность ограничивать последующую публикацию сказанного и сделанных в процессе фотографических изображений.

Большинство кубинских собеседников родились в промежутке между 1930–1960 годами: 2 родились в 1930-е годы; 17 человек — в 1940-е годы, то есть революция 1959 года застала их в отрочестве; 9 человек родились в 1950–1960-х годах. Я специально искала собеседников, у которых есть какие-то советские предметы, и те, кого мне советовали, как правило, относились к более старшей возрастной группе. У родившихся в конце 1980-х годов и далее, очевидно, практически не было воспоминаний о культурном присутствии Советского Союза в их жизни через прибывшие оттуда товары. Ожидая обнаружить снижение советского влияния и количественное уменьшение товаров в этот временной период, я решила побеседовать и с теми, кто родился между 1980 и 1997 годом: мне представлялось небезынтересным проследить связь между явными бытовыми изменениями на примере исчезновения тех или иных привычных вещей и сменой геополитических реалий. Так, четверо из моих собеседников родились после 1980 года, а самый младший — и вовсе в 1997 году.

Что касается Индии, найти собеседников для интервью было еще проблематичнее, поскольку приобретение советских вещей либо было нишевым хобби, либо же происходило случайно, незапланированно, никогда не становясь явлением сколь-нибудь массовым и обыденным. Единственным исключением здесь будет советская книжная продукция, которая, по всей видимости, действительно была довольно распространена в Индии. Те же, у кого были различные советские вещи, были либо сами в том непосредственно заинтересованы, либо как-то связаны с Советским Союзом по работе или учебе, благодаря чему имели доступ к широкому спектру производимых там товаров. Несколько опрошенных действительно учились в советской аспирантуре, но все же в большинстве случаев советские вещи появлялись у людей в результате удачного стечения обстоятельств. Из 32 собеседников 13 родились в период 1930–1960-х годов, а остальные 19 — в 1960–1980-х годах. Демографическая разница в нашей выборке отражена как в различной манере рассказов о советских вещах, так и в том, что в зависимости от поколения разнились и сами доступные людям вещи.

Все интервью в Гаване были записаны очно, в то время как индийские беседы (с жителями Ченнаи, Нью-Дели, Мумбаи, Бенгалора, Калькутты и Бокаро) проводились по скайпу. Несколько индийских собеседников в момент разговора находились в Сингапуре, Питтсбурге и Лондоне. Современные медиатехнологии весьма положительно сказались на возможностях качественного исследования, помогая преодолеть временны́е, финансовые и логистические трудности. Если ранее синхронные онлайн-интервью считались посредственной заменой живого разговора, очевидные преимущества беседы по скайпу развеяли существенную долю скепсиса по этому поводу. Пожалуй, единственным недостатком этого метода является то, что респонденты без доступа к стабильному интернет-соединению автоматически исключаются из выборки. Скайп широко используется в кругах, где с высокой вероятностью можно найти людей, обладающих советскими предметами, поэтому зарекомендовал себя идеальным подспорьем для нашего исследования. Договориться об интервью по этой причине не составило большого труда, за исключением одного случая, когда человек просто не пожелал общаться в режиме видеозвонка и, судя по всему, отказался бы и от предложения побеседовать офлайн; в итоге собеседник настоял на асинхронном формате общения: я присылала вопросы по электронной почте и получала ответы с прикрепленными фотографиями советских книг из личной библиотеки. Благодаря видеосвязи собеседники могли демонстрировать мне имеющиеся у них вещи, а я — тоже посредством встроенного функционала скайпа — их фотографировать. Для моей работы скайп оказался идеальным способом связи с людьми из разных индийских городов: не считая книг, советские вещи попадали к людям, как правило, случайно, так что потенциальные собеседники оказались разбросаны по разным уголкам Индии, а кто-то находился и за ее пределами. Словом, мне удалось провести онлайн-интервью с людьми из целого ряда индийских городов, вояж по которым, в противном случае, оказался бы как неподъемно затратным, так и совершенно неэффективным с точки зрения исследовательских сроков. К тому же благодаря онлайн-формату интервью с возрастными собеседниками можно было разбивать на части, что делало процесс менее утомительным.

В известной степени на конечный результат влияло также место проведения (или, соответственно, технический формат) интервью. Разница заключалась в том, что в Гаване я брала интервью непосредственно в гостях у собеседников: обсуждаемые вещи нередко либо находились прямо перед глазами, либо использовались в иной части дома. Специфика же индийских интервью, взятых по скайпу, не позволяла мне свободно осмотреться и оценить отношение хозяев к вещам (в том смысле, стоял ли предмет на почетном месте или же его специально для меня пришлось извлекать из закромов), а равно и условные взаимоотношения советских вещей со всеми прочими. Индийские собеседники просто приносили обсуждаемые предметы к компьютеру, так что, как правило, мне не удавалось наблюдать их, так сказать, в естественной среде. Таким образом, если о советских вещах в домах кубинцев я вполне могла делать те или иные выводы, аналогичные контекстуальные наблюдения о вещах в индийских домах сделать не представлялось возможным. Так или иначе, онлайн-собеседники, конечно, рассказывали, где и как у них дома хранятся советские вещи, из чего также вполне можно было извлечь полезные представления о влиянии советской культуры на индийскую жизнь — как в материальном, так и в символическом плане.

Как советская книга совершила межкультурный вояж и что с ней стало, когда она попала к индийскому студенту-управленцу? Каким образом советский фарфор на кубинской кухне проявляет взаимосвязи между личным, политическим и международным? Попадая к человеку домой, советские вещи наполнялись смыслом, их ценности артикулировались так, как было культурно и исторически обусловлено местной культурой потребления, вкупе с символизируемыми ими личными переживаниями.

Цель нижеследующих глав заключается в том, чтобы прояснить многообразие способов, посредством которых официальные геополитические нарративы холодной войны претворялись в изменчивый опыт личности; воспоминания тогдашних потребителей советских товаров (выступавших, так сказать, практиками повседневной геополитики) рассказывают об опыте использования и о значимости этих вещей.

# Глава 1

# Геополитика. Жизненный опыт. Аффект. Вещи

Наши дома полны всевозможных вещей, произведенных в самых разных уголках мира и проделавших неблизкий путь. Многие из них — осознанно или же подспудно — являются катализаторами геополитического воображения: мы начинаем представлять место их производства, или, может, вспоминать друзей из далеких краев, подаривших их, или же рассуждать о них в качестве естественной составляющей товарооборота между странами, именуемого торговлей. Но в любом из этих случаев сама эта вещь — красующаяся в серванте в гостиной, а может, давно пылящаяся где-то на антресолях — являет собой материальный знак, вмиг делающий мир друзей, союзников и противников близким и физически ощутимым. Касаясь геополитики, люди часто говорят, что не знают, «как там было на самом верху», вспоминая, скорее, встречи, отрывки новостей или какой-нибудь предмет, воплощающий для них связь с тем периодом и теми событиями. «Я не то чтобы следил за политикой, но, помню, однажды кто-то дал мне почитать советскую книжку. Только много лет спустя мне пришло в голову, что в то время советские книги были чуть ли не повсюду», — вот совершенно типичная реплика, не раз слышанная мной в процессе работы над проектом. Вспоминая о том времени, мои собеседники не только говорили о своих вещах, но и рассказывали о специфике передвижения, своем общении с людьми и в целом доступности того, что, так или иначе, приближало геополитику, делая ее осязаемой и понятной. Иными словами, они описывали геополитику в порядке личного переживания. Каким образом на местах воспринималась доминирующая когнитивная структура послевоенного периода, то есть представления о жизни, идеи и ценности, сформировавшиеся под влиянием холодной войны? С какой стороны следует подступиться к подобному опыту и как сформулировать его значение для нашего понимания холодной войны?

Обращаясь к холодной войне как повседневному опыту, настоящая книга опирается на три концептуальных столпа: 1) критическую геополитику с ее вниманием к сфере личного; 2) теоретические положения относительно того, что могут рассказать вещи (с опорой как на исследования материальной культуры, так и на данные социологии); 3) безусловную ценность нарративных источников и воспоминаний. Пункт первый отсылает к важным дополнениям в изучении бытовой повседневности геополитики. Ключевыми здесь являются задачи понимания — почему именно собственный жизненный опыт как понятие обеспечивает важный исторический взгляд — и изучения того, что означает разговор об эмоциях и аффектах применительно к геополитике. Пункт второй относится к идеям агентности вещей, их «биографии», семиотической жизни и употребления. Наконец, третий концептуальный момент, обсуждаемый в главе, касается природы памяти как источника в целом, а также атрибутов постсоциалистической памяти (если еще шире — памяти, сформировавшейся после окончания холодной войны).

## Критическая геополитика и феминистическо-личностный поворот

### *Технополитика*

Как уже упоминалось во введении, Глобальный Юг стал местом различных, друг на друга наслаивавшихся «пересечений модернизации с геополитикой» [Engerman, Unger 2009: 377], то есть в период послевоенной деколонизации Юг сделался площадкой, где обе сверхдержавы могли публично «помериться» своим видением прогресса и материального комфорта. Ключевую роль в трансляции идеологических позиций обоих блоков играют технологии, которые являются эффективным инструментом воспроизведения геополитики и в локальных контекстах; проще говоря, политику делают технологии. В этой связи Габриэль Хехт предлагает термин «технополитика», концептуально отражающий гибридные формы политической власти, заложенные в технологических артефактах, системах и практиках. «Технологии становятся весьма своеобразной формой политики», — лаконично резюмирует она [Hecht 2011: 3]. Помимо очевидных отраслей наподобие военной и тяжелой промышленности, все более заметную роль в послевоенной торговле с новыми рынками играли товары длительного пользования, в которых также отражалось непримиримое соперничество подходов к модернизации. В своей работе о кухонной технике времен холодной войны Рут Олдензиль и Карин Захман отмечали, что бытовые приборы «спаяны с политикой как мелким и частным, так и общим образом», цитируя при этом политолога Лэнгдона Виннера, говорившего, что вещи «формулируют политику» [Oldenziel, Zachmann 2009: 3]. К 1960-м годам именно бытовые новинки — до всех прочих массовых товаров — сделались воплощением технологического прогресса и сыграли ведущую роль в истории геополитики и дипломатии. Но геополитически функционируют не только потребительские товары: аналогичную роль играют и сувениры, также несущие геополитические смыслы, являясь символической репрезентацией места своего государственного происхождения. Сувениры, таким образом, сделались частью системы «геополитической иконографии» [Dodds 2002: 171]. Это — символы, изначально внутренне несущие представление о местах, событиях и об исторических моментах. Как и артефакты, сувениры представляют не только политическую территорию, но и народную культуру. Сувениры воспринимаются в качестве подлинной репрезентации народа (нежели государства), как нечто неподвластное веяниям времени — вероятно оттого, что ремесленные традиции считаются «не запятнанными» промышленной эрой. Сувениры и прочие подобные артефакты, где бы они ни путешествовали, везде артикулировали соответствующую политическую позицию, занимаемую государством в холодной войне, совершенно независимо от момента своего приобретения, формируя и поддерживая геополитическое воображение. Подобным образом книги тоже играют роль геополитических объектов посредством своих текстуальных и визуальных образов, конструирующих национальные репрезентации, образующие затем общий геополитический образ страны. Работы о литературе, как и о мироустройстве, можно эффективно и весьма плодотворно подвести к положениям критической геополитики при рассмотрении книг в качестве инструментов геополиттехнологий.

Вместе с тем подобные цели и задачи составляют лишь часть общей картины. Стремясь прояснить то, каким образом советские вещи путешествовали и функционировали в качестве геополитических объектов в Индии и на Кубе, эта книга подчеркивает также важность и необходимость рассмотрения локальной рецепции, апроприации и прочих стратегий потребления. Практически холодная война не только проявлялась в противостоянии двух огромных блоков, но и составляла своеобразную площадку для дебатов со множеством участвующих субъектов, что «особенно способствует изучению глобальных взаимоотношений идеологий и технологий с третьим миром»; тем самым подчеркивается необходимость изучения холодной войны как реляционной практики с большим количеством самостоятельных акторов [Engerman, Gilman, Haefele, Latham 2003: 3]. Если для обеих противоборствующих сверхдержав идеологические модели противника были неприемлемы, для многих стран, переживавших в те годы деколонизационные процессы, здесь не было взаимоисключающих или же единственно верных вариантов развития, поэтому существует необходимость и далее продолжать эмпирические исследования, посвященные локальной апроприации и обсуждению проводимых сверхдержавами нарративов и экспортируемых практик [Engerman 2013].

### Площадки и акторы

Фокус на товарах легкой промышленности и локальных игроках обретает еще большее значение при обращении к субальтерным акторам, их геополитическим сетям и площадкам: тем самым фокус дезавуируется не только на месте происхождения, но и на государствоцентричной перспективе геополитики. Споря с предшественниками, укладывавшими холодную войну в гомогенные рамки «нас» против «них», героев, противостоящих злодеям, Джерард О'Тоал и Саймон Долби предложили новаторский подход в русле критической геополитики: они утверждают, что геополитику холодной войны чересчур долго рассматривали в качестве такой практики мироуправления, при которой затушевывались географические и местные особенности. На деле же геополитика была всегда контекстуальной, проявляясь скорее в «социальной, культурной и политической практике, чем в манифестации очевидных реалий мировой политики» [O'Tuathail, Dalby 2002: 2]. Критикуя «геополитику геополитики» за излишнюю инклюзивность и маргинализацию, то, что идеологический центр всегда оказывается привилегированным по отношению к локальной периферии, восприятие геополитики лишь в качестве инструмента госуправления с четким разделением народов на «наших» и «их», концепция критической геополитики отдает должное «материальной и репрезентативной» стороне геополитических процессов, не считая их эксклюзивно-национальной практикой. И нация, и сама идея о чужом, иностранном конституируются перформативно. При критическом подходе геополитика представляет собой непрерывный процесс конструирования и реконструирования границ и рубежей в пространстве повседневной жизни. Словом, критическая геополитика «занята картографированием смыслов не менее, чем обращением к политическим картам» [Ibid.].

Действие геополитики, понятой подобным образом, регулярно осуществляется в самых различных местах. В своей работе по социальным движениям и их способности переформатировать геополитические процессы, оппонируя центрам политической власти, Пол Рутледж говорит, что таким образом «об этих территориях можно говорить как об отдельных местах с собственным багажом знаний, со своей историей, представляющих различные театры действий. Критический подход выявляет легитимное пространство для практических действий, то есть множества гетерогенных, фрагментарных и поливалентных вариантов сопротивления» [Routledge 1996: 528]. Для уделяющих больше внимания культурологическому аспекту область популярной геополитики также предоставляет новые возможности, поскольку рассматривает то, каким образом геополитика проявляется и поддерживается в популярных формах культуры — от медиа до самых бытовых моментов наподобие детских игр [Dittmer, Gray 2010]. Вместе с тем я согласна с Джейсоном Диттмером и Николасом Грейем, когда они указывают, что, несмотря на определенную значимость, исследования популярной геополитики все же имеют довольно ограниченный характер, упорно отдавая предпочтение авторской позиции, что упомянутые исследователи именуют «элитарным сценарием» [Dittmer, Gray 2010: 1665]. Подобные исследования дают слабое представление о геополитике в повседневной жизни и общении.

Циркуляция и диффузия власти, ее реляционный и контекстуальный характер диктуют необходимость выйти за текстуальные рамки, обращаясь к нерепрезентативным и иным формам геополитического воображения в повседневной жизни [Dittmer, Gray 2010: 1667; Squire 2015], поэтому надлежит рассмотреть способы, посредством которых субъективный опыт — а равно и дискурсивная сила нашего описания этих переживаний — артикулируется различными акторами.

### *Живой опыт*

Пожалуй, наиболее фундаментальным в нашей работе является понятие «живого опыта», подчеркивающее значимость субъективного переживания, причем не только в том, каким образом это переживание протекало, но и в смысле отношения к нему (проявляющегося, скажем, через специфику работы памяти, манеру повествования и т. д.). Иными словами, живой опыт вовсе не сводится к простому изложению переживаний человека в отношении определенного исторического события, но затрагивает и то, каким образом выстраивается дискурс события, то есть то, какой культурный словарь употребляется для описания пережитого опыта. Об этом прямо говорит Джоан Скотт, отмечая, что опыт никогда не имеет места вне рамок «устоявшихся смыслов»: раз язык и дискурс являются общими, общим будет и дискурсивно конституируемое переживание. «Опыт равно является коллективным, как и индивидуальным», — заключает она [Scott 1992: 34]. Отсюда появляется и возможность сравнивать переживания между собой, не посягая при этом на ценность опыта как «частного» [McIntosh, Wright 2019: 459].

На метауровне фокусирование на живом опыте означает переосмысление глобального исторического нарратива — так сказать, «объективного» изложения истории — через «рассмотрение» невидимого (делающегося в процессе видимым) и преимущественное внимание к тем историческим данным и фактам, которые никогда не попадают в работы по геополитике, ориентированные на государство. В этой связи субъективный опыт геополитики также дает возможность изучить «геосоциальный» аспект проблемы. Геосоциальность — одна из важнейших концепций в новых подходах к геополитике, позволяющая рассматривать «эмпирические аспекты в конституировании [гео]политического» [Kallio, Häkli 2017: 99], при этом важно отметить, что, записывая историю живого опыта, мы не можем исходить из того, что сообщаемое историку в беседе является именно тем, что было пережито тогда, а равно и из того, как именно обсуждаемое переживание интерпретировалось в момент его исторического проживания [Plamper 2015: 289]. Мои респонденты рассказывают истории, то есть в принципе уже *пере*сказывают, облекая в связную форму некоторую подборку личных воспоминаний, соответствующих тематике беседы. Живой опыт, о котором мне рассказывает собеседник, и есть то, что получается в результате. Как продукт памяти, этот опыт, следовательно, подвержен и возможным ее капризам: рассказчик вполне может опустить одни аспекты переживания, предпочтя им другие, сочтя последние более уместными в разговоре.

Ниже я как раз и обращаюсь к этим и прочим подобным концептуальным «вкраплениям», помогающим нам историографировать холодную войну как опыт ее переживания.

### Эмоции и аффекты

Означенный интерес к изучению живого опыта позволяет перейти к эмоциональной географии, сфокусированной на лежащих в основе политической мобилизации и воображения эмоциях, что в итоге помогает структурировать и повествование об историческом опыте. Эмоции — это внутреннее состояние нашего бытия, затем конструируемое и артикулируемое нами культурно-специфическим образом. Пожалуй, важнее всего здесь то, что эмоции более не рассматриваются как нечто совершенно несовместимое с «разумом», но, напротив, полагаются «необходимыми для рационального мышления» [Mercer 2006: 289–290]. Вследствие того, что совершаемый нами выбор, любое высказывание и вообще наше существование в целом — все формируется эмоциями, они пронизывают все наши представления о мире, том, как мы в него вписываемся, диктуя соответствующие этому миру действия и жесты [Smith et al. 2009: 2]. Воздействуют эмоции и на геополитическое воображение, однако же мы склонны уделять этому моменту мало внимания.

Аффект выходит за рамки эмоций и подразумевает всепроникающее чувство — не артикулируемое, но вместе с тем ощущаемое. Эмоции выражаются социально и культурно, аффект же описывают по-разному — как биологическое, физиологическое переживание или как «ощущаемую атмосферу». Последнее, пожалуй, наиболее соответствует тому, как респонденты рассказывают о советских вещах. Вещи для них связаны с важными переходными и переломными моментами в жизни или воспоминаниями о том времени, когда и лично, и в политическом плане они чувствовали себя более защищенными, вследствие чего упоминания тех или иных чувств в беседах присутствуют постоянно.

Подобные эмоции могут быть положительными, а могут просто нести «ощущение», сообщающее о некогда имевшем место благорасположении. Последнее часто выражается так, что «ощущение просто висело в воздухе», словно чувствовалось в атмосфере [Brennan 2004: 1]. Сара Ахмед говорит, что эмоции — это не то, чем человек уже сразу обладает, но нечто циркулирующее, на что мы, люди, можем реагировать каждый по-своему [Ahmed 2004: 10]. Иными словами, когда респондент говорит, что «было такое ощущение», будто Советы — друзья, это вовсе не обязательно свидетельствует о конкретной личной эмоции, но вполне может указывать и на такое «всепроникающее» ощущение — аффект, циркулирующий вне субъективных рамок, который проявляется спорадически, словно «мерцая» и «перескакивая» с переднего плана на задний [Merriman, Jones 2017: 600–601]. Идея такого «перескакивающе-мерцающего ощущения» весьма наглядно описывает то, каким образом мои собеседники рассказывали о Советском Союзе, вещах оттуда и об их ассоциативных значениях, проявляющихся в контексте других вещей и ценностей.

Я пользуюсь словосочетаниями наподобие «аффективная связь» или «аффективная солидарность», поскольку респонденты редко выражают конкретно те самые эмоции, о которых упоминают: как правило, они, скорее, описывают нечто наподобие «ощущения, что "мы были на одной стороне"». Как мы увидим далее, кубинцы нередко весьма прямо и эмоционально выражали чувство признательности и солидарности, в то время как индийские собеседники были куда менее категоричны, предпочитая, скорее, несколько двусмысленно намекать на «дружеские отношения» с Советами. Вероятно, подобные различия в выражении положительных и отрицательных эмоций связаны с их ощущением нынешнего исторического момента, уже мало относящегося к давно ушедшей советской эпохе, так как даже самые яркие эмоции с годами порой теряют былые краски. Отсюда словосочетание «аффективная атмосфера» является весьма уместным термином для описания того амбивалентного ощущения, чаще всего проявляющегося в ходе интервью, когда респонденты рассказывают о «тех старых добрых временах». Как пишет Бен Андерсон, «ближе всего к аффекту, понятому как над- или даже доличностный импульс», будет именно атмосфера [Anderson 2009: 78]. Аффективная атмосфера не есть нечто само по себе субъективное или объективное, но, скорее, промежуточное и оттого пронизываемое противоположностями [Anderson: 77].

> Понятие атмосферы весьма удобно для осмысления, поскольку уже содержит в себе целый ряд оппозиций, пребывающих во взаимном напряжении: наличие — отсутствие, материальное — идеальное, определенное — неопределенное, единичное — всеобщее [Ibid.: 80].

Подобное же напряжение проявляется и в том, как респонденты рассказывают о переживании советской материальной и геополитической культуры, чередуя — как мы увидим в последующих главах — эти и иные оппозиции. Рассматривая, как эмоции задают настроение тому или иному периоду, Рэймонд Уильямс предлагает говорить здесь о «структуре чувства» — понятии, аналогичном «аффективной атмосфере» Андерсона. Поясняя свою мысль, Уильямс пишет:

> Ведь мы здесь обнаруживаем особое ощущение жизни, особую общность переживания, едва ли нуждающуюся в выражении, посредством которого особенности нашего образа жизни, каковые мог бы описать внешний аналитик, наделялись бы известной спецификой и колоритом. Лучше всего мы, как правило, осознаем это, наблюдая различия между поколениями, которые всегда будто бы «говорят на разных языках»... Для описания подобных явлений я бы предложил термин «структура чувства» [Williams 1961: 48].

«Структура чувства» — ощущение того, как «все это» было и переживалось, — различается от поколения к поколению: более молодые респонденты реже упоминают о подобных чувствах, куда менее ярко их описывают либо же вовсе говорят о них как о чем-то унаследованном, а не своем. Исследователи, изучающие область эмоций применительно к геополитике, не отмахиваются от подобных упоминаний и намеков на чувства как «иррациональных» высказываний, стремясь, напротив, объяснить, как они устанавливают наши интерпретативные рамки. Такое «научное» признание позволяет нам рассмотреть повседневные разговоры о геополитике (а равно и воспоминания о ней), в которых подобные высказывания могут встречаться постоянно, как фундаментальные для понимания того, как проявляется геополитика. Диттмер и Грей, завершая свое рассуждение о «популярной геополитике 2.0», задаются вопросом о том, как следует подходить к эмоциям в контексте геополитики, не рассматривая их проявления в медиапространстве: «Какой бы была такая популярная геополитика? Быть может, она развернулась бы в сторону феноменологии, сосредоточившись на каждодневном опыте пространства и геополитики, заранее не прописанным и не запечатленным в кинокадре или газетной колонке» [Dittmer, Gray 2010: 1667]. Потребуется тогда рассмотреть живой опыт, то есть (тогдашний и нынешний) геосоциальный аспект установления, оспаривания и/или осуществления геополитических взаимосвязей.

Призыв внимательно рассмотреть, как устроена геополитика в перформативных пространствах личного и социального, проанализировать эмоции в качестве важной составляющей геополитического воображения находит терминологический отклик в идее «близкогеополитического». Этот внутридисциплинарный конструкт подразумевает под собой то, каким образом интимное может быть присуще геополитическому, так как собственное тело или свой дом могут быть тесно связаны с глобальными процессами [Pain, Staeheli 2014]. Субъективные практики и межличностные отношения могут формироваться и под воздействием соотношения сил между государствами, но, в свою очередь, и сами могут оказаться столь устойчивы, что будут влиять на переживание этих отношений на местах. Целью феминистской геополитики является изучение «обыденного воспроизведения национального и международного» [Dowler, Sharp 2001: 171], что делает всевозможные «споры и переговоры» критически важными для понимания геополитической практики [Massaro, Williams 2013: 572]. В зонах соприкосновения, где люди встречаются друг с другом, покупают вещи, обмениваются подарками, домах, где все эти вещи выставляются на полки, становясь предметом разговора, — там «интимное функционирует не в качестве оппозиции глобальному, но как его корректива, чем-то его дополняющая или же разрушающая его» [Pratt, Rosner 2006: 17].

### Социальные агенты

Идея близкой геополитики позволяет совершить переход и к «субальтернативной геополитике» — специфическому исследованию с фокусом на роли негосударственных акторов, полагаемых в иных случаях маргинальными в контексте конституирования геополитики и соответствующих дискурсов. Этот подход побуждает рассматривать действия, жесты и перемещения людей, официально с геополитикой никак не связанных, но чей непосредственный опыт вместе с тем воплощал и воссоздавал геополитические представления о «себе». Понятие «субальтерн» подразумевает также, что речь идет о таком геополитическом воображении, которое не является ни чрезвычайно устойчивым, ни конформистским, но постоянно воспроизводится так, что может как сочетать в себе то и другое, так и предлагать новое, альтернативное видение [Sharp 2011: 271–273]. Это понимание означает, что мы наконец можем критически обратиться к целому ряду акторов, соприкоснувшихся с большой геополитикой лишь волею случая [Honeck, Rosenberg 2014; Craggs 2018]. То, что «они — воплощенное участие», в бытовой практике транснациональной дипломатии означает, что и жизнь их «пронизана геополитическим смыслом» [Smith 2011: 457]. Геополитика, таким образом, становится повседневной практикой, требующей для воплощения своих целей множества крупных и малых акторов. В нашей книге таковыми являются студенты, дипломаты, туристы, профильные ученые, а также их семьи: они расскажут о советских вещах и повседневном геополитическом опыте, который эти вещи воплощают (или некогда воплощали).

В этой геосоциальной сфере дружеские отношения играют важную роль в установлении и восстановлении геополитических границ. Многие советские сувениры меняли хозяев благодаря дружеским и покровительственным отношениям. «Дружба глубоко укоренена в социуме, и, всерьез принимая подобные измерения дружбы вкупе с их пространственностью... указывая на их значение в качестве "социального клея"», мы можем понять «ее более широкое социальное значение для аналитики различий и власти» [Bunnell et al. 2012: 499]. Дружба — это отношения, основанные на доверии, готовности обоюдно учиться, эмпатии и умении уживаться с различиями. Чтобы проанализировать значимость столь часто фигурирующих применительно к вещам рассказов о дружбе, я пользуюсь концепцией «тихой политики», при помощи которой я буду описывать то, как кубинцы, индийцы и их советские визави каждодневно пытались наладить взаимодействие, узнать что-то новое, проявить заботу и внимание, попутно стараясь обнаружить области, представляющие обоюдный интерес. Именно взаимная поддержка и дружба являются главным сюжетным мотивом в рассказах о путешествиях — своего рода микрополитическом царстве времен холодной войны, где в пространстве, становящемся наднациональным, образовывалось сообщество сопричастных, чьей единой, конвертируемой из этого чувства родства валютой нередко оказывалась подаренная вещь [Askins 2015: 475–476].

Подобное понимание геополитики в качестве того, что образуется в местах как личных, так и публичных, указывает на важность «матрицы отношений» в формировании геополитических представлений. Жизнь людей «всегда встроена в матрицу отношений с другими» [Strathern 1996: 66]. В своей недавней работе Николас Лонг и Генриетта Мур возвращаются к понятию «геосоциального», рассматривая его «социальную» составляющую в качестве «динамично-интерактивной матрицы отношений, посредством которой люди познают окружающий их мир, изыскивая в нем цель и смысл» [Long, Moore 2013: 2]. В контексте критической геополитики сказанное может означать смещение исследовательского взгляда на банально-будничные встречи обычных людей, в процессе такого взаимодействия (включая доступный материальный обмен) становящиеся площадкой для производства и переработки геополитических образов, необязательно совпадающих с официально-государственными бинарными рамками.

Опираясь на работу Аманды Уайз, я бы прибавила к сказанному выше, что геополитическая риторика сотрудничества ничего не значит без кропотливой ежедневной работы по «налаживанию отношений», которая вовсе не гарантирует немедленного «счастливого единения», но представляет собой важный процесс обсуждения различий и поиска компромиссных решений [Wise 2016: 482]. Для описания же этой работы по «уживанию с различиями» она предлагает термин «содружественный труд» [Ibid.: 482]. Это выражение мне представляется весьма уместным и подходящим для анализа нарративных моделей, употребляемых в индийских и кубинских рассказах, где такого рода «содружественный труд» по «уживанию с различиями», взаимному обучению и общению как раз и фигурирует в контексте циркуляции советских вещей. Неотъемлемой частью этого труда является гостеприимство — один из важнейших и часто вспоминаемых атрибутов живого опыта студентов, дипломатов и рабочих, побывавших в СССР. Радушие было и остается важнейшим элементом практики «повседневного мира» — в смысле не только отсутствия войны, но и именно устроения мира с постоянной профилактикой конфликтов и поддержанием добросердечных отношений.

> [Все] это также положительно сказывалось на уровне повседневной враждебности, помогая «созиданию и поддержанию» площадок для возможного диалога, обеспечивая геополитическое согласие с мировой общественностью и способствуя формированию индивидуальных политических идентичностей, основанных на этике, открытости и гостеприимстве [Craggs 2014: 98].

В своей работе я опираюсь на эти исследования последних лет, не посвященные насилию и подавлению, но изучающие пространства, в которых различия могли сосуществовать и в которых преобладало общее радушие, из чего, конечно, никоим образом

не следует, что в Советском Союзе не было межрасовой напряженности или постоянных всплесков откровенного расизма[1].
Однако же мои собеседники об этом не рассказывали (возможно,
просто оттого, что они ни с чем подобным не сталкивались,
а может, за давностью лет память отсеяла все неприятное, оставив
лишь хорошие воспоминания).

Я сосредоточилась на изучении тех форм социальной открытости и аффективных связей, которые предпочитали выдвигать
на передний план сами респонденты, а именно взаимовыручки
и гостеприимства.

## Вещи

### Вещи с характером

Геополитические нарративы холодной войны, как правило,
являются обезличенными национальными идеями, где в угоду
связности часто упускаются из виду противоречия, расхождения,
напряженность и прочие отклонения от нарративной нормы.
Изучение живого опыта как раз и нарушает размеренный темп
«великих нарративов»[2] — куда более скрытных, нежели откро-
венных. Именно область пережитого позволяет нам выдвинуть
на передний план вещи, сфокусировав внимание на их способности мобилизовать истории из жизни — «малые нарративы»
субъективного опыта. В повседневной жизни, где сплетаются

---

[1]  Расовая напряженность в советско-кубинских и советско-индийских отношениях, пусть и отсутствовавшая не полностью, проявлялась, конечно, не
столь остро, как в случае со студентами из Африки и Ближнего Востока
[Matusevich 2008, 2009].

[2]  Также «универсальный метанарратив», «великое повествование». Термин
Жан-Франсуа Лиотара. Сюда он относит все главенствующее и магистраль-
ное наподобие рационализма, эмансипации, абсолютной свободы личности
и т. п. Он описывает «состояние постмодерна» (работа 1979 года) как общее
недоверие к такого рода дискурсивным структурам, ставшим столь обшир-
ными, что в их рамках становится тесно, вследствие чего требуются новые
микронарративы, еще не утратившие доверия. — *Прим. пер.*

личное и политическое, местное и глобальное, отдельные политические органы и общеполитическая жизнь, геополитика (эмоциональная, интимная, популярная) часто формируется через использование вещей, населяющих наши дома. Это и бытовые приборы, и символические подарки на память; впрочем, бытовой функционал присутствует и в сувенирах, так как благодаря воспоминаниям, связанным с ними, крепнет связь с тем, где мы были, что осталось в памяти. Сюда относятся всевозможные подарки, награды, что-то купленное на блошином рынке или просто случайно приглянувшееся в витрине.

Исследования материальной культуры утверждают, что семиотическая ценность присутствует в любой вещи: она рассказывает о наших связях с миром, указывая на самоощущение и понимание собственного места в нем. Говоря об интерпретации, о «считывании» советских вещей, подразумевают, что они не пассивно участвуют в процессе, но деятельно соучаствуют в производстве смыслов. Вещь — действующее лицо, герой собственной «биографии», то есть она оказывает влияние на отношения, производит смыслы и функции, внутренне ей не присущие. В этой связи Игорь Копытофф пишет о множественных преображениях вещей, а Арджун Аппадураи приглашает изучать их «пути» и «истории жизни» [Копытофф 2006; Appadurai 1986]. Составление «биографии вещи» подразумевает под собой обращение к тому, откуда она взялась, каким образом употреблялась, как менялись заложенные в ней функции, каково было ее значение для тех, кто пользовался ею, наконец, «что происходит тогда, когда пользы от вещи больше нет». Такого рода «биография» может прояснить, как со временем менялась эта вещь, как в новых условиях трансформировались ее значение и назначение [Appadurai 1986: 67].

Можно также сказать, что вещь обладает собственными возможностями, которые она предоставляет человеку, позволяя совершать те или иные действия; так, в наших интервью вещи оказываются способом систематизации взглядов и артикуляции опыта [J. J. Gibson in Shaw, Bransford 1977]. Подобная реляционная концепция требует от нас для выяснения смысла вещи взглянуть на пользователей и контекст ее использования. Материальные вещи являются «источником и маркером социальных отношений и способны преобразовывать и образовывать новые социальные идентичности». Мэри Дуглас и Барон Ишервуд обращают внимание на то, как вещи выступают своего рода медиаторами — посредниками социальных отношений — и в этом смысле необходимы для социального существования человека [Douglas, Isherwood 2002: 38–39]. Антропологи замечают также, что подаренная вещь чрезвычайно много делает для устройства и поддержания социальных связей, в целом способствуя общественным отношениям, составляющим «моральную экономику» человеческого существования [Cheal 2015: 14–15]. В частности, благодаря исследованиям материальной культуры мы проанализировали подарки и сувениры, выяснив, как через обмен подобными вещами реализуются культурные и социальные ценности.

Как кубинские, так и индийские респонденты обращались к открыткам, фотографиям, керамике, лакированным и расписным изделиям в качестве подспорья в рассказах о дружбе, поездках, встречах и прочих эпизодах взаимодействия с СССР. Такие вещи маркируют «место и событие», отражая желание путешествующего словно «поставить пережитое на материальный якорь» [Hume 2014: 8]. Материальные артефакты — валюта, конвертируемая в эмоции и личные связи, — имеют особое значение для путешествующих, значительное время проводящих вне дома, способствуя знакомству, общению и эмоциональному сближению с местными жителями. Вещи маркируют не только «место и событие», но и отношения людей, связанный с ними круг идей и эмоций. Несущей составляющей сувенира являются именно переживания и эмоции, нежели его экономическая или же эстетическая ценность. (При)обретение артефакта и его последующая демонстрация указывают на то, как такого рода вещи «служат фундаментом "глубинной географии"», скрепляющей отношения с дорогими сердцу людьми и (воз)рождающей во владельце чувство принадлежности к некоторой «космополитической культуре» [Haldrup 2009: 57]. Как отмечает Стивен Риггинс, хранящиеся дома артефакты весьма часто служат отправной точкой для рассказа о себе и личных отношениях. Содержание подобных рассказов мы можем назвать «картографированием» — в том смысле, что «я» пользуется этими предметами (подарками, семейными реликвиями, фотографиями и прочим) как вспомогательным средством для плетения собственной социальной сети, представления своей космологии и идеологии с проецированием (можно сказать, пространственным продолжением) личной истории на мировую карту. Вот что именно представляют собой вещи: они — точки на карте, звенья единой цепи, которую затем можно проследить в любом направлении [Riggins 1994b: 109].

Сувениры, которые мне показывали и о которых мне рассказывали собеседники, помогали им описывать то, как абстрактные геополитические ценности (наподобие сотрудничества, солидарности или доверия) актуализируются в их повседневности, влияют на принимаемые решения, дружеские отношения и прочие траектории течения жизни.

Книги также являются физическими объектами с материальными атрибутами, однако же анализ их потребления требует понимания того, как происходит процесс чтения. Для лучшего постижения таких вещей, как сувениры и подарки, нам помогают штудии в области материальной культуры, а в осмыслении книгочтения в качестве специфической формы потребления мы будем опираться на классическую теорию рецепции. Обширная литература по теме (как о рецепции литературы, так и об иных медиаформатах) говорит о том, что мы привносим массу своих интерпретаций в читаемый текст. Формальная условность практики чтения предполагает, что потребление культуры является перформативным актом, свидетельствующим о влиянии на него социальных, культурных и политических факторов. Всякое чтение текста имеет отпечаток исторического контекста, в котором находился читатель с «вектором чтения», заданным соответствующим репертуаром идей и ценностей. Эти факторы (определявшие специфику чтения моих респондентов) составляют «картографию текстуальной рецепции» или «микрокультурную географию чтения», благодаря чему советская книга в качестве геополитического артефакта оказывается наполненной смыслом и для иностранного читателя [Livingstone 2005: 394].

### *Отсутствие, избавление*

Множество теорий потребления заведомо предполагают, что вещи есть в наличии; однако же, как выяснилось в течение интервью, часто речь идет о вещах, которых нет: либо их подарили, либо выбросили, либо они давно затерялись где-то на чердаке. Подобная изменчивость вещей неотъемлемо связана с их способностью оказывать социальное воздействие, так как физическое наличие само по себе никак не гарантирует социальной значимости [Colloredo-Mansfield 2003: 246].

Отсюда следует, что маргинализация или даже полное отсутствие вещи вовсе не обязательно лишают ее агентности, так что техника и прочие вещи, со временем пришедшие в негодность, которых уже больше нет или которые давно оказались где-то в чулане, так или иначе, все равно семиотически мобилизуются в разговоре, поскольку объяснения их отсутствия позволяют рассказать о прошлом и настоящем. Эта работа начиналась как проект, посвященный «биографии вещей», но уже спустя пару недель стало ясно, что далеко не у всех собеседников до сих пор остались дома советские вещи. Особенно это касается бытовой техники: как правило, устаревшие и вышедшие из строя приборы просто заменяли новыми, потребляющими меньше энергии, лучше выглядящими или же обладающими более продвинутым функционалом. Тогда, не желая с этим мириться, я решила задаться вопросом о том, что могли значить бытовые приборы, когда были в наличии, и какое значение имеет их нынешнее отсутствие. Избавиться от чего-либо, какой-нибудь материальной вещи еще никоим образом не гарантирует ее абсолютного исчезновения; «отсутствие — это всегда лишь некоторое развитие, никогда полностью не обрывающееся» [Hetherington 2004: 162]. Избавление же обладает продуктивной и динамической логикой, никогда не являясь «сингулярным событием окончания существования»

[Ibid.: 109]. Скажем, Ролланд Мунро считает, что вещи «продолжают присутствовать даже после избавления от них — в форме либо идей, либо же материальных последствий того, чем они некогда были» [Munro 1997], цит. по: [Claes, Deblon 2018: 356]. Здесь он полностью разделяет позицию Викси Кольтман, для которой «физическое исчезновение объекта вовсе не является окончанием его «биографии», так как вещи умеют привлекать новые смыслы даже в своем материальном отсутствии (или же вследствие последнего)» [Coltman 2015], цит. по: [Claes, Deblon 2018: 356].

Отсутствие обсуждаемых вещей перформативно, так как указывает на перемены в системе ценностей и вкусов. Антропологи говорят, что избавление от вещей помогает выработать ценностную систему, проясняющую, что стоит сохранить, а что уже утратило былое значение. Словом, избавление от вещи означает смену ценностей и стандартов [Claes, Deblon 2018]. Адамсон в своей работе приводит замечательный рассказ о пуфике, на примере которого иллюстрирует, как вещи в нашей жизни функционируют в качестве исторических подробностей, «не до конца объясняемых фактов», нарушающих общую картину. В том же ключе он говорит о том, что и историкам следует со вниманием относиться к отсутствию вещей, коль скоро они желают получить всестороннее описание исторического события [Adamson 2009: 192–193, 205]. О каких масштабных социокультурных процессах и конфликтах это может рассказать? У многих моих собеседников дома уже не осталось советских вещей. Так как же мне следует отнестись к их отсутствию?

### Специфика потребления / использования техники

Обращение к потреблению также подразумевает под собой отход от «усредняющих парадигм» теории зависимого развития, где предполагается непосредственная рецепция идей и артефактов из центров власти. Во введении к своей работе по техногеополитике Габриэль Хехт пишет, что технологии могут быть направлены на передачу известных идей, но они «не будут определяющими». Предметы материальной культуры умеют выйти за рамки своего изначального предназначения, обретая иные функции и оказываясь «более гибкими и менее предсказуемыми, нежели представлялось их создателям» [Hecht 2011: 83/4294]. Подобно уже упоминавшемуся Энгерману, она указывает на значимость локальных адаптаций и интерпретаций технологических дискурсов и практик в отношении назначения и применения сверхдержавами своих технологических достижений [Ibid.: 116–118/4294]. Таким образом, пусть в годы холодной войны технологии и являлись ключевым фактором распространения идеологий и влияния сверхдержав, фактическую передачу технологий и моделей потребления формировали местные представления о том, что в действительности удовлетворяет потребностям населения и отвечает актуальной национальной повестке.

Хотя Хехт говорит не столько о повседневных «пользователях» технологий, сколько об их локально-институциональных адаптациях, она подразумевает под этим то, что имел место поворот от производства к потреблению. Социология техники существенно облегчила переход к потреблению благодаря отказу от привычного акцента на внутренних качествах технологий. При помощи «пользователей технологической парадигмы» социологи изучают, как потребители «видоизменяют технику, пользуются ею в быту, украшают, переделывают ее или же вовсе отказываются от нее» [Oudshoorn, Pinch 2003: 46/4385], при этом важно заметить, что конечный пользователь сам делает выбор между конкурирующими технологиями, следовательно, именно его агентность и определяет характер потребления [Cowan 1987: 263], то есть «потребители» здесь — это не однородная людская масса, пассивно потребляющая технологии, но гетерогенная группа активных, агентных пользователей, которые и являются отправной точкой для интерпретации техники [Oudshoorn, Pinch 2003: 92/4385].

Смещение фокуса исследования с масштабных государственных технологических предприятий на бытовые приборы отражает понимание дома как важнейшего смыслообразующего пространства. Любые выпускаемые на рынок товары сначала указывают на свое промышленное производство и несут ценности, изначально заложенные производителем, но, попадая в условия домашнего быта, обретают иные значения и могут затем стать «одомашненными». Дома либо вещи вовсе лишаются всех этих глобальных смыслов, либо же таковые отодвигаются на задний план, и вещь начинает говорить совсем о других ценностях. По мнению Сильверстоуна, Хирша и Морли, домашнее хозяйство «является "моральной экономикой" — социальной, культурной и экономической единицей, активно участвующей в потреблении вещей и смыслов» [Silverstone, Hirsch, Morley 1992: 6]. Моральная экономика предполагает, что, как только товар включается в бытовую или же личную повседневность, он подвергается множеству различных прочтений, обретает новые способы своего применения и в целом «переосмысляется в соответствии с принятыми в доме ценностями и интересами» [Ibid.: 16]. «"Странные" и "дикие" технологии» «одомашниваются», «интегрируются в саму структуру быта пользователей — их распорядок дня, уклад и в целом окружающее их [часто домашнее] пространство» [Berker et al. 2006: 2–3]. В моральной экономике дома предметы могут сохранять общественное значение, параллельно приобретая частные смыслы, актуальные для своих владельцев и пользователей после «одомашнивания». Общепринятое и публичное значения вещи — это набор представлений о ее пользе и ценности, определяемый социализацией, рекламой и прочими общественными идеями, относящимися к манере потребления. Когда пользователь находит все это соответствующим своим убеждениям, он принимает эти публичные смыслы [Richins 1994: 523]. Последние могут быть включены и в круг личных значений вещи, но в их основе тоже будут лежать собственные переживания и опыт взаимодействия с ней пользователя [Ibid.]. И личные, и публичные смыслы являются зависимыми от контекста, так что вещи приобретают различные значения при рассмотрении специфики локального потребления иностранной продукции. Как видно, респонденты, рассказывая о советских вещах, транслируют обе категории смыслов.

Как мы увидим в последующих главах, важный аспект осмысления иностранной техники отражает понятие «социальной репрезентации». Посредством ее «нечто неизвестное — а может, и сам факт неизвестности — делается известным и знакомым»

[Moscovici 1984: 24], цит. по: [Ross 2017: 8]. Мобилизуется такое социальное представление двумя способами: в объективации или в стабилизации. Объективация — это использование предмета для подтверждения или конкретизации догадок и предположений о его происхождении, в то время как стабилизация является процессом, с помощью которого незнакомая вещь делается «своей», стабилизируясь через привязку к личному опыту [Ross 2017: 2]. Как уже обсуждалось выше, в теоретической части, посвященной субъекту, такого рода стабилизация имеет место в отношении к сувенирам, когда артефакт становится отражением личных переживаний и событий. Объективация же происходит применительно к вещам, так сказать, менее «личным» (скажем, предметам бытовой техники), когда мы переносим свои представления о государственной промышленности, выпустившей этот прибор, на сам прибор и свои ожидания от него. Исследования влияния информации о стране происхождения указывают на тесную связь между национальными стереотипами и тем, как потребители оценивают товары, особенно тогда, когда недоступна более конкретная информация о категории товара, его производителе или бренде [Maheswaran 1994: 362]. Таким образом, «влияние социальных представлений о стране производства товара — можно сказать, о "национальном" происхождении объекта — будет, скорее всего, куда сильнее в ситуации неясности или незнания» [Ross 2017: 9]. Это хорошо видно в нашем случае с советскими вещами на Кубе и (особенно) в Индии: пользовавшиеся этими вещами прямо говорят, что мало знают о советском производстве, но тем не менее находят в обсуждаемых предметах социальные репрезентации. Предлагаемые собеседниками интерпретации советских предметов, как правило, являются общими рассуждениями о том, что, как они считают, им известно о советской культуре производства.

Кроме того, не все пользовавшиеся советской техникой являлись ее целевой аудиторией, так как советская вещь вполне могла достаться кому-нибудь и просто по случаю [Rose, Blume // Oudshoorn, Pinch 2003: 1388–1391/4385]. Тогда дискурсивный аппарат произведенного объекта им недоступен, не может определять ожиданий и, следовательно, послужить основой для его использования. К кому-то из респондентов советская техника и вовсе попала случайно: если как-то раз ею и пользовались, то вскоре уже на смену ей появлялся более желанный прибор, то есть пользователи вещей могут также противостоять им и отказываться от них, поскольку техника никогда не потребляется заранее предписанным образом и не может длительное время оставаться объектом интереса [Oudshoorn, Pinch 2003: 269/4385]. Салли Уайатт указывает, что неиспользование вещи или нежелание пользоваться ею становятся значимыми факторами, когда приписываемые объекту значения не находят отклика или представляются совершенно неясными [Ibid.: 288/4385]. По сути, неиспользование является не исключением вещи, но иного рода стратегией обращения, поэтому должно рассматриваться в качестве рационального решения, влияющего на смысл и функционал вещи.

В последующих главах мы еще увидим, что отказ от вещи или ее замена другой, помимо технических преференций, отражает также политические воззрения на прогресс, мировой рынок и солидарность.

## Нарративы и память

### Вещи и рассказы

Когда мы говорим, что вещи обладают культурным значением, это означает следующее: мы знаем об этом благодаря тому, что они артикулируются в качестве таковых. Иначе говоря, именно нарративизация вещи проясняет для окружающих то, какие смыслы она призвана воплощать. С этой целью активное интервью и является ключевым методологическим принципом настоящей книги, поскольку оно образует пространство нарративизации вещи: «Атрибутирование вещам активной или пассивной роли в отношении людей является сюжетно обусловленным, так как в мире социума ничто не может произойти или существовать вне обрамления перформативной деятельности человека» [Harré 2002: 23]. Рассказывая истории о вещах, собеседники наделяют их смыслом, «составляя активный и креативный сюжет, или, проще, нарратив» [Woodward 2007: 159]. Люди наделяют вещи смыслом и ценностями, которым свойственно меняться со временем, однако ни то ни другое не следует с очевидностью из самой вещи, если не спросить о ней владельца, у которого она хранится. Что касается наших интервью, большинство «биографий вещей» перетекает в истории из жизни владельцев, образуя важные повествовательные узлы, помогающие структурировать воспоминания о советском культурном или символическом присутствии в годы холодной войны. В течение интервью выяснилось, что хранение вещи на виду или же просто где-то в шкафу указывает также на ее значение и то символическое место, которое она занимает в личной истории респондента. Таким образом, и рассказ о вещи, и ее демонстрация/хранение являются социальным перформативом, составляющей частью которого становится вещь, сообщая нам о том, какое значение для конкретного человека она приобрела. Как уже говорилось выше, это было возможно в домах кубинских собеседников, где мне часто удавалось увидеть обсуждаемые вещи в их повседневной «среде обитания» (за исключением случаев, когда вещь нужно было достать и выставить на стол, чтобы посмотреть на нее, вырвав из реальной «среды»). В индийских же интервью, проводившихся по скайпу, добиться того же было практически невозможно, поскольку собеседники приносили вещи к компьютеру, просто рассказывая мне, где они нередко стоят или хранятся.

### *Память*

Среди множества функций, которыми со временем обрастают вещи, есть и способность отражать личные воспоминания. Материальная культура в целом обладает мнемонической функцией: вещи вполне могут провоцировать эмоции, вызывать «сильные душевные переживания» [Ulrich et al. 2015: 164], цит. по: [Oushakine 2019: 52]. Таким образом, и наши автобиографии отчасти формируются через взаимодействие с вещами. Как отмечают Петрелли и Уиттакер в своей работе о воздействии вещей на память, «в воспоминании задействуется как физический, так и нарративный аспект: памятные вещи маркированы событиями, разрозненные вспышки которых организуются вместе через общий нарративный сюжет» [Petrelli, Whittaker 2010: 154]. Вместе с тем в моральной экономике дома ценность имеют не только особо памятные вещи: самые привычные предметы домашнего обихода тоже обладают мнемонической функцией, пусть и не столь лично направленной, как в случае с сувенирами. Вызываемые ими воспоминания могут не иметь конкретного содержания, но вызывать ощущение прошлого как аффективного пространства, эдакого «текучего универсума чувств» [Ulrich et al. 2015: 164], цит. по: [Oushakine 2019: 53]. Так, мои собеседники часто вспоминают советские вещи и опыт их использования в порядке общего переживания культурной встречи, не слишком останавливаясь на их конкретных свойствах. В контексте жизненной истории вещи пробуждают воспоминания о временах холодной войны: это могут быть как случайные эпизоды, вызванные позабытыми или незамечаемыми вещами, так и специально «возрождаемые» в памяти воспоминания, мобилизуемые при помощи бережно хранимых, стоящих на виду советских вещей [Grossman 2015].

С учетом того что респонденты относятся к различным возрастным группам от 30 до 85 лет, временные рамки образующихся нарративов определяют выбор точек отсчета и «структуры чувств» (превалирующие чувства и ощущаемые ценности для каждого поколения), артикулируемых в беседе. Кроме того, ретроспективный анализ истории потребления осложняется и тем, что для нас недоступны переживания и взгляды собеседника во время приобретения вещи и ее использования. То, что осталось в памяти, что собеседник счел достаточно важным и ценным, чтобы об этом рассказать, является устойчивым чувством, которое структурируется последующим опытом как посредством взаимодействия с конкретной вещью и ее аналогами, так и через социальные процессы и контекст потребления. Таким образом, актуальная эмоциональная память является продуктом всех этих различных промежуточных процессов; с подобными «сроками давности» тоже необходимо считаться [Plamper 2015: 290].

Нарратив памяти, лежащий в основе подобных рассказов о путешествиях вещей, представляет собой своего рода историческое сырье. Нашей задачей является не установление исторических фактов при помощи взятых интервью, но попытка понимания того, как переживалась история. Как утверждает Майкл Фриш, память — это не столько методологическое средство, сколько, собственно, «предмет исследования» (подобного и нашему). Цель же нашей работы заключается в прояснении того, «как люди осмысляют свое прошлое, связывают личный опыт с его социальным контекстом, как прошлое становится частью настоящего и затем используется для интерпретации событий личной жизни и окружающего мира» [Frisch 1990: 188]. Методология устной истории позволяет исследовать исторический процесс как личный опыт, однако подобные рассказы нельзя рассматривать в качестве не опосредованной исторической репрезентации. Они опираются на личную и коллективную память, которая всегда окрашена обстоятельствами сегодняшнего дня вкупе с текущим взглядом на историю. Кроме того, устные рассказы бывают весьма разнонаправленными: скажем, респондент сначала описывает вещь, затем возвращается в прошлое, вспоминая о первых встречах с советской культурой, а потом снова оказывается на сегодняшней Кубе или в современной Индии, тем самым легитимизируя свою интерпретацию обсуждаемой вещи и ее значения в прошлом. Это, конечно, не делает подобные рассказы непригодными для исследования, но все же стоит относиться к описаниям вещей и контекста холодной войны скорее как интерпретативным рамкам, чем как, собственно, фактической, то есть «верифицируемой» истории; это не выверенное линейное изложение того, «что произошло», а больше «коллаж из зарисовок, анекдотов, фрагментов и прочих запечатленных в памяти образов, отказывающихся окончательно закрепляться в историческом времени» [Kuhn 2010: 299]. Задача состоит в том, чтобы выяснить, каким образом советские вещи мобилизуются для описания переживания холодной войны и как весь этот «коллаж» структурирует интерпретацию живого опыта определенного периода. Подобный «взгляд снизу» существенно расширяет наше понимание истории события, и в этом смысле такого рода нарративное воспоминание обладает также «потенциалом к ниспровержению истории» [Thomson, Frisch, Hamilton 1994: 36].

Рассказы моих респондентов представляют собой индивидуальные акты воспоминания, однако индивидуальная или личная память не могут функционировать вне зависимости от коллективной культурной. Личная может регулярно пересекаться с нарративами коллективной, дополняя, опровергая или же вовсе отвергая ее. Кроме того, частные воспоминания нередко подаются так, что формально напоминают нарративы коллективной. Как правило, это означает, что имеет место ряд общих для этих практик памяти тропов, пусть частное воспоминание и располагает более богатой и сложной палитрой, нежели, так сказать, «мейнстримная» память.

Как говорит Аннет Кун в своей замечательной книге о семейной фотографии, все тексты памяти «непрестанно напоминают о коллективном характере работы воспоминания». Эвокативные — памятные — вещи помогают процессу воспоминания, составляя повествование об истории холодной войны как о пережитом опыте. Подобные вещи являются агентивными и политически активными, поскольку, мобилизуясь в рассказах своих владельцев и пользователей, реализуют характерные им геополитические настроения. В более широком смысле этого слова нарративы личных воспоминаний (наподобие звучащих в наших интервью) подрывают и оспаривают то, что принимается за коллективную память о холодной войне. Между общей и личной памятью здесь можно наблюдать как совпадения, так и расхождения с явными противоречиями, что указывает на неполноту стандартной, общепринятой истории холодной войны и двусмысленность геополитических субъективностей. Геополитическая история холодной войны раскрывается здесь как состоящая из людей и чувств, (в прямом смысле) воплотившаяся геополитика.

В последующих главах мы увидим, как это происходит в рассказах моих собеседников о хранящихся у них дома советских вещах.

# Часть I

············································

# КУБА

············································

# Глава 2
# Кубинский советский период

В ноябре 1961 года популярный кубинский журнал Bohemia (впервые) посвятил несколько страниц теме Октябрьской революции, присовокупив к тому краткий очерк о русской литературе[1]. Далее, в январе 1964 года, вниманию читателей был представлен фоторепортаж о визите Кастро в Советский Союз: начинавшийся с фотографии Хрущева и Кастро, стоящих на лыжах на вершине заснеженного склона, отчет явно свидетельствовал о родственном сближении «"мартианской"[2] земли с ленинской почвой»[3].

В настоящей главе читателя ждет краткий экскурс в историю советско-кубинских отношений вплоть до падения Берлинской стены: так мы сможем лучше понять, как с каждым новым десятилетием эти отношения видоизменялись. Отметим при этом, что идейные разногласия были для них столь же характерны, сколь и взаимозависимость. Дискурсивные особенности этой истории также помогут нам в прояснении того, как кубинцы потребляли советские товары тогда и как рассказывают о них теперь.

---

[1] См.: Bohemia. 1961. № 45. November 5.

[2] Хосе Марти (1853–1895) — кубинский поэт, публицист, революционер и лидер национального движения. Кастро был горячим поклонником Марти, ощущая себя продолжателем его дела. — *Прим. пер.*

[3] Bohemia. 1964. № 5. January 31.

## Кубинская революция и советизация

Начавшееся с ареста Кастро в 1953 году «Движение 26 июля»[4] достигло кульминации в декабре 1958 года с побегом из страны Фульхенсио Батисты. Первого января 1959 года повстанческая армия во главе с Кастро провозгласила триумф революции. Месяцы подготовки и обширная поддержка населения привели к началу радикальных преобразований в стране. На первых порах избавление от американского влияния не было явной целью кубинской революции, однако стало ею уже в 1960-х годах, когда кубинцы задумались о диверсификации торговли и договорились о поставках в Советский Союз небольших партий сахара в обмен на импорт нефти, а США выступили категорически против того, чтобы их нефтеперерабатывающие заводы на Кубе использовались для этих целей. В ответ Куба национализировала заводы, а США, в свою очередь, резко сократили импорт кубинского сахара. Последовали новые национализации предприятий, спровоцировавшие в итоге полное эмбарго США на торговлю, сохраняющееся и по сей день. В апреле 1961 года, после неудачной высадки в заливе Свиней[5], когда отряд американских военных и кубинских эмигрантов попытался свергнуть революционный режим, в своей речи на похоронах погибших при авианалете Кастро объявил, что кубинская революция была социалистической. Этот «социализм» не подразумевал под собой строительства коммунизма советского образца, а, скорее, замахнулся на крити-

---

[4] Движение получило название по неудавшейся атаке на казармы Монкада. Выступление возглавлял молодой Фидель Кастро: в стране были намечены свободные выборы, на которых он был кандидатом, однако Батиста отменил голосование, спровоцировав революционные протесты. Атака на военный городок провалилась, и Кастро вместе с 25 соратниками оказался за решеткой. Впрочем, вместо присужденных 15 лет Фидель провел в тюрьме лишь 2 года, после чего Батиста распорядился выпустить своего уже неопасного, как он полагал, оппонента. Вскоре братья Кастро перебрались в Мексику, где близко сошлись с аргентинским революционером Эрнесто Че Геварой. — *Прим. пер.*

[5] 14–19 апреля 1961 года. Также операция в бухте Кочинос, или операция «Запата». — *Прим. пер.*

ку «ничем не ограниченного свободного капиталистического рынка» с призывом к «известной степени государственного вмешательства и проведению программ социального обеспечения» [Kapcia 2021: 50–51, 57]. Впрочем, несмотря на первоначальные намерения, в последующие годы Куба становилась все более зависимой (особенно экономически) от Советского Союза и стран социалистического блока в целом.

Советский Союз, в свою очередь, почти сразу выказал готовность поддержать Кубинскую революцию. Уже в феврале 1960 года СССР провел в Гаване выставку, на которой наглядно демонстрировались многочисленные достижения советской науки и техники. Во время своего визита Анастас Микоян заявил, что СССР всецело поддерживает революцию на Кубе, социализм для нее будет экономически выгоден, а советская страна — друг кубинского народа [Oswald 1961: 124–125]. Следом за выставкой СССР предоставил Кубе щедрый кредит, благодаря которому страна могла приобрести необходимое оборудование, материалы и комплектующие с сопутствующим техническим обслуживанием. Подписанное в декабре 1960 года многостороннее торговое соглашение между Кубой, странами восточноевропейского блока (за исключением Албании с Югославией), СССР и Монголией было призвано смягчить негативные последствия от резкого сокращения поставок сахара в США [Walters 1966: 75]. В последующие десятилетия присутствие различных советских специалистов и вещей на Кубе стало делом совершенно обычным и привычным. В период с 1959 по 1963 год советский экспорт на Кубу состоял преимущественно из металлургической продукции, продовольствия, промышленной техники и сырья, что в 1963 году составило порядка 75 % всех поставляемых на Кубу советских товаров [Ibid.: 77]. После падения сельскохозяйственного производства в 1962 году Куба перешла к нормированию продовольственных и потребительских товаров, увеличив продовольственный экспорт из стран социалистического блока. Это был очередной пример того, как нараставшие «внутриэкономические проблемы Кубы купировались благодаря экспорту из СССР» [Ibid.: 77]. Кроме того, из социалистических стран на Кубу отправляли целые партии специалистов в самых разных областях для обучения местной молодежи работе на советском оборудовании и поддержки реализации промышленных и иных проектов.

Многие исследователи полагают конец 1970-х годов периодом «институционализации» советизации [Fitzgerald 1987/88: 440]. В самом деле, Советский Союз помогал развивать местную промышленность, однако же, как утверждают кубинские экономисты, столь небольшая латиноамериканская страна, как Куба, не могла позволить себе существовать в изоляции. Куба «с ее небогатой ресурсной базой, весьма ограниченными возможностями для поддержания современных высокотехнологичных отраслей промышленности, зависимостью от экспорта и потребностью в импорте, безусловно, не может быть жизнеспособной в условиях современной мировой экономики» [Fitzgerald 1987/88: 443]. В декабре 1970 года была создана межгосударственная советско-кубинская комиссия по экономическому и научно-техническому сотрудничеству, координирующая экономические вопросы между странами, а в 1974 году Куба стала полноправным членом Совета экономической взаимопомощи (СЭВ) — межправительственной торговой организации социалистического блока [Duncan 1976: 169]. Когда же уборка долгожданного урожая сахара в 1971–1972 годах принесла удручающие результаты, Куба была вынуждена обратиться к СССР за дополнительной помощью, вследствие чего советское влияние на государственное планирование и управление возросло еще более. По этой причине 1970-е годы нередко именуют временем советизации Кубы, имея в виду главным образом ее бюрократизацию, низкую эффективность с фокусом на «ценностях» вместо решения реальных проблем кубинских людей и акцентом на материальных трудовых стимулах вместо моральных [Yaffe 2009: 55]. Кроме того, период с 1971 по 1976 год, известный как quinquenio gris («серая пятилетка»), омрачился и репрессиями в области культуры, когда власти обратились к сталинским мерам борьбы с критикой советизированной государственной системы [Griffiths 2019: 243].

Зависимость Кубы от СССР была значительным фактом, даже если бы это и не мешало торговым и дипломатическим отношениям с другими странами. Кастро оказывался в довольно неудобном положении, так как в то же время он неустанно критиковал американский империализм. Впрочем, делал он это весьма умело:

> Все мы зависим от кого-то — в той или иной форме... Вы, американцы, зависите от иностранных рынков, где можно продать избыток своей продукции. Советский Союз является для нас важнейшим рынком сбыта. Так как же можно сравнить наши отношения с советским государством с теми, что установились между нами и Соединенными Штатами Америки? Советы предоставили нам льготные условия оплаты, способствовали решению вопроса на переговорах о кредитах с другими странами и в целом с большим вниманием относились к нашим финансовым проблемам. Что же до США... — они ведь владели чуть ли не всей кубинской экономикой... У СССР нет здесь ни единой шахты, фабрики или сахарного завода... Так что все ресурсы, отрасли и средства производства остаются в наших руках... Да, конечно, мы зависим от Советского Союза, подобно тому как существует взаимозависимость и между другими странами. Думаю, в мире вообще нет стран, которым удалось бы избежать зависимости от кого-то... У нас нет своих энергоресурсов, нефти или угля, гидроэлектростанций. Нам всегда придется зависеть от других в плане поставок энергии, различного сырья и продовольствия, подобно тому как другие страны зависят от нашего сахара, никеля и других товаров. Весь мир пронизывают взаимозависимости (цит. по: [Tsokhas 1980: 328]).

В своей красноречивой апологетике кубинско-советских торговых отношений Кастро остроумно описывает их как просто очередную форму взаимозависимости, вполне типичную для мировой геополитики. Ключевые его тезисы сводятся к тому, что Советский Союз не стремится владеть кубинскими средствами производства и в этом смысле существеннейшим образом отличается от Соединенных Штатов Америки. Мнение о том, что Советы в отношениях с Кубой не казались эксплуататором, часто встречается в рассказах кубинцев о советской поддержке, что мы и увидим в представленных в последующих главах беседах. Словом, зависимость от Соединенных Штатов Америки представлялась чем-то крайне негативным, в то время как советское покровительство воспринималось в порядке дружелюбия и благосклонности [Tsokhas 1980].

Теперь читателю следует узнать, как Куба и кубинцы вели переговоры с Советским Союзом и реагировали на постоянно нарастающее советское влияние (хотя отношения и не были безоблачными: бывали разногласия и споры). Представляется очевидным, к примеру, что в образовательной сфере высшие учебные заведения Гаваны не спешили безоговорочно перенимать советские принципы идеологизации образования [Tsvetkova, Tsvetkov 2020: 173, 177–182]. Кроме того, удалось удержать известную дистанцию от восточного блока и в сфере искусства, где Куба никогда не воспринимала себя в качестве подчиненного своему могущественному союзнику, то есть отношения между двумя странами были исполнены одновременно как «показательных объятий», так и закулисной «напряженной неловкости», когда на фоне сближения с Советским Союзом Куба пыталась отстоять себя [Schwall 2018]. Ряд исследователей идут еще дальше, прямо говоря о «бесследности» советской помощи на Кубе, особенно в области культуры [Fagen 1978: 77]. Желание сохранить собственный голос, несмотря на зависимость от СССР, проявлялось и в обсуждениях политэкономических вопросов, то есть в области, в которой советское слово имело наибольший вес. Вместе с нараставшим советским влиянием нельзя игнорировать того факта, что в 1960-е годы кубинское правительство активно обсуждало методы экономического планирования и то, что следует включать в программу экономического развития [Yaffe 2009: 2012].

Так, в 1961–1965 годах на Кубе даже развернулась «большая дискуссия», посвященная социалистической экономике, между ратовавшими за систему наподобие советской и соратниками Гевары[6], не поддерживавшего идеи перехода к этой экономической модели. К тому же, судя по всему, Че не был так уж впечатлен и советскими технологиями. Как пишет Хелен Йаффе,

---

[6]  В указанный период Че занимал пост министра промышленности. — *Прим. пер.*

Гевара впервые побывал в СССР в 1960 году. Орландо Бор-
рего, его ближайший сподвижник, вспоминал, что на заводе,
который им показывали, вся бухгалтерия велась на обычных
счетах. Гевара же, успевший к тому времени изучить организацию контролируемой американцами крупной кубинской
электродобывающей компании Shell, Texaco и других, где
повсеместно внедрялись новейшие вычислительные машины от IBM, был просто шокирован технической отсталостью
советского производства... Он был убежден, что научные
достижения человечества следует перенимать, ничуть не
опасаясь «идеологических заражений» [Yaffe 2012: 16].

Критика Советского Союза являлась частью исповедуемого
Геварой милитаристского третьемиризма[7], согласно которому
солидарность и взаимовыручка значили куда больше, нежели
безоглядное следование советской рецептуре построения социализма [Kapcia 2011][8].

Подводя итог, можно сказать, что Советский Союз поддерживал
Кубу, о чем то и дело упоминают мои собеседники, имея в виду
советские вещи; вместе с тем это не противоречит и тому, что
кубинцы активно обсуждали и переосмысляли строительство
социализма, различным образом определяя и по-разному предлагая реализовывать его цели. Многочисленные торговые соглашения и выражения благодарности со стороны кубинцев не следует прямо интерпретировать так, что советская помощь равнялась
неизменному и неоспоримому влиянию и присутствию Советов
на Кубе. По мере развития кубинской промышленности зависи-

---

[7] Или тьермондизма. — *Прим. пер.*

[8] В те годы идеи Гевары о социалистическом строительстве не пользовались
единодушной поддержкой, многие считали кубинские реалии не подходящими для их реализации [Yaffe 2009: 51]. Тем не менее правительство время
от времени возвращалось к политике «геваристского» толка. Таким образом,
экономическую историю Кубинской революции можно представить в виде
маятника, качающегося между желаемым и необходимым, при этом идеи
Гевары всегда были неразрывно связаны с жизнеспособностью революции.
Когда же начинается очередная политическая дискуссия, позиции сторон
нередко описываются с точки зрения их «близости к геваристской аналити-
ке» [Yaffe 209: 51].

мость от Советского Союза варьировалась от плана к плану; в отношениях стран были и значительные разногласия, и взаимные компромиссы. Куба представляла собой исключительный случай, как неоднократно отмечали ранние исследователи революционного процесса, нередко апеллируя к словам самого Гевары, писавшего в 1961 году, что «революционное движение являлось событием, значимым для всего континента, но обладало при этом исключительными элементами, которые привели к победе» [Kapcia 2008: 628]. Рэймонд Данкан описывает национальную форму кубинского коммунизма следующим образом:

> Три ключевых фактора характеризуют кубинский коммунизм:
> 1) начавшееся уже в 1960-е годы доминирование фигуры Кастро в политико-экономическом пространстве страны;
> 2) уникальное кубинское восприятие, пропитывавшее идеологию марксизма-ленинизма;
> 3) развернувшаяся с 1970-х годов институционализация революционного движения, проходившая строго по советским лекалам, но без утраты собственного «кубинского стиля» и личной власти Кастро [Duncan 1976–1977: 157].

Кроме того, важно отметить, что Куба в силу своего географического расположения оставалась встроенной в глобальную торговую систему, так что торговые отношения со странами СЭВ не ограничивали ее в выборе экономических партнеров. Более того, к 1980-м годам Куба все активнее торговала со странами, не входящими в советский блок, в особенности в Юго-Восточной Азии. Помимо этого, несмотря на американское эмбарго и давление Соединенных Штатов Америки на латиноамериканские страны, быстрее всего кубинская торговля росла как раз в Северной и Южной Америке. К 1978 году с Кубой торговали уже 80 государств [Fitzgerald 1978: 18][9].

---

9    Картина чуть ли не полной кубинской зависимости от Советского Союза не соответствует действительности. Как указывают исследователи, структура советско-кубинских отношений далеко не всегда была строго «вертикальной». Кубинская экономическая политика предлагала рабочему классу целый ряд рычагов воздействия, которыми те в значительной мере и воспользова-

Столь многочисленные торговые и иные связи несколько притупляют остроту кубинской советизации, сказываясь также на том, как сегодня кубинцы рассказывают о своих советских вещах.

### Перекрестные связи

Связи между двумя государствами отражались и на геосоциальной ситуации в виде мобильности студентов и других групп населения, что, в свою очередь, обеспечивало и мобильность предметов (в частности, сувениров и прочих декоративных артефактов). В период активной советской поддержки кубинских студентов всячески побуждали к поездкам в Советский Союз для изучения русского языка, чтобы затем они трудоустроились в отраслях, связанных с советской помощью Кубе. После 1956 года, когда Хрущев начал дипломатически реализовывать политику мирного сосуществования, в советских университетах стали появляться подготовительные курсы для иностранных студентов, особенно из стран Азии, Африки и Латинской Америки. Цель этих курсов заключалась в том, чтобы за год подготовить абитуриентов к программам высшего образования по естественнонаучным, инженерным и другим специальностям в советских университетах и институтах[10]. Москва развернула щедрую дипломатическую кампанию с предоставлением странам Глобального Юга дешевых кредитов, отправкой туда профессоров и инженеров, строительством больниц и школ, а также обучением тысяч специалистов на местах.

---

лись в 1970 году, выразив свое несогласие с правительством. Рабочие оказали известное влияние на систему, желая адаптировать ее под свои потребности. Именно настойчивость народного запроса «вынудила государство открыть альтернативные пространства потребления наподобие неограниченной ремесленной торговли с параллельным созданием государственного рынка в начале 1980-х годов» [Arús 2019: 5598/9440].

[10] В дальнейшем во время визитов в азиатские и африканские страны Хрущев неоднократно подчеркивал, что советские вузы готовы принимать местных студентов. Кроме того, отмечалось, что различные профсоюзы и комитеты по культурным связям тысячами получали запросы из стран Глобального Юга относительно обучения их студентов в СССР, см. [Rosen 1973].

Итак, в январе 1961 года «в Советский Союз отправилась первая группа из тысячи кубинских студентов» для получения образования в самых различных отраслях [Loss, Prieto 2012: 15]. Кроме того, в 1960 году в Москве был учрежден Университет дружбы народов (в феврале 1961 года ему было присвоено имя Патриса Лумумбы в честь внезапно скончавшегося в январе того же года первого конголезского премьер-министра) [Rosen 1973: 2]. Поданному примеру последовали и многие другие советские институты и университеты, гостеприимно открыв свои двери для студентов из стран Глобального Юга. Интернационалистическая цель подобных советских инициатив была очевидна: знания, полученные в советских учебных заведениях, можно было затем эффективно «перенести обратно» — на родину получивших образование студентов [Griffiths, Cardona 2015: 227]. В 1962 году произошло событие, ставшее поворотным чуть не для половины моих собеседников, а именно открытие в Гаване Института русского языка имени Максима Горького. Среди прочего, в его программе был трехгодичный курс русского языка, готовивший преподавателей и переводчиков [Loss, Prieto 2012: 16]. Кроме того, благодаря идеологической работе на Кубу отправилось и множество советских студентов, желавших помочь в создании «инженерных и медицинских программ» [Zubok 2009: 119]. Как рассказывают сами кубинцы, изучение русского языка стало весьма популярным направлением. Это позволяло общаться с приезжавшими в страну советскими специалистами, а также предоставляло новые возможности в виде поездок и обучения в СССР. Наличие русскоговорящего местного населения могло поспособствовать более эффективной передаче советских знаний на Кубу. В итоге многие молодые кубинцы поступали на курсы русского языка, а затем отправлялись учиться в СССР. Как указывает Энн Горсач, прибывший в августе 1962 года в Гавану пароход с советскими инженерами отплыл в обратный путь в Советский Союз, заполненный кубинскими студентами, отправившимися изучать «управление и механизацию сельского хозяйства» [Gorsuch 2015: 515]. «К концу 1963 года в советских университетах, институтах и училищах сельскохозяйственной механизации обучились около 3000 кубинцев, еще примерно 900 получили инженернотехнические специальности» [Walters 1966: 81]. С 1977 года по новому двустороннему соглашению кубинские студенты могли также поступать на гуманитарные факультеты советских вузов [Charon-Cardona 2013: 303]. Всего же на конец 1989 года советские высшие и технические учебные заведения окончили 26 439 студентов с Кубы. Как отмечено в статье 2018 года, посвященной 50-летнему юбилею филологического факультета Крымского федерального университета имени В. И. Вернадского, несмотря на то что на факультете учились множество студентов из разных уголков мира, кубинцы выделялись «эмоциональностью, умением и стремлением проводить внеаудиторные мероприятия, концерты, интернациональные вечера. Они хорошо учились, хотя, конечно, очень скучали по далекой родине» [Титаренко 2018: 7–8].

Уже первые студенческие группы весьма глубоко познакомились с советской культурой и бытом; этот опыт помог многим из тех студентов в дальнейшем занять правительственные должности, связанные с рабочими поездками в СССР. Тридцать лет советско-кубинских промышленных отношений также требовали регулярных поездок торговых делегаций с переводчиками. Некоторые из респондентов в те годы неоднократно путешествовали таким образом в СССР, неизменно возвращаясь с обилием сувениров и прочих вещей. Студенческие программы также способствовали росту числа смешанных советско-кубинских отношений и браков. Значительный скачок в этом плане произошел в 1960-е годы, особенно тогда, когда тысячи студентов отправились в СССР изучать физику, медицину, инженерное дело или русский язык. По состоянию на 2009 год в Кубе проживают (по разным оценкам) от 3000 до 10 000 человек смешанного происхождения[11].

---

[11] Именуемые на Кубе polovinas, дети, родившиеся в смешанных русско-кубинских семьях, имеют, как отмечают исследователи, весьма примечательную внешность, см. [Jacqueline Loss 2013: 22]. Кроме того, в недавней работе приводятся беседы с несколькими «половинками», рассказывающими о своей жизни и о том, как советская геополитика натуральным образом выстраивалась для них вокруг их собственного ощущения принадлежности и к Кубе, и к СССР [Loss: 23].

Это аффективное измерение советско-кубинских политических отношений материально выражалось в таких вещах, как свадебные фотографии и разного рода подарки.

## Независимая внешняя политика Кубы

Будучи изначально дружелюбными, советско-кубинские отношения весьма скоро столкнулись с рядом сложностей. «Одним из серьезнейших источников напряжения в отношениях с Советским Союзом являлась внешняя политика Кубы», — пишет Мишель Гетчелл [Getchell 2020: 148]. Когда в 1961 году Карибский кризис разрешился переговорами СССР с Соединенными Штатами Америки о выводе с острова ракет без участия Кубы, Кастро был вне себя. Советы уступили Штатам, не выторговав при этом для Кубы снятия эмбарго и ухода американцев из залива Гуантанамо. Подобное отношение кубинцы расценивали как «чванливое самодурство», попахивавшее «квазиколониализмом» [Karcia 2021: 73]. Все это происходило на фоне нараставшей изоляции острова вследствие политики США; так, уже в январе следующего (1962) года Куба была исключена из Организации американских государств (ОАГ)[12].

Наращивание советской помощи также не упредило кубинской «ереси», выразившейся не только в отходе от советских экономических моделей (описанных выше), но и в отказе от хрущевской идеи мирного сосуществования. Последнее проявилось в поддержке латиноамериканских партизанских движений: убежденные в возможности скорого установления коммунизма в странах Латинской Америки, кубинские власти полагали своим долгом всячески способствовать тому [Ibid.: 82]. Ситуация достигла апогея к 1967 году, когда на январской трехконтинентальной конференции народов Азии, Африки и Латинской Америки, куда съехались партийные делегации со всех уголков Глобального Юга,

---

[12] Членство Кубы в ОАГ было восстановлено лишь в 2009 году. Кубинские власти приветствовали это решение, однако от участия в ассамблеях отказались. — *Прим. пер.*

Куба провозгласила, что «долг каждого революционера — делать революцию» [Ibid.]. Советские власти верно уловили посыл: то был вызов советской идее коммунизма в качестве заключительной стадии общественного развития. Вместе с тем год спустя, когда советские войска вошли в Чехословакию, Кастро это решение поддержал. Со стороны, как отмечает Энтони Капчиа, это не было жестом признательности за советскую помощь: он искренне считал, что выход Чехословакии из Варшавского договора несет угрозу стабильности всему антиимпериалистическому блоку [Ibid.: 83][13].

В условиях растущей изоляции, вследствие политики США и известной нестабильности в плане поддержки со стороны Советского Союза, Кастро твердо держался основополагающей революционной идеи — противостояния капитализму и его империалистической логике. Солидарность со странами Глобального Юга являлась поэтому естественным следствием, выстраивавшимся на фундаменте кубинской революционной идеологии: для Кубы

> радикальный внешнеполитический поворот стал результатом попыток Кастро преследовать национальные интересы Кубы в контексте противостояния сверхдержав в годы холодной войны, которое в значительной степени и определяло международную систему. Это противостояние накладывало известные ограничения на действия политических фигур наподобие Кастро, при этом парадоксальным образом предлагая им и возможности манипулировать системой ради достижения поставленных целей, намеченных задолго до начала холодной войны, а именно решения вопросов в области политики, экономики и социальной справедливости [Getchell 2020: 150].

---

[13] Существует и альтернативная точка зрения, интерпретирующая этот жест Кастро как уступку советскому давлению, поскольку в СССР были не слишком довольны кубинским своевольным революционным правительством, то и дело пытающимся вести независимую внешнюю политику, см. [Perez 2006: 376–378].

В 1961 году Куба стала членом Движения неприсоединения, возникшего в ответ на блоковое разделение холодной войны. Государства — основатели движения (Индия, Индонезия, Югославия и Египет) стремились к проведению независимой внешней политики, позиционируя организацию в качестве сдерживающего фактора для блоковой гегемонии, при этом позволяющей коллективно добиваться социальной и экономической справедливости. К концу 1970-х годов антисоветская риторика Кастро заметно смягчилась. В последующие годы он регулярно указывал на то, что американская гегемония представляет для государств — членов движения главную угрозу, и хвалил при этом Советский Союз как естественного союзника. Пусть на саммитах движения Кастро и не удалось убедить членов присоединиться к подобной риторике, он тем не менее «добился отсутствия прямого осуждения СССР в официальных итоговых заявлениях» [Getchell 2020: 164]. Таким образом, независимая внешняя политика Кубы была исполнена противоречий: страна пыталась следовать собственным коммунистическо-интернациональным курсом, но не была готова прямо осуждать действия Советского Союза на межгосударственных площадках наподобие Движения неприсоединения.

В период с середины по конец 1980-х годов стало окончательно ясно, что в связи с проводимыми реформами Советский Союз решил радикально пересмотреть былую щедрость по отношению к странам Глобального Юга (включая Кубу). Кубинское правительство в то время проводило политику ректификации, своеобразной «работы над ошибками»: частные рынки вновь оказались под запретом, бюрократический аппарат был сокращен, и ставка вновь делалась на нематериальные стимулы. Подобный возврат к идеям Гевары не предполагал поддержки актуальных тогда в Советском Союзе идей перестройки и гласности. По мере того как Горбачев продвигал процесс демократизации страны, критика Кастро в адрес СССР становилась все более отчетливой. Когда же в 1989 году Горбачев прибыл на Кубу с визитом, Кастро, отвечая журналистам на пресс-конференции, заявил: «Если какая-либо социалистическая страна пожелает строить капитализм, это ее право, мы будем уважать это решение, но следовать подобному примеру не станем». У публики не могло возникнуть и тени сомнения, что Куба отступится от марксизма-ленинизма [Bain 2005: 779, 783]. Том Гриффитс указывает, что на Кубе были запрещены издания «Спутник» и «Московские новости», поскольку их страницы пестрели новостями, посвященными перестройке и гласности, а также содержали критику в адрес Кубы [Griffiths 2019: 242]. Кастро упорно не желал поддаваться изменениям, охватившим социалистический блок. Сказывались геополитические сдвиги и на желании изучать русский язык: из-за резкого сокращения числа абитуриентов кубинские власти решили закрыть кафедру русского языка в Гаванском университете. Советское правительство, погруженное во внутриполитические процессы, все же было весьма встревожено закрытием этого отделения, а также тем, что количество желающих изучать английский язык неуклонно росло [Цветкова, Цветков 2020: 181].

Однако события на геополитическом фронте уже зажили собственной жизнью. Перемены остановить было невозможно.

## Взаимовосприятие в годы холодной войны

Среди кубинцев весьма распространено чувство благодарности за советскую помощь. Однако же в течение десятилетий холодной войны нередко встречался и известный скептицизм, относительно советской поддержки, к которому примешивалась и неприязнь к высокомерию советских инженеров-консультантов. Не менее распространены были и жалобы на низкое качество советского оборудования, всевозможные задержки и неисправности. Не желая полагаться исключительно на советских помощников, «которые либо не говорили по-испански, либо были не слишком квалифицированы, либо же то и другое», кубинское правительство все чаще обращалось с запросами относительно более новых технологий к странам Западной Европы [Pavlov 1994: 79]. Скепсис и обиды были не только со стороны Кубы: в Советском Союзе сетовали на неблагодарность кубинцев за предоставленную технику, указывая на «небрежное, безответственное и халатное к ней отношение» [Pavlov 1994: 79].

Еще одним источником взаимного напряжения были отношения между кубинскими дипломатами и миссиями стран восточного блока. Как передавала в 1964 году The New York Times, со смертью Хрущева связи между Москвой и Гаваной серьезно «ослабли», а помощь Кубе все чаще казалась советскому правительству бесперспективной:

> К примеру, официальное чехословацкое издание Kultúrny život приводит в последнем номере статью недавно побывавшего на Кубе экономиста: по мнению эксперта, «очевидно, что мирному [соц]лагерю не по силам продолжать толкать дряхлую телегу кубинской экономики» [NYT 1964: 12].

Да и кубинское восприятие Советов далеко не всегда было лестным. Многие из моих собеседников подробно старались описать тот дух товарищества, что привезли с собой советские гости (о чем читатель узнает из последующих двух глав), однако же, как правило, все это были кубинцы, владевшие русским языком. Остальные же респонденты в основном отвечали, что с советскими гражданами не общались, поскольку не знали языка. Современники также отмечают довольно низкую интенсивность контактов между советскими и кубинскими специалистами:

> По всей видимости, имеет место ряд затруднений с тем, чтобы Куба вела аудит и отчетность в отношении получаемой помощи: кубинцы негодуют, сталкиваясь с подобными требованиями, считая, что, как только кредит получен, как им затем распорядиться, уже их суверенное дело (цит. по: [Walters 1966: 83]).

В 1962 году это признал и сам Кастро: «Мы вполне осознаем собственные недостатки, знаем, что многие управленцы не слишком опытны, кто-то просто слабо подкован политически, а кто-то и вовсе имеет свои представления о том, что такое "гостеприимство"» [Ibid.].

Аналогичным образом неприятные, порой связанные с насилием инциденты случались и со студентами-иностранцами в Советском Союзе, что свидетельствовало о напряженности между советскими гражданами и гостями из-за границы. В сентябре 1966 года ситуация дошла даже до протеста кубинского посла Карлоса Санчеса: для примера он указывал на случай со студентом Университета дружбы народов Осорио Варгасом, которого ограбили некие «хулиганы» [Katsakioris 2017: 553–554]. Напавшие же обвиняли иностранных студентов в том, что те живут за счет советского государства, тогда как для самих советских граждан жизнь становится все труднее. Подобные инциденты, происходившие также с чернокожими студентами, подрывали советские притязания на интернационализм [Katsakioris 2017: 554]. Несмотря на все эти разногласия и постоянное недоверие, ослабляющие тезис о кубинской советизации или зависимости от СССР, важно отметить, что многие кубинцы, учившиеся и стажировавшиеся в Советском Союзе, чья карьера была тесно связана с общением с советскими людьми, естественно, рисуют совершенно иную картину своего геополитического прошлого и личной жизни в его контексте.

## Как советские товары попадали на Кубу

Благодаря стратегическому расположению Кубы — острова близ Северной и Южной Америки — местные потребители уже давно участвовали в мировом товарообороте. «До революции кубинцам (как мало кому в мире) были доступны почти любые аудио- и визуальные средства информации» [Guerra 2012: 41].

> Общее количество радиоприемников перевалило тогда за 900 000, телевизоров — за 365 000: в среднем 1 радио — на 6 человек, 1 телевизор — на 25. Таким образом, на душу населения кубинцы имели больше телевизоров, чем почти во всех странах, за исключением США, и сравнимое количество приемников.

Последние технологические разработки американских, немецких и других европейских компаний были привычным элементом кубинского быта до 1959 года. Словом, кубинцы до революции были вполне знакомы со всеми современными бытовыми удобствами и западными брендами. Швейные машинки Singer и холодильники General Electric в домах, автомобили Ford на улицах Гаваны — все это было вполне обычным явлением. Контекст ситуации дополнят представленные ниже рассказы кубинцев о советских вещах: о них они вспоминают в тандеме с сохранившимися у них дореволюционными, а некоторые помнят и уровень жизни до 1959 года. После революции, говорят они, изменения происходили с головокружительной скоростью: исторические и политические события совершили столь стремительный оборот, что уже к 1961 году Куба оказалась под американским эмбарго и вынуждена была искать поддержки у Советского государства (о чем мы уже говорили в начале этой главы). Конечно, столь драматическую смену декораций пережили и опрошенные мной кубинцы. Я кратко обращусь к записанным интервью, чтобы проиллюстрировать, как революционные перемены 1958–1959 и начала 1960-х годов запомнились людям в плане материальной культуры.

Антолин Барсена (1947 года рождения) входил в когорту молодых кубинцев, отправившихся на учебу в СССР в 1960-х годах. «Американцы отказались поставлять нам нефть, а Советы предложили как поставлять, так и перерабатывать ее на кубинских заводах. Потом начали появляться и советские товары, замещавшие собой американские», — вспоминает Антолин. К нашей встрече он подготовил на столе сохранившиеся у него фотокарточки, открытки и прочие памятные вещи тех лет. Среди прочего он показал купленные тогда же советские наручные часы — первый запомнившийся ему потребительский товар, появившийся на прилавках сразу же, как началась советская поддержка Кубы (рис. 2.1).

Антолин рассказывает:

> Вот мои первые советские часы, которые я купил в 1962 году на Кубе. У меня до сих пор где-то лежат старые кубинские журналы с рекламой американских часов, но как-то я наткнулся на объявление, что эти часы можно купить всего за 14 песо. Поищите Bohemia за 1961 год — вы без труда найдете ту рекламу, которая привлекла меня тогда. На соседних страницах рекламировались американские и прочие оставшиеся в магазинах западные товары, но советские были дешевле. Глядите-ка — до сих пор ходят! Очень даже неплохие часы.

Рис. 2.1. Первые советские часы Антолина Барсены (куплены в 1962 году). Фото — Антолин Барсена

Он изображает выспренний и претенциозный тон тогдашней рекламы советских товаров; хотя объявлений было еще не очень много, слоган советских часов тут же запомнился ему. «Часы "Полет" — это веление времени, — гласило объявление. — "Полет" — это часы для тех, кто ищет практичный дизайн, элегантность и качество исполнения по доступной цене» (рис. 2.2).

Антолин говорит, что разворот от американской поддержки к советской (о чем наглядно свидетельствовал ассортимент в местных магазинах) произошел поразительно стремительно:

И вдруг появились советские автомобили: сначала — «Волга», потом — «Москвич» и другие. В феврале 1961 года уже отгремела советская индустриальная выставка. Кроме того, мы все привыкли к мылу Palmolive и прочим товарам от Proctor & Gamble, а тут в одночасье прилавки заполнились советским мылом «Любимое». Хотя их поначалу еще можно было наблюдать рядом, как французское шампанское и американский виски по соседству с советским алкоголем.

Рис. 2.2. Первая реклама советских наручных часов «Полет».
Bohemia 24. 1961. 11 июня

В ярком рассказе Антолина о покупке советских часов читатель уже может видеть особенность кубинского пути, происходящую из ее расположения на пересечении целого ряда торговых и культурных маршрутов. С домашней утварью и техникой, произведенной обеими сторонами в период холодной войны, мои собеседники были близко знакомы как по личному опыту, так и по рассказам родных и знакомых. Кроме того, мы видим, насколько быстро менялась материальная культура, приспосабливаясь к сменам ролей на мировой сцене. Стремительность перехода свидетельствует о радикальном характере революции и преобразованиях, которые она стремилась провести в кубинском обществе и геополитике в целом.

Серхио Чаплу 80 лет: много лет он преподавал литературу в Гаванском университете, а в молодости окончил аспирантуру в Восточной Европе. Дома у него идет ремонт, поэтому для беседы мы встречались у меня. Советской техники у Серхио уже не осталось, но взамен он принес педантично составленный перечень всех советских вещей, когда-либо имевшихся у него. Он также рассказывает о том, насколько быстро и просто (особенно глядя ретроспективно) свершился переход от западных вещей к советским:

> Это было словно какое-то волшебство, но ученые довольно мало исследовали эту тему. До 1959 года все до самого последнего винтика на Кубе было американским. Скажем, на табачной фабрике, где я тогда работал, все станки были произведены в Северной Америке... об этом почти не писали, но именно благодаря [советским станкам] кубинским рабочим удавалось поддерживать безостановочную работу заводов. Не остановилось и производство телевизоров: вся технологическая «начинка» также прежде была американской, и ее пришлось менять на произведенную в социалистических странах. Все так привыкли к тем телевизорам, что, конечно, появившиеся им на смену кардинально от них отличались. Словом, для подобной перестройки потребовались невероятные усилия. Но благодаря этому все: телевизоры, радиоприемники и прочее, что прежде привозилось из Америки, — сменилось техникой, импортируемой из стран социалистического блока.

Я привожу здесь фрагменты наших кубинских бесед, поскольку собеседники совершенно ясно описывают, что разворот от американских союзников к советским друзьям отозвался материальными последствиями в жизни обычных кубинцев. В первые годы после революции (кризис в экономике достиг пика к 1963 году) потребление в частном секторе закономерно упало и оставалось на уровне исторического минимума. Затем для потребительских товаров была введена система нормирования, а Че при каждом удобном случае подчеркивал, что Кубе многим придется пожертвовать и на много лет привыкнуть к сокращению материального потребления [Karl 1975: 27]. В период с 1966 по 1970 год под нормирование подпадало все больше бытовых товаров; предполагалось, что общий дефицит подтолкнет кубинцев к «равному распределению того, что было в наличии» [Karl 1975: 31].

В последующие годы кубинская экономическая политика постоянно «перестраивалась и подстраивалась под меняющиеся внутренние и внешние, политические и экономические факторы» [Pertierra 2011: 24]. Стимулы к росту потребительской способности появились уже после 1960-х годов, когда правительство приняло ряд «корректирующих изменений», вознаграждавших производительность труда материальными благами. Так, рабочие получили возможность приобретать советские товары через Профсоюзный центр трудящихся Кубы (Central de Trabajadores de Cuba, CTC). Именно деятельность CTC стала ключевым потребительским стимулом после 1971 года [Arús 2019: 5500/9440].

> Для нормирования распределения были установлены специальные дни, когда рабочие выстраивались в очередь за товарами. Исходя из критерия производительности труда, измеряемой в виде выполнения или «перевыполнения» нормы, рабочие получали право купить определенные товары наподобие велосипедов, швейных машинок, часов и холодильников [Arús 2019: 5485/9440].

То была весьма замысловатая система морально-материального поощрения (скажем, за отсутствие прогулов, выполнение плана, проявление товарищества и т. д.). Поименные списки передавались в профсоюз, который затем оценивал производительность работника, а также его потребности: нужны ли этому работнику кондиционер, утюг, автомобиль.

Воспоминания Хосе Фигередо и Мерседес Эчаге (1941 года рождения) ярко иллюстрируют то, как кубинцы вознаграждались за труд товарами, поставленными из стран социалистического блока. Они подробно рассказали, как изменилась их жизнь после революции, описав и политические преобразования, благодаря которым современные бытовые удобства сделались доступными для населения. Составить впечатление о системе распределения можно, к примеру, по рассказу Хосе о том, как ему достался польский автомобиль — по тем временам редкая и ценная награда:

Когда Штаты атаковали нас вирусом (то есть прибегли к биотерроризму, вследствие чего начался падеж скота), я помогал бороться с ним. Мне выдали polaquito[14] в качестве поощрения. Отличная была машина, но морской климат, конечно, не шел ей на пользу, так что на ней мы в основном ездили в отпуск, а на работу я добирался на автобусе.

Новая политика в сфере поощрения рабочей продуктивности оказала серьезнейшее влияние на бытовое устройство кубинской жизни, в результате чего начал активно расти средний класс [Rosendahl 1997: 36–37]. К примеру, по итогам 1973 года наиболее успешные рабочие получили от правительства порядка 100 000 телевизоров [Perez 2006: 265–270]. Соответствующим образом система распределения сказывалась и на классовом расслоении. Как говорит в нашей беседе Мария Кабрера Арус (1973 года рождения), этот новый средний класс, образовавшийся в 1960-х годах, отличался от прежнего наличием советских вещей наподобие автомобиля «Лада» и бытовой техники. Мария вспоминает, что это были непременные атрибуты новой современной жизни — в советском стиле. Научные специалисты и рабочие, получавшие повышение, как правило, приобретали и еще больший доступ к советским вещам, укрепляя их ассоциированность с привилегиями (особенно в 1960-х и начале 1970-х годов, когда самих вещей на рынке было не так много). Чуть позже, в 1971 году, появились и специализированные магазины — casas de regalos[15], как их тогда называли, — не относившиеся к системе распределения, куда кубинцы могли просто прийти и где они могли приобрести тот или иной товар, но по более высокой цене, чем если бы он достался по распределению [Arús 2019: 5260/9440]. Потребительские возможности возросли еще больше к началу 1980-х годов с распространением ассортимента casas de regalos на появлявшихся тогда параллельных рынках [Arús 2019: 5276/9440].

С учетом того что благодаря упомянутым casas de regalos и образовавшимся в 1980-е годы параллельным торговым пло-

---

[14] Так в обиходе кубинцы называли польские машины.

[15] Дословно «дома подарков». — *Прим. пер.*

щадкам выбор товаров несколько увеличился, важно рассмотреть и влиявшее на это информационное поле Кубы советского периода. Если в самом Советском Союзе уже была реклама и даже колонки в печати относительно того, как выбрать бытовые приборы и обращаться с ними, на Кубе потребительские товары особо не продвигались. Наиболее популярным изданием тогда была Bohemia, рассказывавшая о различных событиях в сфере искусства и культуры, особенно в дружественных Кубе странах, в частности в советском кинематографе, балете, советской литературе и т. д. Еще до революции на страницах издания то и дело встречались рекламные объявления импортных товаров. Скажем, в номерах за 1956 год было опубликовано несколько сотен объявлений о таких товарах, как, например, французский парфюм Camay, прессованная пудра Revlon, зубная паста Colgate и автомобиль Plymouth того же года выпуска. Если же открыть, к примеру, № 24 от 11 июня 1961 года, мы обнаружим всего два рекламных объявления: как и рассказывал Антолин Барсена, то были советские наручные часы «Полет» и американский тальк марки Three Flowers. Когда же я случайным образом просматривала последующие выпуски, с 1963 по 1991 год мне не попалось ни одной рекламы ни советской, ни западной продукции. Как видно, Антолину повезло наткнуться чуть ли не на единственное объявление, посвященное советскому товару. Порой все же можно встретить врезки с советами по уходу за бытовой техникой, к примеру, за кондиционером, который, вероятно, был советского производства, о чем, впрочем, упомянуто не было (что указывает на повсеместность и привычность подобных приборов). Так, в этом номере Bohemia за 1985 год читателям советовали заботиться о чистоте фильтров в кондиционерах, призывая «быть, как никогда, экономными дома»[16] (рис. 2.3).

Подобная социальная реклама весьма похожа на знакомые всем историкам советской культуры потребления призывы

---

[16] Как гласил заголовок, «заботясь о своих бытовых расходах», граждане помогали «защитить экономику всей страны», соответственно, могли «тратить меньше». — *Прим. пер.*

Рис. 2.3. Социальная реклама, призывающая экономить электроэнергию. Bohemia 77. 1985. № 40. 4 октября

к бережливости и умеренности. Однако же именно рекламы товаров — на манер дореволюционных годов — в период с 1961 по 1991 год в Bohemia не публиковалось.

Как мы знаем, несмотря на известные признаки упадка, кубинские потребители довольно деятельно проявляли себя, отдавая предпочтение качественной местной продукции, если была такая возможность; именно благодаря их активному противодействию дефициту в результате и появились и casas de regalos, а затем и mercados paralelos (параллельные рынки сбыта, включая пищевую продукцию) [Rosenberg 1992: 55; Arús 2019: 553/9440].

Все эти потребительские модели рухнули с распадом Советского Союза. На Кубе начался так называемый особый период, растянувшийся на десять лет: с утратой советской поддержки все бытовые товары вновь оказались в страшном дефиците. Кубинцы проводили по 11 часов в очередях за продуктами, а с многочасовыми отключениями электроэнергии завершилась и эпоха советских бытовых приборов [Eckstein 2003: 99]. Чтобы техника работала, люди были вынуждены за доллары (скопленные или обменянные на песо) приобретать дорогостоящие американские генераторы [Perez 2006: 2]. Один из респондентов Анны Пертьерры, проводившей полевые исследования в особый период (после 1993 года), вспоминает 1980-е годы как «золотую эру материального благополучия»; Пертьерра заключает, что «бытовые приборы, мебель и предметы интерьера, приобретенные или каким-либо образом полученные в те годы, и по сей день играют важную роль в домохозяйствах» [Pertierra 2011: 25]. «Большинство кубинцев согласны, что последние 15 лет требовали весьма специфических навыков и умений, вследствие чего жизнь в этот период разительно отличалась от того, что было в советские годы» [Pertierra 2008: 744].

Сегодня воспоминания о том нелегком времени, когда люди были на грани голода, сопоставляются с воспоминаниями о 1980-х годах, что неизбежно оформляет рассказы моих собеседников о советских предметах в прошлом. Особый период в их воспоминаниях неизменно упоминается с тем, чтобы подчеркнуть травму разрыва связей и извлеченные из этого уроки. В потребительской сфере вышедшие из строя советские товары уже нельзя было отремонтировать, но люди проявляли творческий подход, чтобы заставить свою технику работать, используя части одного прибора для починки другого. Подобная DIY-культура с вторичной переработкой или новым применением вещей всегда высоко ценилась в послереволюционное время, однако в 1990-е годы она приобрела еще большее значение, поскольку теперь импровизировать стало уже необходимо. Правительство придало этому направлению дополнительный импульс, когда военное ведомство выпустило «семейную книгу» под названием «Своими силами» (Con Nuestros Propios Esfuerzos) с советами по ремонту, повторному использованию и модернизации вещей [Rognoli, Oroza 2015: 3–4]. Вышедшая из строя советская бытовая техника, таким образом, получала новую жизнь. Одним из самых распространенных объектов повторного использования была «Аурика». Эта советская бытовая машина состояла из двух частей: стиральной и сушильной. Мотор сушилки был избыточным для столь теплого климата, поэтому в постсоветской Кубе с его помощью «оживляли» другие приборы [Oroza 2017].

Советскую технику — как в оригинальном, так и в переработанном виде — можно и сегодня встретить на Кубе практически везде.

## Куба и Россия сегодня

Распад Советского Союза и социалистического блока означал прекращение экспорта продуктов питания и других материалов из этих стран. Особый период, провозглашенный в 1993 году, принес множество изменений: экономика претерпела ряд реформ, хотя социалистические принципы и оставались определяющими в кубинской политике. Изменения включали в себя «внедрение двойной экономики, массовый туризм, облегчение возвращения эмигрантов и денежных переводов, а также легализацию некоторых видов малого бизнеса» [Pertierra 2008: 743]. Была изменена также конституция страны: из нее были убраны все упоминания об особых отношениях со странами социалистического лагеря, а также множество пассажей, прямо заимствованных из идеологии марксизма-ленинизма [Wise 2013: 482]. На смену ей в ст. 39 теперь пришло «следование идеалам Маркса и Марти, а также кубинским и общемировым прогрессивным педагогическим традициям» [Harding 1992: 4].

В 1990-е годы стали появляться осторожные высказывания, предостерегавшие наблюдателей от преувеличения советского влияния. В этот период, когда многие кубинцы начали ощущать потерю импортных продуктов питания и других товаров, деятели культуры стремились подчеркнуть отсутствие советского влияния за пределами материальной сферы. Так, президент Союза писателей и художников Кубы Абель Прието Хименес уже в начале десятилетия заявил, что Куба никогда не была государством — сателлитом Советского Союза, несмотря на «империалистические» заявления на этот счет:

> Уже сам употреблявшийся в отношении Советов кубинский эпитет — bolos, «кегли для боулинга»[17], — подразумевал под собой недостаток утонченности, вкуса и был проникнут какой-то доброжелательной и всепрощающей иронией... То есть кубинцы словно сразу ставили себя выше этих bolos, смотря на них по-отечески и видя в них выходцев из отсталого мира... Советское и в целом социалистическое искусство и литература весьма ограниченно влияли на кубинцев: не считая пары-другой советских военных мотивов, вся эта культура не находила у местной публики особого отклика. Тут обнаруживалось своего рода различие «культурных кодов», некоторая трещина, вызывавшая противление: аудитория попросту не принимала определенных идей, ритмов и сюжетов, казавшихся ей слишком чуждыми и в итоге навевавших скуку [Jiménez], цит. по: [Loss, Prieto 2012: 99].

Столь критический взгляд все же не отрицает того, что есть и многие ностальгирующие по времени близких отношений с Советами художники, писатели и другие деятели культуры, чьи работы содержат следы советского эстетического влияния [Puñales-Alpizar 2013]. Те, кому сейчас за 40, особенно остро ощущают ностальгию по былой дружбе и ее влиянию на мировоззрение кубинцев[18].

В 2000 году, в этот период переосмысления дальнейшего пути (что, косвенно, включало в себя и осмысление прежних лет со-

---

[17] Также: «болван, невежда, недотепа». — *Прим. пер.*

[18] Puñales-Alpizar, интервью от 3 января 2019 года.

ветской помощи), кубинское правительство запустило кампанию под названием «Битва идей». Цель ее заключалась в том, чтобы образование и культура повышали сознание и укрепляли приверженность идеям революции, что было, конечно, невозможно, когда люди были озабочены лишь выживанием. Такие ставшие уже привычными вопросы, как огромный разрыв в доходах и социальная маргинализация, предполагалось решить с помощью социальных кампаний с упором на развитие профессиональных навыков, диверсификацию промышленности, продвижение научных исследований и разработок [Yaffe 2020: 70]. Когда же к середине 2000-х годов в кубинской экономике наметилась тенденция на восстановление, правительство с энтузиазмом взяло курс на «энергетическую революцию», что также сказалось на каждодневном улучшении ситуации [Ibid.: 83]. К 2005 году кубинская экономика стремительно выросла; тогда же произошло возвращение к политической и идеологической централизации, положившей конец рыночным реформам. Исследователи считают, что примерно в это же время при президентстве Рауля Кастро (с 2008 по 2018 год) и завершился особый период [Ibid.: 83].

Хотя Советский Союз и не был единственным торговым партнером Кубы, социалистический блок являлся крупнейшим источником ее поддержки. Однако к концу 1990-х годов основными партнерами Кубы стали Канада и Испания, а при Рауле Кастро в кубинском торговом ландшафте начали доминировать Китай и Венесуэла [Bain 2014: 456]. Отношения с Россией также принялись набирать обороты после разворота Путина к многополярному миру и притязаний на восстановление былого геополитического статуса России. Стремление укрепить связи с Западом, характерное для российской внешней политики 1990-х годов, сменилось решимостью воскресить прежние отношения с целью противостоять американской и европейской гегемонии. Во время визита на Кубу в 2000 году Путин заявил, что «позиции российских предприятий на Кубе были заняты иностранными конкурентами, а многие приоритетные направления российско-кубинского сотрудничества были утрачены» [Newman 2000]. Ныне же представляется, что эта проблема уже в прошлом: пусть Россия для Кубы теперь и не главный торговый партнер, но историческая близость вкупе с рядом общих геополитических обстоятельств (торговое эмбарго и, особенно, санкции в отношении России) определяют и общность интересов двух стран. По состоянию на 2019 год 54 % российского экспорта на Кубу составили машины, оборудование и транспортные средства [Внешняя торговля России 2019].

## Мои кубинские собеседники

В общей сложности мне удалось побеседовать с 24 кубинцами — 15 мужчинами и 9 женщинами, — рассказавшими мне о самых разных имеющихся у них советских вещах — от открыток и подносов до швейных и посудомоечных машин. Их истории повествуют одновременно о государственной политике и личных воспоминаниях о дружбе и путешествиях. Отметим, что воспоминания родившихся до или же вскоре после революции весьма отличаются от того, что рассказывают дети 1970–1980-х годов. Представители старшего поколения куда более склонны к историческому оформлению своих воспоминаний о советских предметах и помощи, которую они символизировали, тем самым эти вещи оказывались в контексте революционных преобразований и того, что означала советская солидарность для кубинцев, столкнувшихся с агрессивной политикой США. Кроме того, в воспоминаниях о путешествиях и студенческих впечатлениях у старших респондентов стержневыми становятся связанные с ними сувениры. Более молодые из собеседников, родившиеся после 1975 года, уже намного реже грустят по ушедшим временам: хотя советской системы больше не существует, их социалистическое государство с аппаратом социального обеспечения и — для многих — революционными идеалами по-прежнему живет. Большинство молодых людей, с которыми мне удалось побеседовать, имели не столь много советских вещей, о которых было что рассказать, но все в один голос признавали, что советская помощь была для Кубы совершенно необходимой. Помимо этого, молодое поколение менее склонно обращаться к дискурсам социалистического потребления и присущей ему морали.

Во всех рассказах о вещах, которые мне удалось услышать, модель советско-кубинских отношений выражалась при помощи таких общих тропов, как революция, антиимпериализм, кубинский национализм, советская поддержка, особый период и жесткая позиция Путина в отношении США. Все это оформляет рассказ о советской бытовой технике или советском сувенире спустя 30 лет после завершения этого периода.

# Глава 3
# Советские удобства

*Солидарность и благодарность*
*как геополитическое настроение*

Благодаря особому периоду люди вновь оценили отжившие и некомплектные бытовые приборы, которые можно было пересобрать или из которых можно было собрать другие. Нередко такой переработке подвергалась бытовая техника советского производства, получавшая в результате новый функционал. Распространение советской техники — как в первоначальном, так и в доработанном/переработанном виде — является одной из многих определяющих черт кубинского пространства в дополнение к общественным объектам и зданиям, построенным в советском стиле.

В этой главе мы обсудим, как кубинцы определяют значение советской бытовой техники, приобретенной десятилетия назад, присутствующей в их домах и пребывающей в рабочем/нерабочем виде, а также то, как связанная с памятью о том периоде техника маркирует геополитический опыт кубинцев во время холодной войны и сейчас.

## Вещи и их обращение

Истории о советской технике на Кубе берут начало уже с 1961 года, сразу же после революции. Советские дизайнеры и инженеры, как вы помните, полагали производимые ими технологии уникально подходящими для культивирования социалистического сознания. В более широком смысле для иностранных потребителей эти вещи должны были демонстрировать достижения и особый подход к прогрессу Советского Союза. Советская бытовая техника, конечно, была доступна кубинцам и в 1960-е годы, однако в следующем десятилетии поток советских товаров кратно увеличился, что наводнило рынок бытовыми приборами всех видов, распространявшимися главным образом через систему поощрений за продуктивность на рабочем месте. Кроме того, благодаря появившимся в 1980-е годы casas de regalos некоторые из советских приборов, пусть и по более высокой цене, можно было найти и в обычных магазинах. В историях же моих собеседников, с которыми мы встретимся в этой главе, бо́льшая часть советской или советско-кубинской бытовой техники была получена в награду за ударную трудовую деятельность. Среди наиболее распространенных предметов бытовой техники можно назвать холодильники «Минск», «Чинар» и «ЗИЛ», телевизоры «Крым» и Caribé (последний собирали на Кубе), часы «Ракета» и «Полет», фотоаппараты «Смена» и «Любитель», а также настольный вентилятор «Орбита».

В этой главе мы рассмотрим рассказы кубинцев о советской бытовой технике, чтобы выяснить, насколько их интерпретации соответствуют предполагаемым значениям, функциям и атрибутам, которыми, как планировалось их создателями, эти товары обладали, или насколько отклоняются от них. Следуя изложенной ранее теоретической базе, в этой главе мы разберем, что происходит со смыслом бытовой техники на стороне пользователя, благодаря чему мы сможем увидеть «непредвиденные последствия техники в руках пользователей» [Oudshoorn, Pinch 2003: 94/4385]. Опираясь на исследования материальной культуры, я задаюсь вопросом, воспринималась ли домашняя техника в качестве именно советской; если да, что делало ее таковой в глазах кубинских потребителей. Как кубинцы «одомашнивают» заложенный, то есть предполагаемый, социалистический смысл определенной техники? Что происходило и продолжает происходить с ней в моральной экономике дома: меняются ли ее индустриальные смыслы или же предпочтительные значения кооптируются, продавливаются, а может, каким-либо образом локализуются с учетом местной специфики [Silverstone, Hirsch 1992: 6]? Быть может, транснациональный вояж стер культурные различия или, наоборот, усилил ощущение местной самобытности? И каким образом эти смыслы артикулируются теперь, когда Россия больше не является крупнейшим торговым партнером Кубы?

## Потребление как нравоучение: моральные сценарии, рождающие смысл

В случае с бытовыми приборами собеседники, вместо того чтобы приписывать вещам какие-либо личные значения, обычно указывали на их общественные смыслы — применение и ценность, определяемые социализацией, рекламой и базовыми, распространенными в обществе представлениями о потреблении [Richins 1994: 523]. Дискурсивный контекст, устанавливавший кубинское потребление в советский период, был порожден не коммерческой рекламой, но политической и геополитической риторикой о взаимной поддержке и дружбе. Таким образом, общественные смыслы здесь, как правило, проистекали из политического дискурса международной поддержки и солидарности в условиях агрессивной политики Соединенных Штатов Америки. Сцепка потребления советских товаров с этими моральными рамками не является чем-то необычайным. Так, Ричард Уилк, говоря о том, что товары отражают чаяния и мировоззрение, вопрошает: «Возможно ли ожидать, что мы будем обсуждать потребление, не поднимая вопросов о положении дел в мире и направлении его развития, на каждом шагу требующих оценочных суждений» [Wilk 2001: 253]. Нормы и ценности связаны с рынком таким образом, что «идеи подлинности и неподлинности, справедливости и несправедливости, добра и зла привязаны к этому моральному обрамлению, составляя "эмоциональную энергию" рынка» [Wherry 2010: 149]. Кубинцы в своих воспоминаниях сами оформляют советские товары в моральные сценарии, в которых на передний план выходят благодарность, солидарность, устойчивость и социальная справедливость. Они ассимилируются и «одомашниваются, чтобы соответствовать повседневным режимам работы, культурным потребностям и интимной жизни людей» [Arnold, de Wald 2012: 7]. Как мы увидим в ходе последующего обсуждения, практически все мои собеседники, за исключением родившихся в конце 1980-х или начале 1990-х годов, обладают воспоминаниями о бытовых приборах или об иных современных удобствах из Советского Союза. В нарративах о советских вещах прослеживаются дискурсивные модели, в основе которых лежит преимущественно моральное прочтение. Я буду называть таковые следующим образом: 1) antes; 2) благодарность как геополитическая эмоция; 3) материальное воплощение солидарности; 4) сопереживание Советам; 5) отказ и утилизация.

## Antes

Первая встречающаяся в наших интервью морально-историческая рамка восприятия советской бытовой техники относится к новым моделям потребления, противопоставляемым дореволюционному общественному порядку с неравным доступом к товарам. В некоторых рассказах присутствует соответствующее обрамление, посредством которого революционный переход к равной доступности вещей формулируется как переход от эксплуатации к солидарности. Мона Розендаль в своей работе «Революция изнутри» говорит, что при описании условий жизни прежде и после революции имеет место специфический дискурсивный паттерн. В нашем случае мы будем называть таковой antes (по-испански «прежде»); у кубинцев это выражение подчеркивает ужасающий разрыв между Гаваной и остальной Кубой при Батисте, сменившийся после революции радикальным эгалитаризмом [Rosendahl 1997: 126][1]. Согласно исследователям (о чем мы уже говорили в главе 1), личная память никогда не работает в отрыве от коллективной. Личные воспоминания неизбежно пересекаются с дискурсивными чертами практик коллективных воспоминаний, проти-

---

[1]  Впрочем, в зависимости от идеологической установки оценивающего вполне можно допустить и обратное, когда на смену «старым добрым временам» явились «ужасающие» постреволюционные годы.

воречат им или же воспроизводят их [Rosenthal 2015: 33–34]. Таким образом, меня нисколько не удивило то, что старшие респонденты в разговоре о советских вещах обращались именно к этой рамке.

В беседах можно заметить довольно плавный переход от сдержанных описаний качества советских вещей до восторженных од и благодарностей за помощь новому революционному правительству в деле преобразования кубинской жизни. Луиза Карбайейра (1943 года рождения) прожила бо́льшую часть жизни в квартире в Ведадо, районе в конце Малекона[2] в Гаване. Она вспоминает, как изменилась ее жизнь после революции, особенно тогда, когда появилась возможность улучшить жилищные условия и обзавестись современными бытовыми удобствами. Нарративная связь, которую она устанавливает с революцией, предвосхищает ее замечания о выходе Советов на кубинскую сцену. Следов советской материальной культуры у нее почти не осталось, не считая советского БК в спальне, который безотказно работает вот уже 40 лет. Все достоинства советской эпохи Луиза начинает перечислять еще прежде того, как мы успеваем усесться; память об эпохе она встраивает в свои воспоминания о детстве и трудовой деятельности. Кондиционер — единственная советская вещь, оставшаяся у нее с тех пор, но она отлично помнит количество и качество советской техники, как и общение с советскими специалистами, обучавшими местных жителей пользоваться поставленной на Кубу техникой. Луиза вспоминает и общественную, и частную материальную культуру, ставшую доступной благодаря советскому патронажу, и рассказывает обо всем этом при помощи рамки antes (рис. 3.1).

> Впервые я близко столкнулась с Советским Союзом в армии. Я служила в роте связи: все оборудование у нас было советским, поэтому постоянно появлялись их специалисты, объяснявшие, что и как работает. Бытовую технику служащим давали либо бесплатно, либо в рассрочку. Так у меня появились советская стиральная машина, холодильник

---

2   Набережная вдоль побережья Гаваны длиной около восьми километров. — *Прим. пер.*

Рис. 3.1. Советский кондиционер 1980‑х годов, полученный в качестве премии на работе; висит в спальне Луизы Карбайейры, функционирует по сей день. Фото автора, публикуется с любезного разрешения Луизы Карбайейры

и кассетный проигрыватель. А кондиционер... дайте‑ка припомню... в любом случае это было до 1980‑х годов — его я купила в обычном магазине. Мне все это представлялось большой удачей, так как до революции подобных вещей было не достать. И в таком духе Советский Союз помогал нам вплоть до последних лет своего существования. Об иной технике я особо и не задумывалась, поскольку она никогда не была мне доступна. Скажем, в детстве я и не знала, что такое кухонный блендер. Может, у кого‑то дома он и был, но у нас появился только после революции.

Аналогичное сопоставление уровня жизни до и после 1959 года выступает фоном в рассказе Хосе Фигередо и его супруги
Мерседес Эчаге (оба 1941 года рождения) об их советских вещах.
Пожилая чета устраивает мне экскурсию по квартире: серванты
наполнены диковинками со всего света. Вот и советская стиральная машина «Аурика». Сейчас она стоит на заднем дворе и выглядит довольно уныло, однако супруги весьма радушно (если не
сказать — восторженно) припоминают о советской помощи
и вещах тех лет. В их воспоминаниях история появления советской бытовой техники на Кубе — это история окончания периода финансовой нестабильности и несвободы, на смену которому
началось новое, более благополучное время. Свой рассказ Хосе
сразу же начинает с antes:

> До того как революция победила, наша семья была очень
> бедной. Мы жили в простой рыбацкой деревне… учиться
> возможности не было, как и возможности делать вообще
> что-либо. Закончить школу я смог лишь после революции.
> Для меня разница между годами до и после революции
> была просто огромной… так что, когда революция победи-
> ла, мы были очень счастливы. Жизнь людей стала во
> многом лучше, особенно в плане ощущений: они почувст-
> вовали себя в безопасности, перестали бояться и насла-
> ждались свободой. Да, мы все теперь чувствовали себя
> в безопасности.

Следом за ним подхватывает и Мерседес:

> Моя семья до революции была чуть более обеспеченной,
> хотя и небогатой. Я училась в средней школе в Ведадо.
> В колледже мы познакомились с Хосе — скоро будем отме-
> чать 56-ю годовщину свадьбы. Победа революции была
> очень важна, так как, несмотря на то что недостатка в вещах
> не было, вся наша семья страдала от невозможности реали-
> зовать желаемое. Последний период диктатуры до револю-
> ции был особенно суров: плохо было всем, особенно моло-
> дежи. Уехать было нельзя, учиться было невозможно, пото-
> му что закрывались целые институты, и все жили в страхе.
> С победой революции все изменилось.

Приобретение советской стиральной машины «Аурика» встроено в этот рассказ о переходе от тяжелой жизни с минимальными удобствами, без образования и свобод к лучшей — постреволюционной. Эта «Аурика», ставшая теперь уже своего рода реликвией, до сих пор приводится в качестве примера повышения уровня жизни после революции. То, что она оказалась на заднем дворе, не умаляет ее геополитической ценности; напротив, она стоит там как напоминание о преобразующем потенциале революции и ее геополитических последствиях.

### Благодарность как геополитическая эмоция

Близким геополитическим связям сопутствует понимание того, что на благосклонность больших держав следует отвечать благодарностью. Благодарность — весьма распространенная эмоция в личных воспоминаниях о советских вещах и манере их потребления.

Почти все кубинские респонденты повторяли мне слова Кастро, сказанные им в начале 1980-х годов: «Что бы ни случилось с Советским Союзом, мы всегда должны быть благодарны ему за его солидарность». Сам факт предоставления «поддержки развития» может наделять благотворителя моральным превосходством, формируя отношения между государствами и устанавливая между ними соответствующую иерархию [Hattori 2001: 640; Hattori 2003: 246]. Однако же, как мы увидим в последующих разделах этой главы, кубинцы, с которыми мне довелось общаться, отвергают подобную идею неравных государственных отношений. Они рассказывают о бытовой технике, которая была у них, описывают ее качество и от этого переходят к обрамлению вещей в дискурсе сентиментальной благодарности, подчеркивающем, так сказать, «заслуги благодетеля» [Boltanski 2004: 50]. Советские товары здесь становятся прежде всего знаками доброй воли и лишь затем — *признаками советской модели развития*.

Мигель Ариза (1946 года рождения), как и многие кубинцы, в 1960-е годы ездил на учебу в СССР и своими глазами видел, что советские люди нередко не имели такого доступа, как кубинцы, к советским же бытовым приборам и прочим товарам (рис. 3.2).

АРИЗА:

Наша повседневность стала наполняться различными советскими вещами, что меня весьма удивляло. Когда мы были на учебе в СССР, мы ничего подобного не видели: сухого молока, консервов и т. д. В 1963 году я ходил по магазинам, обшаривая прилавок за прилавком, но так ничего из этого и не нашел. И я проникся чувством к советскому народу, от столь много отказавшегося ради того, чтобы это многое отправилось на помощь нам.

С. Р. (*авт.*):

Вы имеете в виду, что с их стороны это было проявлением альтруизма?

АРИЗА:

Да, несомненно, это был самый что ни на есть альтруизм.

Впрочем, хоть и признавая, что советская модель была подходящей для Кубы и весьма полезной для рядовых кубинцев, в их словах явно прослеживается предположение, что модель эта была все же не лучшая. В этом смысле, как мы уже говорили во вступлении к этой главе, здесь имеет место в известном смысле нарративное неповиновение, отказ от того, что Советский Союз дискурсивно проецировал в качестве своей геополитической цели, а именно распространение социалистического шаблона развития через проявление щедрости и поддержки. Вместо этого акцент делается на коллективных идеях солидарности и благодарности, подкрепленных общим ощущением, что, если бы не Советы, кубинцы не смогли бы выжить в условиях американского эмбарго. Изъяны советских технологий компенсировались жестами доброй воли и выражением поддержки, составляющей которой они являлись.

Благодарность красной нитью проходит и через рассказ о советской помощи Луизы Карбайейры. Тот советский кондиционер, что мы уже видели выше, как и советский холодильник, который был когда-то у нее, — все это играет главную роль в рассказе о прочных отношениях с Советским Союзом, за что кубинцы всегда должны быть признательны русским. Роль Советского Союза как надежного друга и союзника перевешивает любые рассуждения о каче-

Рис. 3.2. Виниловый проигрыватель Мигеля Ариза. Куплен в СССР в 1960-е годы. Фото автора, публикуется с любезного разрешения Мигеля Ариза

ствах бытовой техники, которой она пользовалась. Вместе с тем она не забывает отметить, что вследствие отсутствия выбора любая попытка объективно оценить советскую технику останется спорной и сугубо теоретической. Вся техника, с которой она была знакома, была советской, а восприятие ее не основывалось на каком-либо превосходстве одной системы над другой. Мнение о советском наследии, скорее, выстраивалось, сплетаясь с историей о том, как Соединенные Штаты Америки внезапно бросили Кубу на произвол судьбы, а Советский Союз стал эдаким спасательным кругом для многих поколений кубинцев.

Лиз Лопес (1946 года рождения) и Агустин Фандо (1943 года рождения), по соседству с которыми я жила в Гаване, с радостью пригласили меня домой: у них было много советской бытовой техники, которую они хотели показать мне. Супруги горячо хвалили Советский Союз за помощь и покровительство, наперебой указывая сразу на несколько моментов: качество самой техники, роль советского государства как друга, долговечность вещей, дослуживших до наших дней, житейский прагматизм кубинцев (то есть их осведомленность о качестве техники в других странах) и нежелание США «допустить процветание Кубы». У них дома мы то и дело встречаем вещи советского производства: советский телевизор, настольный вентилятор, виниловый проигрыватель, швейную машинку, утюг, фотоаппарат.

> ЛОПЕС:
> Советская техника была отменного качества.
> ФАНДО:
> С их появлением решилось множество проблем; к тому же они были качественно сделаны и вполне доступны.
> ЛОПЕС:
> Советы оказывали нам дружескую поддержку уже с 1959 года, во многом помогали и вообще были очень добры к нам. Мы сердечно признательны им за оказанную помощь.
> ФАНДО:
> Вся транспортная система состояла из поставленной Советским Союзом техники.
> ЛОПЕС:
> СССР был крупнейшей экономической державой. Они помогали нам, но ничего не навязывали.
> [Фандо кивает в знак согласия.]
> ЛОПЕС:
> Мы и сегодня сохраняем с Россией очень близкие отношения.
> ФАНДО:
> На Кубе и сегодня множество вещей из России. Скажем, новые «Лады». Российские товары всегда были высокого качества: старые «Лады» до сих пор отлично ездят. И новые тоже хороши.

Рис. 3.3. Советский утюг
Лиз Лопес и Агустина
Фандо. Фото автора,
публикуется с любезного
разрешения Лиз Лопес
и Агустина Фандо

Последняя реплика Фандо подчеркивает неизменную надежность России и благодарность кубинцев за ее неколебимую поддержку. Супруги специально рассказывают о заграничных поездках, отмечая, что их мнение о качестве советских товаров не было результатом недостаточного знакомства с продуктами, произведенными в иных странах (рис. 3.3).

ЛОПЕС:
Кубинцы — люди вполне сведущие по части техники. Конечно, все знали, что в те годы в других странах были и более продвинутые технологии. Я довольно много путешествовала и видела, что во многих странах были товары и более высокого качества. Но советская техника была куда дешевле, а доставалась она Кубе в качестве помощи. Советы помогли нам, когда мы больше всего в том нуждались — после американской блокады.

ФАНДО:

Сейчас и у нас есть товары из Китая. На Кубу вообще идут поставки со всего мира. Только США не хотят с нами торговать. Капиталисты в Штатах, конечно, необязательно хотят нас уничтожить: им просто нужно, чтобы мы не были успешными.

Подобный акцент на постоянную материальную поддержку в качестве знака советской доброй воли и солидарности то и дело встречается в их рассказах об их советских вещах.

Мы направляемся в подсобку, где Лопес и Фандо демонстрируют мне настоящий калейдоскоп старых советских приборов, которые они сохранили у себя. К примеру, вот утюг: супруги указывают на информацию о производстве — надпись гласит: «Сделано в СССР». «Советский Союз был очень хорошим другом Кубы и остается по сей день. Без СССР с нами вообще неизвестно что было бы, поэтому люди здесь всегда добрым словом вспомнят советскую технику». Вновь мы видим: то, что эта техника обладала приемлемым качеством, является лишь предпосылкой более общего утверждения о советской поддержке Кубы в трудные времена.

Говоря о сетях циркуляции, антропологи полагают, что акты дарения и взаимности (благодарность — это ответный жест) мобилизуют «социальные и моральные категории принадлежности». Такое же чувство принадлежности дискурсивно мобилизуется и кубинскими опрошенными, когда они говорят, что благодарны Советам и никогда не забудут их щедрости, а равно и когда утверждают, что русские по-прежнему помогают им. Можно заключить, что подобные моменты в их рассказах служат для утверждения сегодняшней тесной связи с русскими. По мнению Пьера Бурдье, такая благодарность сигнализирует о «согласии реципиентов с — в противном случае обременительным — порядком вещей», то есть укрепляет иерархию власти между дарителем и получателем [Hattori 2003: 233; Bourdieu 1990: 192–219].

Однако же, рассказывая о путешествиях своих вещей (что мы увидим в нижеследующем разделе), кубинцы говорят и нечто совершенно противоречащее представлениям о неравенстве или некой асимметрии власти, выказывая, скорее, эмоции, более схожие с «ощущением равенства».

### Материальные аспекты солидарности

Поскольку в рассказах кубинцев постоянно фигурирует троп благодарности и чувства долга перед Советским Союзом, напрашивается вопрос, чувствовали ли кубинцы себя в этих отношениях подчиненными. В работах о политической помощи говорится, что в «культурах обращения» жесты солидарности и помощи дискурсивно конструируются таким образом, что благотворитель является «источником модерности». Для СССР подобные отношения нередко формулировались в патерналистских терминах, что подкрепляло самовосприятие в качестве щедрого покровителя нуждающихся.

> Предполагалось, что Куба может стать источником вдохновения для советской молодежи, но ведь и сама Куба изображалась совсем молодой, даже инфантильной, в типичной для империализма манере. «И сама республика [Куба] совсем юна, — сообщал читателям в 1961 году журнал "Вокруг света", — как и ее лидеры, национальные институты, рабочие артели, школы» [Gorsuch 2015: 510].

Подобными жестами поддержки и иного рода помощью подкреплялось не только изначальное экономическое превосходство, но и моральный диктат державы-благодетеля [Hattori 2003].

Впрочем, действия реципиента вовсе не обязательно всегда будут подтверждать подобную власть [Hubbert 2017: 171]. Пусть «добрую волю» и гуманитарный аспект советской внешней торговли вполне можно истолковать как насаждение гегемонии, упрочивающей неравенство экономических и политических сил, мои собеседники утверждают как раз прямо противоположное. Сам факт советской помощи Кубе в преодолении разрушительных последствий американского эмбарго обрамляется здесь гуманистическим пафосом; хотя кубинцы и считают, что были незаслуженно обижены американским государством, они вовсе не видят себя пассивными реципиентами советских технологий. Конечно, они благодарны, но отнюдь не считают, что советская материальная помощь Кубе воспроизводила асимметрию государственной власти. Этот мотив отчетливо звучит в последующих рассказах, где советская техника встраивается в моральные рамки равноправного партнерства и солидарности.

Кубинцы, с которыми я беседовала, наглядно свидетельствуют о том, что местная инициатива всегда играла важную роль: мне подробно и терпеливо объясняли, что Советы не просто перевезли на Кубу технологии, но помогли мобилизовать население, призванное на месте собирать поставленную продукцию. Такое ощущение равенства Антолин Барсена (1948 года рождения) объясняет тем, что стороны могли мириться с различиями и умели соглашаться с расхождением позиций друг друга.

> Когда в 1961 году американцы отказались поставить нефть, которую мы здесь перерабатывали, все начали думать: «Как же нам выжить?» На помощь нам пришли Советы. Американские заводы больше не работали, и Советы очень выручили нас. У Советского Союза были и положительные, и отрицательные стороны; у них был свой путь. Да, они контролировали многие страны, но с нами все было иначе. Мы ведь были за много километров, так что и отношения у нас были особенными. Я бывал в Восточной Европе, видел, что там к Советам относятся совсем по-другому. Наши же отношения с ними строились на равных. Кастро так и не простил их [русских] после Карибского кризиса. Поэтому, когда он приезжал туда, советские власти избегали этой темы и всячески старались угодить ему... В одном из интервью Кастро сказал: «Да, наши страны дружны, мы бы не смогли выжить без них... но есть вопросы, по которым у нас разные взгляды, решая которые кубинский народ никогда не станет на советский путь».

Исследователи, занимавшиеся темой локализации гуманитарной помощи, приводят убедительные аргументы в пользу того, что понятие локальности, «местного» следует переосмыслить как нечто процессуальное и комплексное — в качестве пространства каждодневных взаимодействий — вместо проведения четкой дихотомии между локально-местным и интернациональным как соседствующих точек в ареале перемещения технологий [Roepstorff 2020: 291].

Судя по рассказам кубинцев, советская бытовая техника занимает такое место, что отражает не только поддержку Кубы Советским Союзом, но и динамизм, инициативность самого кубинского государства, благодаря чему советские приборы и удалось локально адаптировать. Подобная локализация принимала различные формы, не ограничиваясь исключительно прагматической местной сборкой по советским чертежам: как уже упоминалось, во время особого периода советская техника и ее различные компоненты повторно использовались и активно модифицировались. Кроме того, вещи, производившиеся с советской помощью, получали уже кубинскую символику и наименования: скажем, телевизоры, появившиеся в результате советско-кубинского сотрудничества, которые и сегодня можно наблюдать у некоторых из собеседников, выпускались под маркой Caribé. Подчеркивая роль местной инициативы, Антонио Труэба (1942 года рождения) и Тересита Урра (1946 года рождения), с которыми мы беседовали по-русски, предложили мне новый термин — «тропикализация» (советской техники). Супруги (как и Антолин Барсена) были в числе первых кубинцев, отправившихся в СССР изучать русский язык, и затем много лет работали там: Антонио получил место в кубинском посольстве, а Тересита писала кандидатскую диссертацию в МГУ. Для советских артефактов у них есть отдельный сервант, однако же бытовых приборов советского периода у них в доме уже не осталось. По их словам, они даже не задумывались над тем, что эти вещи были не слишком высокого качества, с чем они вполне готовы согласиться; вместо этого они с теплотой вспоминают, что советские технологии были адаптированы для Кубы. Супруги видят в этом весьма «гуманный» подход к торговой и иного рода помощи в развитии страны.

ТРУЭБА:

У нас был видеоформат NTSC, а у них — SECAM; но, делая технику для нас — всякие видеомагнитофоны и телевизоры, — Советы делали ее совместимой с NTSC, то есть они адаптировали свои советские телевизоры под наши условия.

УРРА:

...да и вольтаж был, так сказать, «тропикализирован»... так как здесь, у моря, вещи могут просто в одночасье заржаветь и выйти из строя [Тересита обращается к Антонио, и они обсуждают имевшуюся у них технику.] У нас был виниловый проигрыватель, а еще — стиральная машина. Так вот, с неправильным напряжением проигрыватель играл заторможенно. На Кубе стандартными были частоты 120 и 60 герц, а в СССР — 50 и 220[3]. Но вся поставляемая нам техника была «тропикализирована», дабы адекватно работать в наших условиях. Из-за влажности у нас все постоянно ржавеет, а там, в СССР, климат, наоборот, очень сухой, поэтому приборы они дорабатывали специально под наш климат; заводы были там, но сами вещи собирались уже здесь.

Супруги то и дело подчеркивают, что Советский Союз проявлял уважение к условиям жизни кубинцев и их глубокое понимание. Другой мой собеседник, Хуан Кабрера (1961 года рождения), работает в министерстве туризма: он никогда не был в СССР, не имел дел с советскими специалистами, но его воспоминания о советской помощи подпитываются множеством имеющихся у него бытовых приборов той эпохи. У него есть, к примеру, радиоприемник Selena и телевизор Caribé, а раньше была еще «Лада», и он подробно рассказывает о том, как хорошо работали всегда эти вещи. Впрочем, этим его рассказ не ограничивается: он многократно подчеркивает, что «старший товарищ» и «благодетель» неизменно относился к Кубе как к равной, никогда не притесняя ее и не принуждая к чему-либо. Советско-кубинские отношения в целом он описывает как партнерские, а потому никоим образом не обременительные. Вот что он говорит о своих советских вещах:

---

[3] Соответственно, отличалось и входное напряжение (и, конечно, вилка с розеткой) — 110 В против 220 В. — *Прим. пер.*

Рис. 3.4.
Радиоприемник
Selena Хуана Кабреры
у меня на кухне
(Гавана, район
Ведадо). Надпись на
задней стенке
сообщает, что прибор
был изготовлен на
Кубе в соответствии
с советской
технической
документацией
(«Made in Cuba,
according to the Soviet
technical
documentation of the
electronics industry of
Minkom»). Фото
автора, публикуется
с любезного
разрешения
Хуана Кабреры

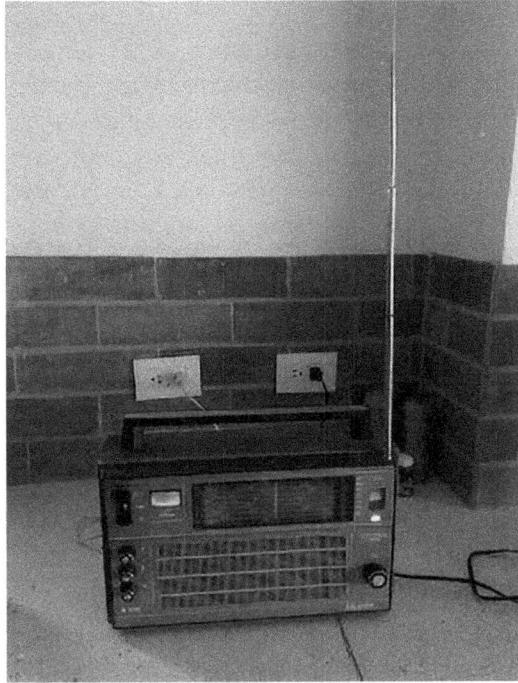

Телевизор, автомобиль, радио — все эти вещи как работали, так исправно и работают по сей день [*Авт.:* приемник стоит тут же, на кухне, где мы беседуем, и действительно отлично работает (рис. 3.4)]. Советы нам очень помогли... кубинцы активно пользовались многими произведенными там вещами. СССР сильно выручил нас, но у кубинцев очень сильное национальное самосознание, так что такие у нас и сложились отношения — исключительно на равных, при этом экономика наша была тогда не в лучшем состоянии, и, чтобы помочь нам, Советы закупали местную продукцию выше себестоимости.

Параллельно с указанием на повсеместное распространение советской техники, представлявшей Советское государство благожелательным и сочувствующим партнером, Кабрера также подчеркивает, что кубинцы имели все возможности для проявления инициативы и изобретательности. Да, советская техника была повсеместно распространена, выражая собой и мощь советского государства, но отнюдь не сама по себе: скорее, вся поставленная техника начинала так действовать именно в материальной экосистеме, ключевая роль в которой была отведена кубинцам, сумевшим ее локализовать и адаптировать к имевшимся у них дореволюционным технологиям. Кабрера вспоминает:

> Дело было не только в бытовой технике, но и в инфраструктуре в целом. Поезда все были советского производства, равно как если вы летели самолетом в 1972 году и в последующие годы: самолет тоже был советским. Если вы могли позволить себе телевизор — и он был советским, автомобиль — советским («Лада», «Москвич»). Если вы шли в кино, проектор там был советский, как и многие фильмы, в особенности мультипликационные. Мы вынуждены были импортировать технологии, потому что все иные пути развития оказались блокированными. Но Куба не была обессилена, так как были рабочие руки, свои ученые и инженеры — им удалось спасти кубинскую научно-техническую отрасль. Именно их усилиями мы смогли перезапустить сахарные фабрики, построенные еще на американской технике дореволюционных лет.

Как и Хуан Кабрера, Дарлин Муньос (1968 года рождения) также вспоминает о помощи Советского Союза, но уже без благоговения перед достижениями «благодетеля». У нее до сих пор есть советский телевизор, который сейчас стоит у ее бабушки. Она говорит, что «это был вполне добротный, крепкий телевизор», с усмешкой вспоминая специфический прием телесигнала. Подчеркивая локальную принадлежность телевизора, Дарлин показывает заднюю панель, где написано: «Собран на Кубе по советской технической документации». «Телевизор был разработан там, но собран уже здесь. Советы пошли нам навстречу и очень помогли нашей промышленности. Телевизор был весьма хорошего качества и работает до сих пор». Местная сборка по-

добных телевизоров для Дарлин свидетельствует о том, что советско-кубинские отношения были не односторонне-императив-
ными, но взаимными и основанными на сотрудничестве. С тех
пор телевизор переехал к бабушке, а Дарлин приобрела новый,
произведенный в Юго-Восточной Азии. Она добавляет: «Теперь
у нас есть техника отовсюду, а еще можно съездить в Панаму
и купить там вещи, которые доступны и американцам». На смену
прежней парадигме солидарности явились новые, более широкие
торговые коалиции, что весьма благотворно сказалось на кубинском быте.

Мы уже знакомы с Хосе Фигередо — владельцем старой советской «Аурики», переехавшей теперь на задний двор. Он рассказывает о том, как бывал в странах социалистического лагеря
и восхищался их технологическими достижениями. Он и его
супруга Мерседес Эчаге говорят, что ключевую роль в поддержании народной благодарности державе-«благодетелю» сыграла
личная позиция Кастро в отношениях с Советами. Американская
поддержка Кубы отличалась от советской сутью их отношений,
так как с Советским Союзом кубинцы вполне ощущали себя
самими собой.

> Сравнивая с дореволюционным временем, можно сказать,
> что после революции у людей изменилось сознание: мы
> стали иначе видеть мир, смотреть на людей, американцев
> со всеми их бессмысленными действиями... на них мы тоже
> взглянули по-другому. Раньше мы все хотели уехать в Со-
> единенные Штаты Америки, почитали их за богов. А потом
> мы поняли, что они вовсе не боги, а просто эксплуататоры.
> И наше мнение переменилось не только благодаря тому, что
> мы прочли что-то о Советском Союзе, но и благодаря тому,
> что мы поняли, что хотел сделать здесь, на Кубе, Фидель,
> какой путь он хотел бы выбрать для нас. Политическая ра-
> бота Фиделя вызывала в народе огромный резонанс. И мы
> очень сопереживали Советскому Союзу, но в то же время
> вполне ощущали себя кубинцами. То есть не империя
> пришла к нам, навязывая свои правила, но, скорее, друг
> и товарищ, тот, кто поможет, но не будет ни к чему прину-
> ждать.

Мерседес серьезно кивает в знак согласия и прибавляет: «Да, нам помогали, выказывали солидарность, но мы оставались кубинцами. Фидель был тем, за кем мы следовали. Наше было именно нашим». Это ощущение следования за Кастро и (оттого) умение оценить вклад Советов особенно сильны среди пожилых кубинцев, когда они вспоминают о революции и тех изменениях, которые она привнесла в их жизнь. Рассказы кубинских респондентов об использовании, о функционале и ценности советской бытовой техники указывают как на ее самобытно-кубинский характер, так и на яркое чувство солидарности, которое, по их словам, олицетворяло ее наличие. Они подчеркивают, что поток советских вещей в холодную войну не лишал кубинцев прав и возможностей, не делал их народ маргинальным или подчиненным по отношению к «благодетелю». Вполне возможно, те, с кем мне довелось побеседовать, стремились утвердить собственное ощущение независимости, «несоветизированности». Частый акцент на роли кубинцев в сборке импортных товаров указывал на то, что в процессе циркуляции советской бытовой техники они были не пассивными ее реципиентами, но активными агентами. С куда большей охотой они приписывали злой умысел американцам до революции, нежели Советам в последующие годы. В приведенном выше пассаже Агустин Фандо, говоря о том, что американцы просто не желали, чтобы на Кубе хорошо жилось, уравновешивает это тем, как Советы помогали развивать кубинскую промышленность. В качестве иллюстрации сказанного он показывает на советский телевизор, собранный на Кубе и получивший название Caribé, вдохновленное, очевидно, Карибскими островами (рис. 3.5).

### Сопереживание Советам

Привычной мотивацией, направлявшей кубинские представления о советской помощи, являлись эмпатия и сопереживание дружески настроенной державе: благодаря этому как прояснялось происхождение советских идей модернизации и социальных потребностей, так и рождалось общее понимание выбора, сде-

Рис. 3.5. Телевизор Caribé и настольный вентилятор из СССР дома
у Лиз Лопес и Агустина Фандо. Фото автора, публикуется
с любезного разрешения Лиз Лопес и Агустина Фандо

ланного советским народом. Многие собеседники прямо заявляли, что имеющиеся у них советские вещи не соответствуют уровню западных, но затем тут же переходили к превратностям советской истории в качестве оправдания советского быта и системных решений. Восстановление страны в послевоенные годы вполне объясняет советскую бережливость, говорили мне кубинцы, даже после того, как сами сетовали, что советская техника была не слишком привлекательной на вид и вообще «склепана, как грузовик». Их рассказы об изменениях, привнесенных советским покровительством, опровергают любые патерналистские иллюзии об «улучшении» жизни кубинцев, которые могли питать советские власти. В отличие от дореволюционного материального комфорта, как в странах первого мира, если, конечно, человек принадлежал к социальным группам с доступом к подобным благам, кубинцы стали жить в мире, где технологии более низкого качества теперь были доступны всем. В противовес советскому дискурсу об «экспорте» модернизации собеседники описывают первый шок при знакомстве с советскими представлениями о материальном комфорте.

> ТЕРЕСИТА УРРА:
> Мы тогда почти ничего не знали, да и откуда могли узнать? Дети наши были знакомы лишь со всем советским... Но, впервые отправившись в СССР (*Авт.*: в 1960-х годах), я захватила с собой шампунь и дезодорант, потому что, как мне представлялось, там, в отличие от прочих развитых стран, этого могло и не быть. При Брежневе — не раньше — ситуация с мелкой промышленностью значительно улучшилась. Куба же в этом плане была страной первого мира, у нас было куда больше западной культуры и в целом иное мировоззрение. Словом, мы побывали в СССР, и там все было совсем не так, как мы привыкли. Вся жизнь там строилась совершенно иначе.
> АНТОНИО ТРУЭБА:
> Даже обувь там отличалась, да вообще все было другим, незнакомым.
> УРРА:
> Помню, еще я захватила из дома крем для тела, а потом в Москве купила крем марки «Утро», такой розовый, в маленьком тюбике. Совсем на вид непривлекательный, простой, но очень славный. Я была поражена и удивлена одновременно: как такой хороший крем можно продавать в столь непрезентабельном тюбике? Но ведь [русским] пришлось так много восстанавливать после войны, и все делалось так медленно... И все же там был замечательный транспорт, чистота на улицах, порядок; когда хочешь выйдешь, в любое время, и всегда все спокойно. А в домах всегда были свет и вода.

ТРУЭБА:
Словом, все, что было необходимо, было в наличии и недорого.
УРРА:
Зарплаты, конечно, были невысокими, но поэтому невысокими были и цены.

Беседа о воспоминаниях о советском быте с Тереситой и Антонио вышла весьма многоплановой. Они рассказывают, что те, кто имел доступ к американским товарам, знакомые уже с определенным уровнем материального комфорта, считали предметы советской материальной культуры — по природе утилитарной — неполноценными. Кубинцы не появились тут же после революции, словно с чистого листа, на котором были начертаны слова советской поддержки: свою потребительскую инициативу они и проявляли в том, что признавали советские товары в чем-то неравноценной заменой тем, к которым они привыкли. Вместе с тем здесь неизменно присутствует и одновременное обоснование, почему советская культура потребления развивалась именно так, как она это делала, дополняющее такие рассказы историческим контекстом.

Следующий рассказчик, Серхио Чапле (родившийся в 1930-е годы), яро отстаивает принципы и целесообразность советской модернизации, несмотря даже на то, что, сравнивая советские товары с американскими, сам находит, что первые во многом уступали.

Первое впечатление от присланных на Кубу советских приборов было немного шокирующим, потому что с технической точки зрения они были сильно устаревшими, в сравнении с американскими. Телевизоры были намного более низкого качества, нежели американские, к которым все привыкли, хотя и работали исправно. Первое время в СССР не было цветного телевидения — у всех были черно-белые телевизоры. То же можно сказать и о внешнем виде: виниловые проигрыватели, радиоприемники — все выглядело так себе, хотя и китайцы уже делали вещи красивее и каче-

ственнее, чем советские. Словом, западная техника всегда
была более современной и эстетичной. На Кубе говорят
о какой-нибудь вещи — «прочный, как советский грузовик»
или «неубиваемый, как русский грузовик»! Говорят, из-за
войны Советы делали все прочным, чтобы прослужило хоть
тысячу лет: все и было грубоватым, но ехали грузовики хорошо. Да, не Cadillac, но и «Лады», и «Москвичи» исправно
ехали. У нас дома был русский телевизор, а еще стиральная
машина «Аурика». Конечно, модель была очень старой
и мало похожей на американские, которые идеально все
отстирывают и работают беспроблемно. В советскую же
машинку нужно было класть уже замоченное белье, потом
запустить стирку, а после развесить все сушиться. Но мы
были guerrillas, партизанами, так что ничего другого нам
никто не предлагал, приходилось довольствоваться тем, что
есть. Никто, впрочем, и не жаловался, пользуясь тем, что
было под рукой, продававшимся к тому же весьма дешево.
Чуть позже советские товары стали лучше, а уж последние
советские проигрыватели, которые продавались здесь,
и вовсе были очень даже хороши. Конечно, они все равно
уступали Sony, Samsung или Accord, но наши потребности
они удовлетворяли прекрасно.

Многие кубинцы, с которыми я беседовала, подобно Серхио,
находили всевозможные технические огрехи несущественными,
настаивая на том, что раз вещь работает исправно, то и задумы-
ваться о ней лишний раз большого смысла нет: все работает,
а большего от бытовых приборов — для того и созданных — и не
требуется. Аскетика советского потребления — а точнее, сам
принцип отказа от излишеств и расточительности в пользу
долговечности — подается в качестве идеала, даже если сам го-
ворящий на практике придерживается менее строгих потребительских правил.

У Мигеля Аризы, с которым мы уже познакомились выше,
дома множество советской техники, которую он по-прежнему не
желает менять: а зачем, если все и так хорошо работает? Ариза
был из того поколения кубинцев, на чье отрочество пришлась
революция, после которой многие из них отправились в Москву
изучать русский язык; впоследствии он стал переводчиком, ра-

ботал в кубинском министерстве торговли и сопровождал делегации, осматривавшие советские предприятия. Мигель водит меня из комнаты в комнату, то и дело демонстрируя многочисленные бытовые приборы из СССР. Он говорит, что, зайди мы сейчас в любой кубинский дом, там обязательно найдутся советские вещи, потому что все знают, что они работают лучше всего. Подобно прочим респондентам, Мигель предваряет этим рассказ о советской помощи, без которой Куба просто не выжила бы в те годы, сетуя под конец на то, как все закончилось.

АРИЗА:
У моего брата до сих пор «Москвич»; говорит, лучше этой машины у него никогда не было. Все изменилось с распадом Советского Союза. Очень грустно, что так вышло. Кажется, Горбачев сказал, что это крупнейшая катастрофа прошлого века?.. Ах да, Путин. Я с ним согласен.

Наставший теперь в России капитализм, добавляет он, также весьма рационален, поскольку — в отличие от «опасного капитализма» западного образца — не склонен к излишествам; тоже весьма показательное сопоставление, повторяющееся во многих наших интервью. Несомненно, неспособность представить советскую технику в каком-либо ином, нежели позитивном и сочувственном, свете, проистекает не только из благодарности и чувства долга, но и вследствие того, что советские вещи ассоциируются у многих с юношескими и детскими годами. Один из молодых собеседников, родившийся в 1980 году, Хуан Карлос Гарсия — театральный актер и страстный почитатель Советского Союза. У него сохранилось множество вещей той эпохи, включая кинопроектор, напоминающий о советской культуре, пронизывавшей время его детства. Хуан одет в ярко-красную футболку с надписью «СССР» на груди; он демонстрирует мне коллекцию старых советских бобин с пленкой и сам аппарат. Конечно, далеко не все работало хорошо, и Хуан то и дело шутит о том, как та или иная советская вещь плохо функционировала и выглядела. Вместе с тем его основной посыл сводится к тому, что эта техника исключительно крепкая и надежная. Его воспоминания о том времени — это причудливый коктейль из признательности с ироничным весельем.

> У меня были советские проектор, телевизор, холодильник. Холодильник я хорошо помню, а вот марку забыл. Мы его купили в магазине. Стоил он очень дешево, и к нему еще прилагался вентилятор «Орбита». Вентилятор был весь пластиковый, но мы успели долго им попользоваться, прежде чем лопасти разлетелись [Хуан смеется]. Все, что у нас было в доме, было советским. Там так делали вещи, чтобы они служили вечно. Вся семья была в восторге от советских приборов. Вот советская камера, но уже нерабочая. Моя тетя купила ее здесь еще в 1970-х годах. У меня есть и цветные фильтры для объектива. Телевизор у нас был черно-белым, назывался «Крым». Такой здоровый [Хуан встает, чтобы показать габариты], квадратный, на четырех ножках. Большущий ящик на ножках. Очень большой. И прекрасно работал, но был черно-белым. Цветной телевизор появился у нас в начале 1980-х годов, но он был паршивым. Он тоже был здоровенным, но без ножек, и картинка все время скакала. Мы сидели перед ним и думали: «Какого черта?» Словом, телевизор был ужасным. Еще был советский холодильник — однодверный, с морозилкой внутри. Он простоял у нас вплоть до самого распада Советского Союза. А проектор до сих пор работает. О нем у меня очень хорошие воспоминания: не я один, но и все ребята по соседству, отец и мать — все смотрели на нем советские мультфильмы. Нам они очень нравились, потому что советские мультфильмы говорили об очень хороших, важных вещах, там всегда была мораль.

«Почему вы храните все эти вещи?» — спрашиваю я Хуана. — «Да потому, что большинство по-прежнему исправно работает», — просто отвечает он. Техника неразрывно связана с эмоциями, и слова Хуана это наглядно иллюстрируют: он говорит, что с радостью вернулся бы к советским вещам из-за той эпохи, которую они олицетворяют, пусть даже сами вещи и не могли бы на равных тягаться с новейшей бытовой техникой (рис. 3.6).

Рис. 3.6. Советский кинопроектор Хуана Карлоса Гарсии. Фото автора, публикуется с любезного разрешения Хуана Карлоса Гарсии

Рассказы о советских бытовых товарах, как мы видим, регулярно встраиваются в нарратив, поддерживающий советскую модель модернизации хозяйства, где предпочтение отдается долговечности в ущерб — вплоть до взаимоисключения — тем или иным желаниям потребителя. Износостойкость советских товаров представляется еще рельефнее благодаря нынешнему скептическому отношению к «американской» модели потребления и хорошо сочетается с более распространенным, отмечаемым во многих странах нравственным переосмыслением потребления, когда основное внимание уделяется этике процесса, ненужному расточительству и иным излишествам [Fourcade, Healy 2007]. На единственном диване в гостиной Мигеля Аризы лежат стопкой его советские пластинки и проигрыватель. После их изучения меня ведут на экскурсию по дому, по пути демонстрируя многочисленные советские предметы. В спальне я вижу советскую швейную машинку, которой сейчас пользуется тетя Мигеля. Она дарит мне сшитую на ней вещь, а Мигель объясняет принцип работы машинки и показывает, как раскладывается подставка. Машинка выглядит удивительно хорошо для вещи возрастом в несколько десятилетий (рис. 3.7).

Или вот советский утюг — его Мигель получил в качестве премии на работе: нагревается он чуть ли не сразу, как его включили. «Потрогайте, попробуйте, какой раскаленный — и это после стольких лет!» — говорит Мигель. Он обводит рукой утюг с проигрывателем, словно поясняя, что советская техника в доме — это не совсем выбор, но, скорее, просто то, что было доступно людям, на что те, впрочем, не жаловались, поскольку эти вещи работали отлично.

Сразу после революции Мириам Меса (1946 года рождения) и ее муж Луис Борхес (1936 года рождения) отправились в Советский Союз, где оба работали при кубинском посольстве. Луис подробно вспоминает о Советском Союзе, самой поездке и общем политическом климате, благоприятствовавшем кубинцам и лично Кастро. Он припоминает, что Фиделя просто обожали; они повсюду встречали подобное отношение. Подчеркивая, насколько радушным был прием, Луис рассказывает: «Знаете, Хрущев, когда его спросили, считает ли он Кастро социалистом, ответил, что не уверен в этом, но прибавил: "Я — фиделист"». Примечательно, что о технике Луис начинает рассказ с анекдота о советском военном могуществе, способном заставить американцев замолчать. Затем он вспоминает бывшие у него когда-то советский кондиционер, телевизор и стиральную машину, запомнившиеся не какими-то особенными рабочими качествами, но неизменной износостойкостью и работоспособностью.

Рис. 3.7. Швейная машинка Мигеля Аризы. Фото автора, публикуется
с любезного разрешения Мигеля Аризы

Советская бытовая техника не была особо эстетичной, но
хорошо служила, была прочной и долговечной. Впечатление
от внешнего вида и долговечности советских приборов было
схоже с впечатлением от Советского Союза: не слишком
красиво, но прочно и надолго. Кубинцы до сих пор вспоминают эти вещи с ностальгией, потому что служили они действительно долго и были очень крепкими. Ну а потом они уже
слишком устарели, их пришлось заменить. В разное время мы

меняли то одно, то другое... не смогу вспомнить, когда именно, но у нас была не одна советская стиральная машина. А сейчас у нас машинка от LG (кажется, из Южной Кореи). С точки зрения эстетики советские вещи мало чем могли похвастаться, зато они были очень прочными. Как мне кажется, в то время в Советском Союзе была хорошая экономическая и промышленная система. Вот что я вам скажу: сейчас многие тоскуют по тем советским вещам — конечно, не из-за эстетики, но именно из-за долговечности и прочности.

Для иллюстрации описанных качеств советских бытовых приборов Луис указывает на важную роль Советского Союза в укреплении оборонительных возможностей Кубы в условиях агрессивной американской политики: ни личные предметы, ни предметы хозяйственного обихода тоже не могут высвободиться из рамок этого метагеополитического контекста холодной войны. Луис резюмирует: «Советы были державой, способной на равных противостоять Соединенным Штатам Америки — как в сфере вооружений, так и экономически, так как даже сейчас все оружие, что есть у Кубы, советского производства».

Подобное же мнение о рациональности советской системы, связанной с геополитическими событиями тех лет, а также собственными историческими проблемами Советского Союза после войны, выражает и Родриго Эспина (1951 года рождения). Едва войдя в дом, я сразу же вижу стол, заставленный произведенными в Советском Союзе вещами. По его словам, если вещь работает, нет никакого смысла менять ее, вот советские вещи и остаются, потому что они все еще исправно служат. Я прошу Родриго рассказать о его воспоминаниях о роли СССР на Кубе: он указывает на бытовую технику и говорит, что она была распространена повсеместно, а это лучшая иллюстрация советской щедрости. Впрочем, на похвалы в адрес советских вещей он довольно скуп, не считая брошенного мимоходом почти безразличного: «Они работали». На столе передо мной — десятки советских предметов, от увеличительных стекол и кухонного блендера до осенних пальто, которые вынесли специально для меня. Родриго говорит, что не был особенно привязан к этим вещам, да и вообще мало что понимает в технике, но, показывая на американский телевизор, выражает сомнение, что тот прослужит долго — в сравнении с бывшими у него советскими. Теперь у Родриго дома много китайской техники, но и она ассоциируется у него с недолговечностью и невысоким качеством исполнения.

Актуальный аргумент против капитализма заключается в том, что вследствие взаимозаменяемости вещей поощряются излишества. Товары, произведенные силами капиталистической экономики, можно быстро заменить, что делает общество расточительным, а потребление — бесконтрольным, поэтому советские вещи занимают соответствующую сторону в моральной бинарной оппозиции, сформулированной Хуаном Кабрерой, как «трезвый расчет против излишества». Вот что Хуан рассказывает о своем радиоприемнике марки Selena:

> Конечно, это были не роскошные вещи, но социалистические страны и не создавали предметов роскоши. Они делали вещи, закрывавшие базовые потребности населения. Общество в этих странах не было обществом потребителей — оно было занято решением проблем. Одного телевизора должно было хватить, а автомобиль должен был быть способен доставить вас из одной точки в другую. Здесь речь о двух совершенно разных системах: одна была направлена на достижение максимального бытового комфорта, другая же опиралась на тяжелую промышленность и технику. Советы опережали американцев по части тяжелой техники: благодаря опыту, полученному в Великой Отечественной войне, они, к примеру, запустили производство новых самолетов, более высокого класса и более надежных, чем американские. Нынешнее общество ориентировано на потребление. Куба же была счастливой страной, потому что мы жили очень просто, не заботясь о потреблении, не видя вокруг хитросплетений капиталистической системы. Если в те дни в округе был единственный телевизор, дверь этого дома оставляли открытой, чтобы другие тоже могли зайти и посмотреть.

Подобная же моральная рамка продолжает действовать и тогда, когда она подспудно указывает на то, что потребительские привычки того времени, когда все, что было, было советским, способствовали межличностным связям, а не индивидуализации и поглощенности собой, которую вызывает потребление сегодняшних товаров. Функциональность советских товаров и социальные обычаи наподобие совместного просмотра телевизора с соседями описываются в процессе единого воспоминания об использовании советской техники. Аналогичные по смыслу мотивы присутствуют и в нашей беседе с Антолином Барсеной. Вплоть до прошлого года Антолин был гордым владельцем «Лады», но после серьезной аварии машина превратилась в груду железа. «Лада» верой и правдой служила до последнего момента и «была лучшей машиной для кубинских условий».

> В технологическом отношении «Лада» была не слишком продвинутой, но с точки зрения надежности — очень крепким и безопасным автомобилем. Где бы вы ни оказались на Кубе, хоть в центре Гаваны, хоть в глухой деревушке, любой механик мог починить эту машину. Да и найти для нее любую деталь было проще простого. Я никогда не питал особых иллюзий по поводу этой машины, прекрасно понимая, что это далеко не БМВ, не «Мерседес» или «Ауди» и даже не «Пежо» или «Фиат», но мне она подходила прекрасно. К тому же продавали ее по государственной программе всего за 4500 кубинских песо. В Союзе все только дивились: там она стоила вдвое дороже. Я, конечно, принадлежу к старшему поколению; вполне вероятно, что мой сын смотрит на все это иначе.

Сопоставление «Лады» с БМВ или «Мерседесом» явно указывает на инстинктивное, подсознательное желание сравнивать социалистическую продукцию с капиталистической (что и делают многие мои собеседники с Кубы, а также из Индии). Кроме того, долговечность вещи не означает того, что она вовсе никогда не ломается, но, скорее, то, что ее нетрудно починить. Кубинцы часто хвастаются тем, что у них есть механики, которые могут починить любую советскую вещь, так что она вновь будет полностью функциональной; это оказалось наиболее полезным в 1990-е годы, когда прекратился экспорт из бывшего СССР, а устаревшие советские товары нуждались в ремонте. Как и Род-

Рис. 3.8. Советский настольный вентилятор «Орбита»
Антолина Барсены. Фото автора, публикуется с любезного
разрешения Антолина Барсены

риго Эспина, Антолин сравнивает советские вещи с современной продукцией из других стран. В сравнении с советскими аналогами, нынешние кажутся весьма эфемерными и ненадежными. Потом Антолин показывает мне единственную сохранившуюся у него советскую вещь — по-прежнему отлично работающий вентилятор «Орбита». Он вспоминает, что приобрел его в обычном магазине, когда стало возможным покупать технику, а не получать ее по разнарядке с места работы (рис. 3.8).

> У меня был советский кондиционер, который пришлось выбросить в 1990-е годы, потому что не было запчастей. Советская бытовая техника не отличалась привлекательной наружностью, но была очень прочной. Наша стиральная машина или утюг с эстетической точки зрения не представляют ничего особенного, но в них заложены те же качества, что присущи и социалистическому менталитету. А нынешний менталитет другой. Сейчас у меня Samsung, а через год будет уже что-нибудь другое. Социалистический менталитет: покупаешь один раз и навсегда. Советские вещи потому и отличаются от прочих долговечностью. Их легко можно было чинить. В том и есть социалистический менталитет — чинить вещи. Еще у нас много лет стоял советский холодильник. Не слишком привлекательная внешне, не блещущая инновационными технологиями советская техника просто исправно служила без износа.

В целом советская идеология аскетичного потребления, требующего не замены, а просто починки вещей, нашла отклик у многих кубинцев, демонстрировавших мне свои советские вещи. Социологические исследования всегда показывали, что избыточное потребление способно подрывать сплоченность внутри группы. Когда потребление превращается в возвышенное стремление, сам процесс можно рассматривать как симптом индивидуальной патологии. Центральное место в рассуждениях о морали потребления занимает идея о том, что отсутствие благоразумия делает капиталистическую модель потребления аморальной. Благоразумие и сдержанность принимаются за нравственные добродетели, которые смягчают эксцессы капитализма, а равно и любой другой потребительской экономики. Социалистический «менталитет», о котором говорил выше Антолин, рассказывая о ремонтопригодности своей «Лады» или же коллективных действиях наподобие общего просмотра единственного советского телевизора, подразумевает под собой отсутствие расточительного потребления и наличие социальной сплоченности.

Кто-то менее расположенный, быть может, сказал бы, что это называется просто «обходиться», однако многие собеседники, как тот же Антолин, говорили, что это отнюдь не недостаток, но жизненный навык, находящийся ныне под угрозой исчезновения, способствующий социализации, укрепляющий сообщество людей, а не их индивидуальные патологии.

### Отказ и утилизация

В своей работе о вещах, ассоциирующихся в Румынии с коммунистическим прошлым, Алисса Гроссман пишет о «немемориальных» ассоциациях, описывая таким образом манеру своих респондентов определять значение вещей из прошлого, на которое до сих пор они не обращали особого внимания. В немемориальных ассоциациях вещи представали такими, какими они были, просто потому, что в то время ими владели все. «Резкое осознание того, что когда-то было очень важным, но потом долгое время оставалось без внимания, способно пробудить подавленные или неосознанные мысли, которые отклоняются от стандартных индивидуальных или культурных нарративов» [Grossman 2015: 294–295]. Подобное имело место и в ряде наших бесед, в течение которых собеседники особенно старались преуменьшить советско-кубинскую культурную близость. Они буквально доставали из небытия — антресолей или памяти — давно уже погребенные советские вещи. Процесс вспоминания предметов и путешествий, проделанных ими, пробуждал неожиданные, так сказать — «непроизвольные», воспоминания, отличные от воспоминаний тех, чьи советские вещи находились в каждодневном пользовании или красовались на видном месте. В подобных рассказах парадигмы геополитической солидарности и добродетелей социалистической морали отходили на задний план, а главный фокус был направлен на отсутствие выбора, собственный (безуспешный) отказ от использования советской техники и роль современной — более качественной и эстетически привлекательной — техники от новых торговых партнеров Кубы.

Как отмечают социологи, занимающиеся темой потребления, отказ от использования, выражающийся в нежелании приобретать советскую технику или же в отрицании воплощаемых ею символических значений, также является стратегией потребления [Wyatt], цит. по: [Oudshoorn, Pinch 2003: 288/4385]. Здесь же, в контексте наших бесед с кубинцами, подобный отказ говорит об ограниченном влиянии геополитической риторики о технике. Такая потребительская стратегия и соответствующая форма воспоминания представляют собой полный отказ или же неохотное, вынужденное приобретение товара. Кристина Вивес (1955 года рождения) и ее супруг Хосе Фигероа (известный фотокорреспондент) руководят новаторской художественной студией Estudio Figueroa-Vives. Сама Кристина работала в министерстве культуры еще в то время, когда, по ее словам, Куба была полна решимости продвигать национальные культурные формы. Показав мне единственный отголосок советских времен — кондиционер, установленный в ее кабинете, — Кристина в красках вспоминает тогдашнюю кубинскую повседневность, наполненную всевозможными товарами из стран социалистического блока, то и дело оговариваясь, что советская продукция занимала не слишком высокое место в вещественной иерархии кубинцев (рис. 3.9).

Я жила неподалеку от супермаркета, в котором всегда были вишня из Венгрии, водка из СССР, а еще через улицу мы покупали варенье, сыр и консервы из Болгарии. Консервы были невероятные... сладкие, соленые, любые. Помню, я очень любила вишню, так как у нас, на Кубе, она не растет. Еще были советские игрушки и всевозможная техника, в 1983 году у нас появилась и «Аурика». У меня, кстати, есть забавная история. Муж был тогда в Анголе военным корреспондентом, а я, беременная, дома. В те годы семьи военных на Кубе были на государственном обеспечении. Сослуживцы мужа приходили ко мне справиться, не нужно ли чего и хорошо ли я себя чувствую, а после сообщали Хосе. У него тогда уже была достаточная выслуга, так что мы могли позволить себе кондиционер. Это был самый желанный во всех кубинских домах предмет бытовой техники, который можно было получить в качестве премии. И вот

Рис. 3.9. Старый советский кондиционер БК-1500 по-прежнему
исправно охлаждает картинную галерею Кристины Вивес. Фото
автора, публикуется с любезного разрешения Кристины Вивес

приходят из профсоюза и заявляют: «Вы имеете право на
покупку кондиционера». Я им отвечаю: «Но нам нужна
стиральная машина», а они: «Нет, вам следует приобрести
кондиционер». Я говорю: «Да у нас три прекрасно работаю-
щих американских кондиционера. А нужна нам стиральная
машина!» Но они так и не поняли. Все кубинцы желали
иметь дома кондиционер, и они не могли уяснить, отчего же
я отказываюсь от их предложения и прошу стиральную

машину, которая даже стоила меньше. Кондиционер на Кубе — это необходимость, но в то время это была одна из немногих вещей, напоминавших нам о былом комфорте американского образа жизни. Таковы были устоявшиеся представления о кубинском укладе и семье: кондиционер входил в стандартный набор. Поэтому-то, когда я ответила отказом, они меня совершенно не поняли.

В рассказе Кристины сказано весьма многое. Тут, конечно, и счастливые детские воспоминания о венгерской вишне, о магазинах у дома, полных товаров, и то, что благодаря наличию массовой продукции из социалистических стран обычная кубинская улица оказывалась столь тесно с ними связана. В центре всего этого — воспоминания о том, как домой приходили чиновники из профсоюза, чтобы сообщить, что, поскольку ее муж на войне, она может приобрести домой определенную бытовую технику. В рассказе чувствуется, что Кристина глубоко презирала такое государственное отношение к себе, когда ей просто предписывали, что именно ей якобы «нужно», совершенно при этом не учитывая ее мнения относительно того, что ей действительно было нужно в хозяйстве. История Кристины об отказе от предложенного кондиционера, поскольку он уже имелся в доме, и не один, наглядно иллюстрирует, что тогда считалось статусной наградой за трудовые заслуги, а также то, что потребности людей порой расходились с тем, что предполагали государство и начальство. Тот факт, что все три американских кондиционера отлично работали и спустя почти 40 лет после революции, также является напоминанием о том, что в перипетиях повседневной жизни вещи существуют отнюдь не в герметично закупоренных и свободных от геополитики пространствах. Они сосуществуют с иноземными вещами, отражая связь дома с остальным миром, размывая строгие разграничения, навязанные политикой.

То, что известные вещи приобретались вынужденно, также выражается довольно очевидно: некоторые собеседники, извиняясь, сообщали, что советских вещей у них больше нет, прибавляя к тому же, что и тогда-то они эти вещи покупали лишь оттого, что не было иного выбора. Так, для Эдуардо Маиг Пуэнте (1957 года рождения) советская техника олицетворяет как раз то время, когда у большинства кубинцев «не было иного выбора». Советские вещи, говорит он, порой просто разваливались на части (заочно споря в этом отношении с большинством респондентов, подчеркивавших долговечность советской продукции). Эдуардо служил в морской пехоте и некоторое время провел на российском Дальнем Востоке. Благодаря соседству с Японией он и другие члены экипажа привезли домой множество японских вещей отменного качества. Впоследствии он заменил вообще все советское японским и (по возможности) американским.

Советская бытовая техника олицетворяет прошлое, когда геополитические возможности страны были весьма ограниченными. Теперь же все, с кем я беседовала, заменили старую технику новой благодаря объявленной Кастро в 2005 году так называемой энергетической революции, в течение которой все кубинцы должны были перейти на энергосберегающие приборы. Отчасти это было обусловлено тем, что после распада Советского Союза запчастей для советских приборов было не достать. В наши дни либо бытовая техника продается в розницу на Кубе, либо за ней ездят в Панаму и другие соседние страны, переправляя затем специальными контейнерами частным и оптовым покупателям. Возвращаясь из эмиграции, кубинцы также нередко везут домой современную бытовую технику, что свидетельствует о геополитической роли диаспоры: очень многие восстанавливают и получают кубинское гражданство. Теперь, когда у людей куда больше выбора (несмотря на продолжающееся американское эмбарго), прежняя бытовая техника ассоциируется, скорее, с более аскетическим образом жизни советского периода, лишь попутно напоминая о многолетней помощи Кубе.

Ну а что насчет утилизации вещей или того, когда они попросту теряют актуальность в хозяйстве? Кевин Хетерингтон считает, что утилизация — это не конец процесса потребления, а форма «размещения» — нахождения места вещи. Так выражается смена ценностей, а также стремление сберечь и сохранить

Рис. 3.10. Неработающая, но бережно хранимая как памятный артефакт советская стиральная машина «Аурика» в доме Хосе Мигеля Фигередо и Мерседес Эчаге. Фото автора, публикуется с любезного разрешения Хосе Мигеля Фигередо и Мерседес Эчаге

личную историю [Hetherington 2004: 159]. Старая стиральная машина «Аурика» на заднем дворе дома Хосе Мигеля Фигередо и Мерседес Эчаге аналогичным образом демонстрирует, как геополитические объекты занимают новое место в бытовой иерархии моральной экономики дома вследствие изменившегося размещения или утилизации (рис. 3.10).

У Хосе и Мерседес вообще не осталось вещей советского периода, вместо этого их дом нынче пестрит всевозможными дореволюционными артефактами, а также вещами, привезенными из поездок, и подарками от друзей со всех уголков Латинской Америки. Хотя в их геополитических рассуждениях не меньшее место уделяется и словам благодарности в адрес Советского Союза, есть ощущение, что социалистические достижения все же представлялись несколько сомнительными, вопреки помпезному тону рассказов. Кивая на старую «Аурику», стоящую теперь на заднем дворе для сбора дождевой воды, Хосе признает, что, конечно, ему было известно о более продвинутой технике, производившейся в других странах, но при этом он тут же рассказывает о своевременной помощи Советов, будто это как-то компенсировало технические недостатки.

> Повсюду вещи были лучше, чем у нас. Я это знал, потому что бывал в разных странах. К тому же мы поддерживали связь с уехавшими в Штаты, читали заграничные журналы. Но оружие на Кубе было лишь благодаря Советам, чтобы в случае американской угрозы мы могли постоять за себя. СССР помогал нам защищаться. Первые месяцы после революции все боялись скорого нападения, но потом, когда прибыло советское оружие, мы почувствовали себя в безопасности. Все страны восточного блока помогали нам, но СССР — больше всех.

Вместе с тем жена Хосе, Мерседес, продолжает объяснять, что невзгоды особого периода убедили ее в том, что чрезмерная зависимость от какой-либо одной державы вредит интересам Кубы. Стиральную машину давно вынесли на задний двор, недавно сбыли с рук и polaquito, и ни Хосе, ни Мерседес не испытывают никакой ностальгии ни по временам советской помощи и покровительства, ни по вещам той эпохи. Дэвид Экердт называет подобное отношение к вещам не утилизацией, а отчуждением, подчеркивая происходящий при этом акт личного разъединения. По мнению Экердта, отчуждение указывает не на субъектно-объектную динамику, являющуюся неотъемлемой составляющей жизни объекта, но на материальные аспекты подобного акта. Перемещение «Аурики» на задний двор — это не просто смена ее физического местоположения, но символ аффективного дистанцирования от вещей советского происхождения. Причин для отчуждения много, пишет Экердт: вещи могут утратить функциональность, перестать удовлетворять какие-либо интересы, соответствовать вкусам или статусу, выставляя нас не в лучшем свете перед другими, или же просто потерять актуальность вследствие перемен в жизни [Ekerdt 2009: 63, 70–73]. «Аурика», как уже говорилось, окончательно переехала на задний двор: ее история, как и рассказ об ее отчуждении, указывает на то, что она более не соответствует взглядам на быт Хосе и Мерседес. Акт дистанцирования в равной мере раскрывает самость вещи, как и ее приобретение и обслуживание.

Таким образом, несмотря на отсутствие советских вещей (отчужденных или выброшенных) в настоящем, их присутствие продолжается символически. В этом смысле верно, что вещи весьма живучи и умеют продолжать присутствовать [Ekerdt 2009: 76]. Даже тогда, когда молодым собеседникам нечего сказать о конкретных моделях советской техники, ее присутствие в прошлом ощутимо в коллективной памяти, доступной в «слове и тексте»: «Отсутствующее может оказывать серьезное влияние на социальный мир; иными словами, отсутствие обладает агентностью» [Meyer 2012: 104]. Марио Домингес-Торрес (1992 года рождения) живет с женой и двухлетней дочерью. Он вспоминает, что в детстве (в 1990-е годы) у них дома была советская стиральная машина и много прочей советской техники. В особый период, говорит он, люди постоянно говорили о качественных продуктах, массово появившихся в последнее советское десятилетие. Сейчас же, в условиях диверсифицированного рынка, оглядываясь в прошлое, Марио замечает, что подобная зависимость от одной страны являлась серьезным риском.

> Конечно, рискованно: это единственный рынок, который у нас был, единственное средство связи с внешним миром. Теперь рынок стал более диверсифицирован, появилась и возможность выбирать, а революция позволила проводить и другие реформы.

Теперь у Марио дома уже не осталось ничего советского. Показывая различные вещи китайского производства, он замечает:

Холодильник китайский, телевизор, да и вся мебель тоже. По части электроники китайские вещи, на мой взгляд, вполне хороши, но мебель они делают не очень: качество оставляет желать лучшего. Вот, к примеру, эта кровать произведена в Китае. Как-то раз она просто сломалась, пришлось ее чинить.

Несмотря на то что советские вещи давно остались в прошлом, оно в известной степени мифологизировано, так что тропы советской солидарности и «благополучия» старых добрых лет присутствуют даже в рассказах и воспоминаниях кубинцев молодого поколения, родившихся через год после распада Советского Союза.

Сопоставляя время, когда торговые связи были возможны исключительно со странами социалистического блока, с нынешним разнообразием товарных потоков, они находят ту прежнюю ситуацию весьма нежелательной, пусть даже качество новых товаров из Китая подспудно кажется им более низким, нежели советских вещей, которых уже давно нет.

## Заключение

В своей работе о «мире товаров» Мэри Дуглас и Барон Ишервуд обсуждают процессы «когнитивного конструирования», проще говоря — осмысления людьми собственного имущества [Douglas, Isherwood 1979: 43]. Дэниел Миллер описывает потребление как работу, которая «переводит объект из состояния отчуждаемости в неотчуждаемость, то есть из символа обособления и ценностной значимости в артефакт, наделенный особыми, неотъемлемыми коннотациями» [Miller 1987: 190]. Осмысляя роль потребительских товаров в своей жизни, люди также реализуют «важнейшую функцию потребления, заключающуюся в способности придавать смысл» [Livingstone 1992: 62]. Так, обсуждая свою бытовую технику советского производства, кубинцы говорят об ее общественных значениях и общепринятых социальных смыслах.

Изустная история социалистической глобализации и путешествий советской бытовой техники — это моральная аллегория холодной войны, в которой добрая воля и солидарность советского государства, неколебимая стойкость кубинской самобытности и переосмысление потребления в категориях резонности, доступности и этичности остаются основными моральными дискурсивными рамками повествования об этих бытовых товарах. Простота или экономичность, ассоциируемые с подлинностью (в противовес некой подразумеваемой искусственности капитализма) фигурируют во всех наших беседах. Советская техника видится «одомашненной», поскольку уже давно перестала быть в новинку или казаться чужеродной; ее обыденность, рутинность заключаются не только в не слишком привлекательном внешнем виде, но и в ее повсеместном распространении. В этом смысле идея о том, что советская техника попросту считается «местной», представляется верной в свете ее абсолютной освоенности в быту. Собеседники поэтому не приписывают вещам каких-либо конкретных технических атрибутов, равно как и не говорят о социологическом измерении, не уточняя, кто и какой техникой пользуется в хозяйстве. Вместо этого вещи наделяются публичными, а не частными смыслами, поэтому масштабные акты геополитической поддержки и экономического выбора помогают людям рассказать о своей бытовой технике, то есть через подобные истории о советских бытовых товарах формируется, формулируется и выражается личная геополитическая картина каждого рассказчика. Советские вещи в ретроспективе оказываются материальными остатками тех отношений, что некогда были кубинцам полезны, а также символическим напоминанием о политических волнениях, доставленных им американцами.

Однако же и в представленных памятных текстах присутствует элемент нарративного неповиновения. Написано множество популярных и академических работ о советском влиянии, его материальных и культурных последствиях на Кубе, как, скажем, в книге «Икра с ромом», где читателю предлагается целая россыпь живых и увлекательных воспоминаний многочисленных авторов о советском присутствии на Кубе, или, по выражению Педро Гонсалеса Рейносо, одного из авторов, «вездесутствии»:

> Нынче наша скверная коллективная память о русском вездесутствии уже сделалась предметом гордости, зерном, смалываемым нашей культурной мельницей. «Que bolá con los bolos?» — как говорят у нас на Кубе, то есть: «Что там с кеглями?» Вопрос повисает в ожидании ответа. В этом определении разом воплощается целая эстетическая концепция дизайна: bolo — округлым, подгнившим, громоздким, неказисто слепленным — могло быть что угодно, хотя нередко — и это по сей день тяготит нас — оно же было и весьма долговечным [Reinoso in Loss, Prieto 2012: 60].

Пожалуй, советские вещи и впрямь олицетворяли систему, в которой было заложено стремление к эгалитаризму, в отличие от сугубо личного интереса, удовлетворяемого капиталистическими товарами (что, по словам моих собеседников, в некоторой степени теперь имеет место и на Кубе). Однако же ныне и материальные их качества также считаются неполноценными. Стратегия безразличного или неприязненного отношения к советским вещам, впрочем, позволяет провести различие между материальным аспектом предмета, считающегося нежелательным, и социальными принципами, лежащими в основе его производства и экспорта.

Таким образом, отсутствие советских вещей и их замена более новыми и качественными не мешают появлению дискурсивных тропов благодарности Советскому Союзу, пусть даже сам собеседник с облегчением говорит о том, что теперь у кубинцев куда больше выбора, вопреки сохраняющемуся американскому эмбарго.

# Глава 4
# Советские подарки и сувениры

*Общение и дружелюбие*
*в дипломатическом быту*

В послевоенные годы обмен технологическим опытом стал важнейшим дипломатическим инструментом. Подобно многим странам, Советский Союз активно поощрял взаимные визиты ученых, студентов, инженеров и прочих специалистов, особенно из стран Глобального Юга. В таком контексте можно сказать, что пересекающие границы ради учебы и работы принимают участие в «тихой политике», интимно-личным образом перекраивая геополитические границы [Askins 2015]. Путешествия и взаимодействие в социуме словно выкристаллизовывают геополитические видения и взгляды [Pain et al. 2010]. Такое геосоциальное пространство является местом «производства социальных субъектов в условиях межнациональных связей и напряженности» [Mitchell, Kallio 2017: 5]. Воспоминания о новых друзьях, острых переживаниях от первых зарубежных поездок и новые образовательные возможности — все это располагается в упомянутой интимно-личной геополитической плоскости.

В матрице подобных отношений дарение советских артефактов в качестве подарков и покупка сувениров в знак дружбы или в память о пережитом являлись обычным делом, способствуя созданию сквозной, низовой солидарности.

### Вещи и их обращение

Сувениры наподобие расписанных под хохлому ложек, гжельского фарфора, открыток и матрешек занимали видное место в домах побывавших в Советском Союзе по учебе или в составе официальных делегаций, а также членов дипломатических миссий, проживших в СССР некоторое время. Как мы помним из изложенной в главе 1 концепции, в геосоциальности интимное связывается с глобальным. Чрезвычайно важно с вниманием отнестись к тому, как узы дружбы, брака и рабочего товарищества в равной мере составляли, подкрепляли или преобразовывали транснациональные геополитические реалии в период холодной войны; путешествующие тогда приобретают огромное значение, рассмотренные в качестве субальтернативных акторов в пространстве повседневной дипломатии. Приезжавшие кубинцы и принимавшая их советская сторона сообща брались за «труд общежительства», заимствуя термин Аманды Уайз, при помощи которого она описывает процесс «уживания», сосуществования с различиями другого [Wise 2016: 482]. Такой «труд» заключался в бытовой солидарности и геополитической дипломатичности, проявляемой субальтернами вне пределов геополитической сцены. Другим ключевым элементом реализации такого «уживания» являлось гостеприимство: оказание теплого приема и всяческой поддержки подпитывало образ принимающей советской стороны как открытой и инклюзивной. Дружба и общение, в горниле которых происходил вещественный обмен, также представляли собой эмоциональные акты принадлежности к интернациональному сообществу, осознающему общность моральных и политических ценностей.

В фокусе внимания настоящей главы находятся сувениры: какие-то были куплены для себя, многие — подарены; кроме того, в приведенных воспоминаниях фигурируют памятные фотоснимки. Подобные вещи отличаются от бытовых товаров, рассмотренных в предыдущей главе, тем, что их ценность заключается прежде всего в отношениях, событиях и переживаниях, которые они маркируют (скажем, дружеские отношения, поездка в СССР или празднование дня рождения в советском общежитии). Как мы уже говорили в главе 2, артефакты умеют быть своеобразным «материальным якорем», на который «встает» событие — путешествие, дружба и т. д. «Сувенир поэтому является метонимом для места и события: он помогает проследить траекторию движения путешественника через мир, благодаря чему тот получает возможность вновь посетить место и пережить событие» [Digby 2006: 171]. Собеседники никогда не упоминают об экономической ценности или о производственной стоимости памятной вещи; важнее всего для «работы» сувенира личный опыт, отношения, встречи и иного рода эмоциональные связи [Hume 2014: 8]. Дома кубинцев, у которых хранятся сувениры, оказываются тогда эдаким «архивным перечнем всевозможных мест, звуков и сенсорных текстур прав и свобод» [Tolia-Kelly 2004: 676].

Наличие дома такого рода вещи помогает владельцу развернуть свои воспоминания о путешествиях, дружбе и гостеприимстве: так быт оказывается связан с советской геополитической поддержкой, подчеркивает солидарность людей друг с другом.

### Сувенир как артефакт, воплощающий геосоциальность

Кубинцы показали мне множество памятных вещей, сувениров, включая гжельский фарфор, хохломскую посуду, палехские шкатулки, а также различные фотографии. Материальные свойства и эстетические качества лишь вскользь упоминаются в этих рассказах, посвященных главным образом автобиографическим событиям, вследствие которых вещь и совершила столь далекое путешествие. Приписываемое вещи значение — как выразителя русского национального самосознания, оттого достойной быть сувениром, — нередко скорее подразумевается, чем прямо выражается в том, как человек о ней рассказывает. Вместо этого в центре внимания оказывается социальный контекст, в котором сувенир переходил из рук в руки вкупе с личными переживаниями и эмоциями, связанными с ним как геополитическим объектом. Советские артефакты представляют для моих собеседников точки на геосоциальной карте, на интимном уровне соединяющие друзей, наставников и иных участников обширных геополитических отношений. Вещи в таком смысле словно «сингуляризируются», превращаясь в метонимию личной дружбы и опыта [Miller 1987]. Однако же одним строго закрепленным за ними значением сувениры не обладают: с расширением возможной географии путешествий (а после — с распадом социалистического блока и установлением новых геополитических реалий) сувениры становились символами либо былой солидарности, либо архаичных политических союзов, меркнущих в сравнении с куда более широкими современными геополитическими возможностями. В этом случае советские артефакты деконтекстуализируются или даже десакрализуются, превращаясь в рутинные, обыденные предметы, оседающие в итоге на чердаке.

Респонденты, обладавшие большим количеством сувениров и историй о них, были теми, кто имел возможность пользоваться плодами кубинско-советского сотрудничества: они учились и работали в Советской стране, знакомились и сходились с советскими людьми в важные моменты советской истории.

Мужчины и женщины, родившиеся в 1950–1970-е годы, преимущественно употребляют в своих воспоминаниях такие четыре модели, как: а) уже знакомое нам antes, подчеркивая революционные начала, открывшие возможности новых путешествий; б) студенческая жизнь как пространство геосоциальности; в) воспоминания о «доме»; г) советская развязка.

### Antes: революционные начала и новые путешествия

Революция 1959 года является тем историческим моментом, который обрамляет все истории о советских артефактах: именно это событие послужило толчком к установлению тесных связей между двумя странами, именно благодаря ему и открылись возможности. Подобно советской технике, сувениры также описываются в коллективной памяти через призму antes, то есть разграничиваясь в русле воспоминания на «до- и послереволюционные» [Rosendahl 1997: 126]. Для иллюстрации того, что Мона Розендаль считает поляризующим потенциалом революционной памяти, мы начнем с рассказа о времени холодной войны Эдуардо Пуэнте (1957 года рождения); он никогда не жил в Советском Союзе, не был коротко знаком ни с кем прибывшим оттуда, и у него есть несколько советских сувениров, которые ему не то чтобы слишком дороги.

Эдуардо родился незадолго до революции. Он начинает свой рассказ с общих мест, мимоходом замечая, что благодарен Советскому Союзу за помощь Кубе. Первый артефакт, который он мне показывает, — это даже и не советский сувенир, а письмо, полученное его родителями из Соединенных Штатов Америки в 1962 году. Они записали его в американскую программу «Питер Пэн», которая позволяла кубинским детям «сбежать» от революции и начать новую жизнь в США; менее чем за два года в Штаты отправилось около 14 000 детей. Письмо, которое показывает мне Эдуардо, было направлено его родителям Службой иммиграции и натурализации США с сообщением об одобрении их сыну безвизового въезда в страну. Однако же в последний момент служба изменила свое решение: детей было слишком много, а мест — мало. Пока я изучаю письмо, Эдуардо рассказывает:

> Поначалу, в 1950–1960-х годах, были опасения, что Куба движется к коммунизму. Вот, взгляните, как интересно! Это — одобрение на въезд во время операции «Питер Пэн», настоящая историческая реликвия! Документы выдали через католическую церковь. Многих детей родители из страха спешно отправили в Штаты: говорили, что революционные власти будут лишать опеки... вся эта пропаганда действительно была, и поскольку кубинцы слабо представляли, что такое Советский Союз, то говорили только о России и коммунизме. Был и другой момент: Кубинская революция победила в 1959 году, а Сталин умер в 1953-м. Еще очень свежи были в памяти ужасы сталинизма... на Кубе было много пропаганды и о кровавых преступлениях Сталина.

Эдуардо, судя по всему, ощущает известную дистанцию относительно «операции», отзываясь и о ней, и об антисоветских воззваниях того времени как о пропаганде. Однако же очень важно,

Рис. 4.1. Письмо
из Государственного
департамента США
с сообщением об
одобрении
безвизового въезда
Эдуардо Пуэнте.
Фото автора,
публикуется
с любезного
разрешения
Эдуардо Пуэнте

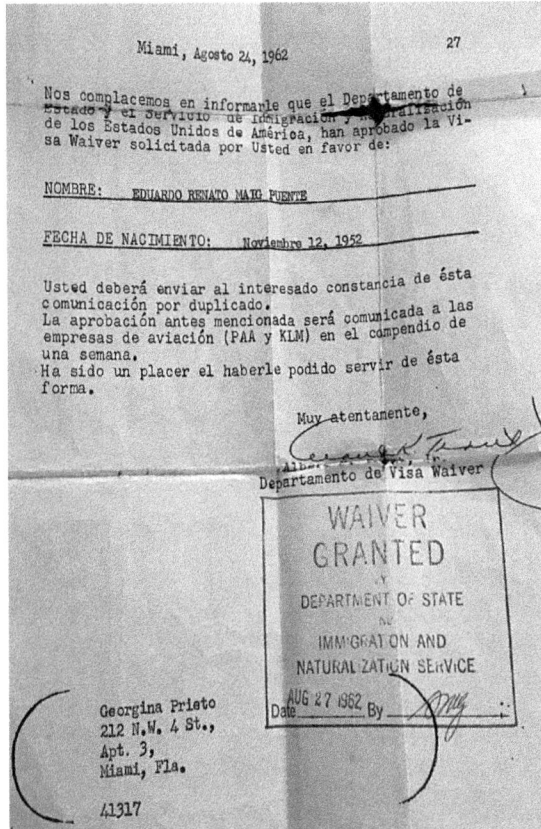

что он сохранил то письмо и уже в самом начале беседы решил его продемонстрировать. Это — вещь, которая связывает лично его и Кубу с другим значительным геополитическим актором этой истории: сами по себе воспоминания о Советском Союзе и советских вещах остаются неполными, взятые вне отношений с Соединенными Штатами Америки и контекста той материальной культуры, которая имеет отпечаток этих отношений (рис. 4.1).

Другой важный артефакт, который Эдуардо также принес показать, — это открытка, полученная им от тети в октябре 1961 го-

Рис. 4.2. Советская открытка, которую Эдуардо получил от своей тети. Фото автора, публикуется с любезного разрешения Эдуардо Пуэнте

да: на обороте от руки написан лишь перевод приветствия Октябрьской революции, написанного на лицевой стороне (рис. 4.2).

На открытке нет никакой личной информации наподобие новостей о ходе поездки или рассказов об интересных встречах. Но вокруг двух выбранных им артефактов: письма «Питера Пэна» и тетиной открытки из поездки по СССР — Эдуардо и строит свой рассказ о переходном периоде, когда обе сверхдержавы влияли на формирование общенародного воображения. Весьма знаменательно здесь предпочтение письма, посредством которого Эдуардо подчеркивает, что единодушной и повсеместной поддержки революционных воззваний Кастро не было. Таким образом, благодаря выбранным Эдуардо вещам моя обычная просьба показать памятные предметы материальной культуры советской эпохи получила неожиданный и довольно острый ответ.

Впрочем, случай с Эдуардо Пуэнте был, скорее, исключением. Многие из собеседников, напротив, стремились подчеркнуть, что для молодых кубинцев революция обернулась возможностью построить новую, многообещающую постреволюционную Кубу. Среди же подобных возможностей была теперь и необходимость в образовании совершенно новой социальной прослойки — мужчин и женщин, способных взаимодействовать с советскими специалистами. В основу описанных далее «биографий вещей» поэтому легли студенческие путешествия, порожденные развитием ситуации, то есть, иными словами, рассказы о русских артефактах. Это истории о новоявленных образовательных возможностях, а также дружеской и менторской поддержке, оказывавшейся молодым кубинцам. Уже знакомый нам Антолин Барсена, гордый обладатель приобретенных на Кубе советских наручных часов, преподает русский язык еще с начала 1960-х годов. Он показывает снимки из первых поездок в Советский Союз, рассказывая, какой подъем и какое воодушевление принесла с собой революция; появилось множество новых возможностей, благодаря чему уже вскоре Антолин отправился продолжать обучение в Москву. В январе 1962 года кубинское правительство открыло в Гаване Институт русского языка имени Максима Горького, что подарило шанс на получение образования широким слоям населения. В числе прочих записавшихся был и Антолин Барсена (рис. 4.3).

Поступившие в институт старшеклассники проходили трехлетний курс, разработанный для подготовки переводчиков и учителей русского языка (среднего и продвинутого уровня) [Loss, Prieto 2012: 16]. По крайней мере 14 из моих собеседников были в первой группе, отправившейся в 1962 году (после поступления) в Москву. Райна Родригес (1946 года рождения) и ее муж Рудольфо Альварес (1948 года рождения) в унисон рассказывают, как с волнением предвкушали грядущую поездку. Мы беседуем у них в гостиной, и прямо над нами висит советская люстра, напоминая о том давнем приключении. Подобно многим другим, их знакомство с Советским Союзом также началось в Институте

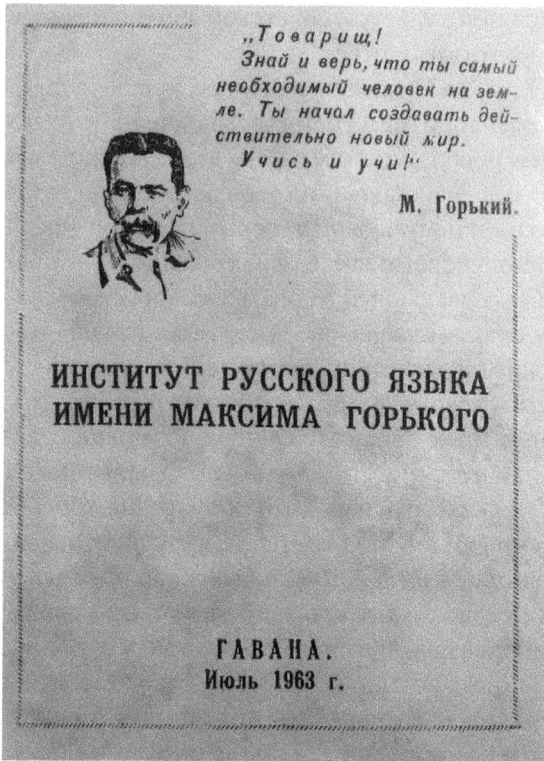

„Товарищ!
Знай и верь, что ты самый необходимый человек на земле. Ты начал создавать действительно новый мир.
Учись и учи!"

М. Горький.

## ИНСТИТУТ РУССКОГО ЯЗЫКА ИМЕНИ МАКСИМА ГОРЬКОГО

ГАВАНА.
Июль 1963 г.

Рис. 4.3. Брошюра Института русского языка имени Максима Горького, хранящаяся в личном архиве Антолина Барсены. Он был одним из первых, кто подал заявку на поступление, когда институт открылся. Фото автора, публикуется с любезного разрешения Антолина Барсены

имени Горького, во многом определив их дальнейшую личную и профессиональную жизнь. И вновь мы встречаем здесь знакомое antes, так как рассказ Родриго о студенческих годах неразрывно связан с судьбоносным значением революции.

Я была в средней школе, когда случилась революция. В 1961 году власти развернули кампанию по борьбе с неграмотностью, я с готовностью к ней присоединилась. Сначала учила крестьян чтению, а потом и сама отправилась в Гавану получать образование. Вообще, в той кампании участвовала уйма молодежи — около 150 000 человек; некоторые, и я в том числе, потом решили поступать в русский институт. Дело в том, что еще до того, как Советы надолго вошли в нашу жизнь, один приятель спросил, интересует ли меня изучение русского языка. Он был партийным, его отец тоже состоял в партии. Словом, приятель позвал меня вместе отправиться в Советский Союз. Я взялась за оформление документов. Но вскоре началась образовательная кампания, я решила отложить поездку. А еще чуть позже я слышала, как, выступая на площади Революции, Фидель говорил, что желающим изучать русский язык и учить ему других стоит приготовиться. Мы тогда спросили: «Что от нас требуется?» На что он отвечал: «Учиться, учиться, учиться». Тогда появилось множество новых образовательных программ, включая преподавание русского языка. Я решила, что быть учителем — это мое призвание. Тем самым мне удалось совместить интерес к языку с желанием преподавать его.

Воспоминания Райны о первом знакомстве с советскими вещами окружены событийным контекстом, благодаря которому знакомство и могло состояться. Революция в памяти старшего поколения, как правило, запечатлена решающим, судьбоносным и всегда предваряющим рассказ о роли СССР и советских вещах событием. Но еще более значимо упоминание о том, как революция превратила простых людей в участников исторического события, выдвинув на передний план их гражданскую активность в деле построения новой Кубы, включая использование новых возможностей, открывшихся с появлением в их жизни советской поддержки. Рудольфо, ее супруг, прибавляет, что к Советскому Союзу он питал интерес еще до революции, поскольку его отец был членом социалистической партии, так что восторг перед советским проектом предвосхитил и увлечение русским языком:

> Я был наслышан о Советском Союзе, Великой Отечественной войне и обо всем прочем. До революции — да и в первые месяцы после нее — повсюду вне дома я видел мощную антикоммунистическую пропаганду. Дома же меня учили с уважением относиться к Советам. Когда я пошел в институт, русскому языку нас учили преподаватели из СССР: мы обожали их, а они — нас, и эту дружбу мы бережно храним вот уже 60 лет.

В обоих воспоминаниях мы видим указание на то, что еще до революции имели место некоторые впечатления, сформировавшие у Райны и Рудольфо приязненное отношение к Советскому Союзу, получившее затем подпитку благодаря призыву Кастро изучать русский язык и в целом внимательно учиться у Советской страны. Подобная матрица отношений то и дело повторяется в рассказах о советском опыте и советских вещах, оставшихся в память о нем.

Схожими воспоминаниями делится и Каридад Брето. Она рассказывает о начале 1960-х годов, пьянящем идеализме революции, сопутствующем желании выучить русский язык и поездке в Советский Союз. Ее мать до революции работала на табачной фабрике, отец — в пекарне. До Каридад в семье никто не учился, и она стала первой, кому удалось получить высшее образование. Отец был тесно связан с коммунистической партией, объясняет она, словно оправдывая свой первоначальный интерес к русскому языку.

> Я слышала о Советском Союзе благодаря отцу, но глубокий интерес к Советам возник у меня уже после революции. Помню, проводили какое-то анкетирование, среди вопросов там было: «Что бы вы хотели изучать?» Почти все отвечали — медицину; я же ответила, что хочу учить русский язык, поэтому я и поступила в Институт русского языка имени Максима Горького.

На кухонном столе стоят советский самовар и фляга, которую Каридад получила в пионерском лагере в 1964 году (рис. 4.4).

Она берет флягу и, постукивая по стенке, замечает: «Обратите внимание, как качественно сделана». Она продолжает, держа флягу, рассказывать о советской поддержке и советском гостеприимстве — вот главное, что запомнилось ей из первой поездки на заре двусторонних отношений.

> Значит, всего нас было четверо кубинских студентов. В 1964 году мы поехали в советский пионерлагерь, а потом трое ребят еще были в Сочи. У меня в июле случился приступ аппендицита, я поехать не смогла. Зато мне подарили

Рис. 4.4. Походная фляга, привезенная Каридад Брето из советского пионерлагеря. Фото автора, публикуется с любезного разрешения Каридад Брето

самовар [кивает на стол]. А такими флягами пользовались и в советской армии. Этой, наверное, лет 60. В СССР вещи делали на совесть. Эту флягу удобно носить с собой, и она сохраняет температуру. Вообще, советская продукция была очень прочной: у нас было ее много — даже холодильник, который я затем отдала сыну. Она [Каридад вновь указывает на флягу] походная. Открывается так [берет флягу и показывает].

Воспоминания о первой поездке и дальнейшем личном сближении с Советским Союзом включают в себя также память о гостеприимстве принимающей стороны, причем по отношению не только к ней и ее соотечественникам, но и к Кастро, который посетил Москву в том же месяце: «Помню, как Фидель приехал в Москву, когда мы были в Риге, и толпы людей приветствовали его». Она вспоминает, как восторженно в СССР встречали Кастро, а сама она поражалась возможности воочию видеть страну, столь отличную от ее родины.

Как мы видим, известное удивление относительно смены жизненных обстоятельств между поколениями и открытия новых возможностей имеет место практически в каждом рассказе (особенно среди тех, кто был в числе отправившихся первыми получать образование в Советский Союз). Фляга Каридад и брошюра Антолина реконструируют их личные истории в контексте переходного этапа от эпохи Батисты к постреволюционному периоду.

Память о советских (или связанных с СССР) вещах в каждой нашей беседе встраивается в коллективную практику памяти о революции в качестве момента, изменившего ход всей жизни. Подобного рода вещи становятся символами последующих результатов той трансформации.

### Студенческая жизнь как пространство геосоциальности

Вне контекста antes, выражающего постреволюционные ожидания и чаяния, советские артефакты фигурируют и в воспоминаниях о годах учебы, знакомстве с однокурсниками и в целом новой для кубинских студентов культурой Советской страны. Образование связано с геополитической ориентацией, поскольку, если брать в широком смысле, жизнь студенческого кампуса понимается как важная площадка выражения и формулирования мировоззренческих идей и позиций. В эмоциональном плане сувениры (нередко в форме подарков) в студенческом сообществе выполняли функцию поддержания и упрочения социальных связей. Социальная открытость, присущая студенческим сообществам, подкрепляла идентичность группы, создавая социальный капитал в плане долгосрочных связей, а также нивелируя известные разногласия, то и дело появлявшиеся на геополитической авансцене [Nair 2020: 200–201]. Мы возвращаемся здесь к идее геосоциальности, в частности — к важной роли гостеприимства и общежительства как каждодневной заботы дипломатии.

Респонденты вспоминают, что именно это «добрососедство» и выступало контекстом появления сувениров, часто получаемых в качестве подарков [Wise 2016]. При помощи такого рода артефактов кубинцы наглядно иллюстрируют описываемое ощущение товарищества и общежительства, свидетельствовавшее о готовности и об умении как их самих, так и принимавших их советских людей мириться и уживаться с различиями. Кубинцы, рассказывавшие о своем пребывании в Москве, подчеркивали эту социальную открытость, позволяющую закрывать глаза на различия, но держать в фокусе то общее, что было у них с советскими людьми.

В гостиной у Рафаэля Бельтрана и Аны Канселы (оба 1947 года рождения) стоит высокий сервант, за стеклянными дверцами которого собраны вещицы со всего мира; большинство из них получено во время поездок в Советский Союз. Этот сервант бережно хранит геополитические встречи своих хозяев с вещами из других стран. Многие из них достались Рафаэлю и Ане еще в студенческие годы, проведенные в Советском Союзе, который, вспоминают они, открыл для них новый мир культурных впечатлений. Подобно предыдущим собеседникам, Рафаэль и Ана последовали призыву Кастро изучать русский язык, дабы помочь перенять опыт советских инженеров, тогда — в 1962 году — только начинавших массово прибывать на Кубу. Вместе со многими сверстниками они провели несколько лет в Москве, где защитили диссертацию по русскому языку и затем вернулись преподавать в Институте имени Горького. Они рассказывают о вещах, привезенных из Советского Союза, то и дело перебивая друг друга и дополняя истории о новом, открывшемся им мире, полном возможностей и впечатлений.

> Мы, кубинцы, конечно, и так весьма общительны, но советские люди помогали нам буквально во всем и были очень добры к нам. И речь не только о работе или о том, что советское правительство делало для Кубы, но и лично о нас. Однако никогда в этом не было снисходительности, никто не относился к нам свысока; многие даже специально подучили испанский, чтобы просто общаться с нами.

Последнее было сказано в подтверждение того, что дружеские усилия не были однонаправленными, а кубинцы отнюдь не являлись второстепенными членами этих отношений, о чем мы уже неоднократно слышали в предыдущей главе. Рафаэль дополняет сказанное о новизне советского опыта:

> Когда мы учились, культурная жизнь там [в Москве] была... это было нечто совсем для нас новое... все эти концерты, фильмы, открытые лекции, опера, балет. Конечно, все это есть и на Кубе, но в куда более скромных масштабах. Каждые выходные в Москве предлагали непростой выбор, куда пойти.

Это ощущение новизны, «открытия» включало в себя не только опыт пребывания в конкретном, столь непохожем на дом месте, но и взаимодействие с огромным количеством людей, оказывавших поддержку и проявлявших участие. Иллюстрируя сказанное, Рафаэль показывает мне гжельскую статуэтку, изображавшую двух крестьянок, подаренную ему научным руководителем в честь успешного окончания аспирантуры в 1984 году (рис. 4.5).

Этот небольшой застекленный шкаф для посуды, безделушек и прочего в гостиной четы Бельтран — Кансела для них является своего рода летописью тесных связей с Советским Союзом. Супруги показывают мне посуду и изделия из фарфора, рассказывая, откуда они появились. Мимоходом они замечают, что русские народные изделия очень красивы, но больше их материальной стороны не касаются. Такие вещи представляют Советский Союз, но в этом представлении отражены личные переживания, воспоминания и щедрость советских людей, а не некая неосязаемая русскость, которую дискурсивно должны были воплощать собой сувениры. Ана рассказывает, что на защиту диссертации русская подруга подарила ей чайный сервиз из фарфора: «Мы пользовались им много лет, а потом одна чашка разбилась, и мы решили убрать остальное, чтобы осталось на память». Рафаэль демонстрирует на ладони фарфоровые яйца, параллельно рассказывая, что даже представители культурных элит очень радушно относились к приехавшим студентам.

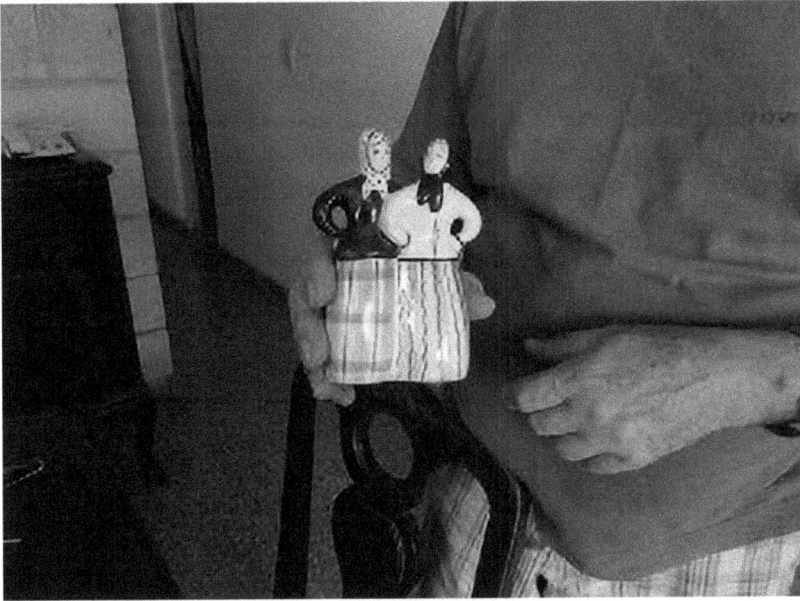

Рис. 4.5. Гжельская статуэтка, подаренная Рафаэлю Бельтрану
по окончании аспирантуры в Москве. Фото автора, публикуется
с любезного разрешения Рафаэля Бельтрана

Мы были весьма близки с нашими научными руководителями. Вот эти пасхальные яйца расписала мать моего руководителя специально для меня в честь окончания работы над диссертацией. Ей тогда было под 90. Она была плоть от плоти культурной элиты — коротко дружила с Маяковским, знала многих известных людей и пользовалась большим авторитетом. Она была очень ласкова с нами.

В исследованиях, посвященных туризму, проводится различие между сувениром и памятной вещью: первый относят к коммерческой продукции, в то время как роль второй может играть любая вещь, знаменующая обряд перехода или значимое для обладающего ею событие [Collins-Kreiner, Zins 2011: 19]. Это различие представляется недальновидным, поскольку многие маркирующие переход вещи являлись коммерческими ремесленными изделиями, но *становились* памятными в силу определенных обстоятельств, благодаря которым они обретали новых владельцев. Подобные ситуации нередко имели место в контексте межличностных взаимодействий и коммуникаций, способствовали формированию представлений о геополитической ситуации в период холодной войны.

Восторженные ощущения новизны от знакомства с тем, что мог предложить Советский Союз, подпитывались также с помощью поддержки и поощрения, пронизывавших повседневное взаимодействие гостей с русскими (и — в целом — советскими) людьми. В частности, подарок является репрезентацией дарящего, отражая его эмоциональную привязанность, щедрость и бескорыстие, и даримая вещь составляет личную историю геополитических связей. Дружба и поддержка, таким образом, являются ключевыми характеристиками воспоминаний, особенно часто появляющихся при обсуждении подарков. По мнению Смита, такие группы и иерархии, как государства и нации, в международных отношениях «не просто одушевляются безличной силой или механическими законами» [Smith 2014: 47]; они «оживают благодаря чувству обоюдной идентификации, взаимности, заботы и единства своих членов» [van Hoef, Oelsner 2016: 119]. Дружеские отношения критически важны для поддержания положительного мира, подразумевающего под собой не только отсутствие войны, но и «интеграцию человеческого общества» [Ibid.: 120].

Подобно многим молодым идеалистам, Даниэль Мото и Сиомара Гарсия (оба 1948 года рождения) также отправились учиться в СССР. Они вспоминают, с каким волнением ребята 15–16 лет летели в Москву, следуя призыву Кастро учить русский язык и сотрудничать с Советским государством. Сиомара рассказывает, что после революции образование стало самым важным приоритетом.

Рис. 4.6. Матрешка, портрет Пушкина и другие советские артефакты, собранные Сиомарой Гарсией. Фото автора, публикуется с любезного разрешения Сиомары Гарсии

Все были воодушевлены переменами. Мною двигало желание учиться, делать все, что было в моих силах, и даже больше. Около 100 советских учителей прибыли на Кубу, чтобы обучать нас; моя первая учительница преподавала русский и украинский языки. У нее прежде не было опыта работы с иностранцами, но были большое сердце и пылкое желание обучить нас русскому языку. В конце 1963 года по приглашению советской стороны 30 из нас отправились учиться в Московский государственный университет. Нам тогда было всего по 15 лет, старшекурсники дразнили нас детсадовской группой. Полетевшие в Советский Союз кубинцы все были юными идеалистами-революционерами... Невозможно забыть, с какой теплотой и поддержкой относились к нам русские.

Она признает, что известную роль в ее тогдашнем энтузиазме — и, следовательно, нынешних теплых воспоминаниях — сыграл юношеский пыл.

Мы сидим за обеденным столом, на котором находятся столовые приборы, чайник и прочие артефакты, относящиеся к периоду ее московского студенчества. Прямо над столом висят книжные полки, уставленные советско-российскими книгами и сувенирами, среди которых взгляд сразу выхватывает матрешку (рис. 4.6).

Рассказ о том, как матрешка оказалась на полке, и о том, при каких обстоятельствах она была приобретена, также вращается вокруг ее московской студенческой жизни:

> Эту матрешку я купила в один из приездов в Москву. С ней потом играла моя племянница, так что из маленьких куколок осталась только одна или две, но все же сама матрешка у меня сохранилась. А этими приборами мы пользовались на протяжении всех прошедших с тех пор 60 лет... Я смотрю на них и вспоминаю дни в университетском общежитии. Мы общались с огромным количеством людей... и даже столько лет спустя мы поддерживаем переписку с советскими друзьями. Общались мы не только со студентами, но и с обычными — неуниверситетскими — людьми: гуляли по Ленинским горам[1], отмечали 8 Марта и т. д. О политике говорили мало: нас связывали, скорее, духовные интересы. Советские сверстники увлекались самыми разными вещами: поэзией, музыкой, ходили на всевозможные культурные мероприятия. Мы делали то же самое. Порой нам приходилось даже сидеть на ступеньках в концертном зале: был такой ажиотаж, что не было ни единого свободного места. Словом, все мы просто влюбились в Советский Союз и, конечно, в советских людей... не имея в том никакого материального интереса, они так радушно относились к нам, приняли нас, будто старых друзей, с которыми дружили всю жизнь.

Это очень выразительное повествование о духе московской университетской жизни, в которую окунулись студенты с Гло-

---

[1] Так тогда (и до 1999 года) назывались Воробьевы горы в Москве. — *Прим. пер.*

бального Юга. Воспоминания Сиомары о пребывании в СССР рассказывают об интенсивном межличностном общении, обучении, о внутреннем росте в тот момент, когда в своем революционном пылу молодые кубинцы совпадали по духу с советскими студентами, с которыми они знакомились в Москве. Ни в одном из кубинских интервью не упоминается исторический контекст хрущевской оттепели (и весьма примечательно, что Сиомара замечает: о политике почти не говорили), хотя мы знаем, что этот период ознаменовался новыми контактами между Советами и иностранными гражданами. Воспоминания советских людей о том периоде также свидетельствуют о схожих ощущениях духа времени, особенно того, что касается дружеских отношений с иностранцами. О том же рассказывают и кубинские респонденты, демонстрируя привезенные из СССР подарки и сувениры.

Подобное чувство («Советский Союз с нами») с силой отзывалось во многих сердцах и было очень важным для первых волн студентов с Кубы (и из Индии, как мы увидим в дальнейшем). То, что Советский Союз действительно был союзником, не ограничивалось дипломатическими жестами, торговыми отношениями и гуманитарной помощью, но было чем-то весьма остро ощущавшимся, переживаемым многочисленными иностранными студентами, учившимися в советских университетах.

Идеи общежительства, идеализма и дружбы пронизывают и рассказ Ноэми Диаз (1954 года рождения). В 1971 году, когда ей было 17 лет, Ноэми отправилась учиться в Волгоград: она слышала много интересного от побывавших там студентов, к тому же Советы тогда уже очень многое сделали для Кубы.

Ноэми ставит рядом со мной на стол старую матрешку и рассказывает о том, как ей удалось поехать на учебу в СССР, благодаря чему в ее доме и появились советские вещи:

> Тогда возникли разные программы и стипендии для студентов, желавших поехать учиться в СССР. Я всегда мечтала путешествовать, видеть новые страны. На Кубе тогда повсюду был Советский Союз: везде продавали советские вещи, крутили советские фильмы, читали советские книги.

Студенты возвращались с учебы из СССР, делились впечатлениями и воспоминаниями о Советах; многие говорили, что там очень высокий уровень образования... В Волгограде я училась на химика, а после еще шесть лет прожила в Москве, где работала в кубинском консульстве. Кроме того, я ходила на философский факультет в МГУ, где была единственным иностранцем на курсе по русскому языку. Я до сих пор дружу с моими однокурсниками; ко мне все были очень добры, приняли меня как свою, русскую. Там же я изучала итальянский язык и познакомилась со множеством итальянцев, но русские люди куда более схожи с кубинцами. Мы очень близки с русскими друзьями. Мы встречались и через семь лет, в 1989 году, — и словно этих лет и не было; и не так давно, спустя уже 20 лет, — и тоже все по-прежнему.

Мы сидим в гостиной. Ноэми рассказывает о своих друзьях из России и о том, что ей запомнилось больше всего. Пока мы беседуем, ее мать смотрит телевизор, изредка кивая в знак согласия: Ноэми как раз упомянула о советской помощи Кубе. Параллельно с рассказом Ноэми о поездках на столе появляется эдакий «джентльменский набор» подобных интервью — хохломские ложки, гжельский фарфор и масса прочих сувениров. Она в красках описывает ощущение родства между русскими и кубинцами: эта дружба пережила долгие годы холодной войны и разные этапы межгосударственных отношений. Кивая на матрешки и ложки на столе, Ноэми говорит, что они пробуждают ностальгию по стране, где она чувствовала себя как дома: «Помню снег, леса... вообще много чего вспоминается. Я жила там с 17 до 27 лет, а это почти вся юность, самый боевой и активный возраст. Но это не только ностальгия по молодости. Тут нечто большее». Подтверждая аффективную подоплеку геополитики, Ноэми рассказывает о студенческих годах как о времени, пронизанном глубокой эмпатией к советским людям.

Солидарность и дружеская поддержка студенческих лет ощущались с удвоенной силой, распространяясь и на прочие поездки в Советский Союз. С 1960 года по 1980-е многие кубинцы, прежде учившиеся в СССР, нередко возвращались туда уже по

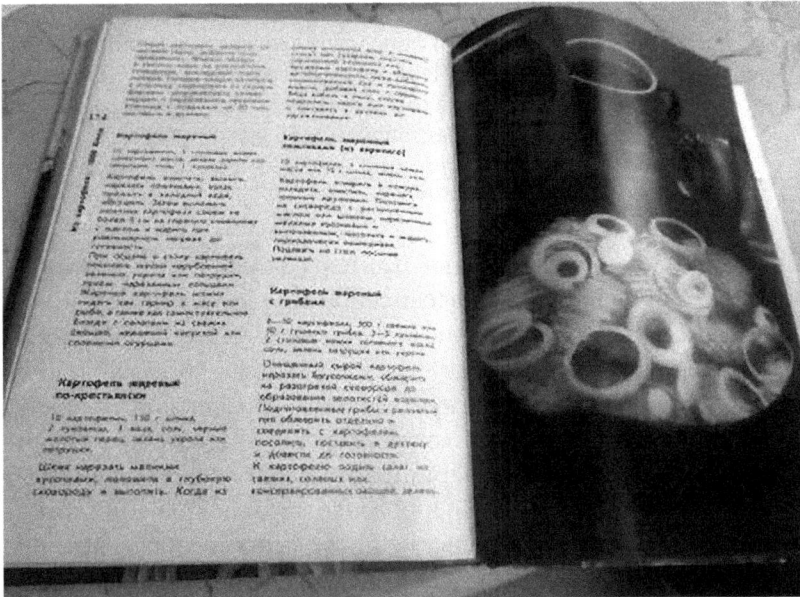

Рис. 4.7. Советская кулинарная книга, подаренная Ноэми Диаз в знак благодарности матерью чернобыльца. Фото автора, публикуется с любезного разрешения Ноэми Диаз

работе (скажем, в качестве переводчиков в составе торговых делегаций); другие же на Кубе сопровождали во время визитов в их страну советских гостей. Какие-то из своих советских вещей Ноэми приобрела уже в последующих поездках, когда революционный идеализм или карьерные перспективы не играли прежней роли в двустороннем сближении.

Ноэми обводит рукой кухню, показывая на кастрюли и сковородки, привезенные из СССР. Стол тоже уставлен русской керамикой и кухонной утварью. «Я готовлю множество русских блюд, даже делаю закрутки, как русские», — сообщает она, кладя передо мной увесистую поваренную книгу (рис. 4.7).

Прекрасная кулинарная книга: тут уйма рецептов салатов, всевозможных закруток и консервов. Знаете, откуда она у меня? После взрыва в Чернобыле я вернулась на Кубу и работала переводчиком в госпитале, куда весь первый год Советы присылали пострадавших и заболевших. Мать одного из пациентов и подарила мне эту книгу в знак признательности.

Трудно найти более удачный пример солидарности и ее материального проявления в повседневной жизни, чем эта кулинарная книга. После Чернобыля в геополитических отношениях двух стран настал своего рода «момент истины», когда кубинские медицинские учреждения открыли свои двери для пострадавших советских граждан. Кастро тогда сказал, что это не просто помощь, но «исполнение товарищеского долга» [Feinsilver 1993: 167]. Кубинская дипломатия в области здравоохранения имела огромное значение для продвижения ее «мягкой силы», преподнося здоровье в качестве базового права человека, становящегося потому «краеугольным камнем» кубинской внешней политики [Feinsilver 2010: 86][2].

В более общей перспективе поваренная книга Ноэми Диаз — это вещь, знаменующая ее многолетние отношения с Советским Союзом, вписанная в глобальную историю взаимной поддержки, олицетворявшей отношения между двумя странами. Вспоминая, Ноэми машинально перелистывает пожелтевшие от постоянного использования страницы: она рассказывает о времени, проведенном в больнице, где работала с маленькими детьми, пострадавшими от выбросов газа на ЧАЭС. Эта книга, лежащая перед нами на столе, — живой свидетель и одновременно рассказчик истории взаимной заботы и поддержки, складывавшихся в негласную политику отношений в годы холодной войны.

---

[2]   Куба предоставила бесплатное лечение почти 20 000 советских детей: 16 000 — с Украины, 3000 — из России, 671 — из Белоруссии [Feinsilver 2010: 90].

### Воспоминания о «доме»

Многие кубинцы, с которыми мне довелось побеседовать, провели в Советском Союзе более года по учебе, а затем и устроившись на работу. Их воспоминания о проведенном там времени можно назвать воспоминаниями о «доме», где «домом» является и тот, что остался «за морем», и тот, что стал первым пристанищем для молодой семьи за границей, и тот, который явился местом, где все чувствовали себя в безопасности, были заодно, где все было знакомо, где царило ощущение открывающихся возможностей [Hage 1997], цит. по: [Ratnam 2018: 2]. Благодаря каждодневному расписанию иностранцы взаимодействовали с советскими людьми (скажем, при необходимости отвозить детей в школу или детский сад), вступая в тесный контакт и со всеми прочими аспектами советской жизни. Устройство первого «семейного гнездышка» и первые годы в роли родителей всегда оставляют незабываемые воспоминания, навсегда связанные с конкретным местом, каковым в их случае нередко являлась Москва.

Ощущение дома возникает в состоянии комфорта, связанного с пребыванием среди людей, выражающих поддержку и сопереживание. Так, для Тереситы Урры и Антонио Труэбы чувство дома в Москве во многом зиждилось на ощущении пребывания в благоприятной среде. Читатель помнит их рассказ в главе 3 о том, как Советский Союз «тропикализировал» свою продукцию, дабы та лучше отвечала интересам кубинцев. На столе у них дома стоят самые разные декоративные предметы — от фарфора до изделий из дерева. Пока я с восхищением изучаю все это многообразие (некоторые из этих вещей я никогда прежде не видела), Тересита рассказывает, что до революции велась активная антисоветская пропаганда. После революции — с началом кампании по ликвидации безграмотности — она поступила в Институт имени Горького и по 18 часов в неделю штудировала русский язык: «Кубе требовалось много специалистов, которые обеспечивали бы сотрудничество с русскими». Как и Ана Кансела, Рафаэль Бельтран и Хуан Карлос Гарсия, супруги также вспоминает, что товарищество и щедрое гостеприимство со стороны Советов сыграли немаловажную роль в том, что им удалось решить, казалось бы, невыполнимую задачу — защитить диссертацию, занимаясь при этом детьми. Тересита вспоминает, что это был весьма полезный опыт: ей удавалось везде успеть, а благоприятная и гостеприимная атмосфера университетской жизни помогала сгладить потенциальные проблемы.

> Мы занимались всем: гуляли, ходили по музеям и театрам, а я еще и училась. У нас были прекрасные отношения с русскими, очень приятно обо всем этом вспоминать. Мы были там очень счастливы, да и не было причин расстраиваться... Нас приняли очень тепло; особенно я благодарна Московскому государственному университету за те пять лет, что я провела в его стенах. Помню, когда мы только приехали, друзья говорили: «Ты с ума сошла — защищать диссертацию с тремя детьми?!» На что я отвечала: «Пока не знаю, но попробую». Другие считали сумасшествием жить за границей с тремя детьми на одну зарплату. А я говорила: «Да, может, и так. Значит, буду жить на хлебе и сардинах, но сделаю так, как решила». Мы так и делали, и я училась. Ничего особенно сложного в том не было: все нам там помогали.

Чувство «дома» было обусловлено ощущением общности и поддержки, а также нахождением в месте, которое, по их словам, позволяло жить полной жизнью.

Мы подходим к столу, уставленному многочисленными сувенирами, которые они либо покупали сами, либо же получали в подарок. Тересита с Антонио сразу указывают на ряд вещей, с которыми у них связаны особые ассоциации. Это подарки, полученные ими на свадьбу, сыгранную в кубинском консульстве в Москве. Тересита показывает на матрешек и фарфоровых куколок: «Мы поженились в 1967 году в Москве. Тогда был 50-летний юбилей Октября, вот наши друзья и коллеги и решили подарить нам фарфоровые сувениры в память о революции» (рис. 4.8).

Они проводят меня в гостиную и показывают советскую стенку, пестрящую вещами. На этих полках, уставленных всевозможной утварью, материализована вся их эмоциональная связь

Рис. 4.8. Подаренный на свадьбу фарфоровый сервиз, выпущенный к 50-летнему юбилею Октябрьской революции. Фото автора, публикуется с любезного разрешения Тереситы Урры и Антонио Труебы

с Советской страной, причем стенка используется как для советских сувениров, так и для «обыденных» — кубинских вещей и книг, в рамках конкретной гостиной объединяя транснациональные путешествия супругов с их местной жизнью. «В Москве мы жили в двухкомнатной квартире, там тоже был подобный стеллаж для вещей жильцов. Стенка оказалась очень функциональной, не требовала особого ухода, так что мы решили взять ее к себе домой в Гавану». Перед прощанием со мной Тересита надевает янтарное ожерелье, которое она купила в первую поездку в Москву, еще до знакомства с будущим мужем. Все эти вещи отражают множество различных моментов ее личной и семейной истории, которые разворачивались в их советском путешествии.

Трое детей Райны Родригес и Рудольфо Альвареса родились в Москве, поэтому история их советских вещей — это и история их первого дома в Советском Союзе, полная событий студенческой и семейной жизни. В 1960-е годы они учились в Москве, а после еще на несколько лет возвращались сюда по работе. Главным образом их советские вещи напоминают о жизни молодой семьи в столице Советов. Предметы на полках также рассказывают историю их учебы и работы, иллюстрируя жизнь молодой семьи с маленькими детьми в той стране.

Мы подходим к столу, где для нашей беседы выставлены все их советские вещи. «Ни у кого больше нет подобной коллекции юбилейных монет», — заявляет Райна, раскрывая передо мной внушительный альбом с советскими монетами.

Каждый предмет, который она берет со стола, тут же вызывает воспоминание об особом случае или об особенной встрече, отпечатком которых он является. Передо мной на столе стоит самовар, а рядом лежит меховое манто; то и другое — подарки советских друзей.

Я обращаю внимание на советский календарь за 1969 год и спрашиваю о его значении. Райна отвечает, что 1969-й — это год рождения их дочери. Таким образом, календарь символизирует необычайный опыт, пережитый молодой семьей в стране, столь далекой от их родины (рис. 4.9).

Обернувшись к серванту, Райна прибавляет: «Все, что здесь стоит, нам дарили советские друзья. Только посмотрите на эту гжель! Многое из этого мне подарили на день рождения, который я справляла, когда жила в Москве» (рис. 4.10).

Подобные артефакты воссоздают для их владельцев знаменательные события и формируют преемственность с тем, другим, миром, жизнь в котором ощущается ими как весьма продуктивный и позитивный жизненный эпизод, что сообщает, кроме того, о повседневном социальном существовании в период холодной войны.

Если кубинские гости Советского Союза не владели русским языком, они, как правило, не заводили близких дружеских отно-

Рис. 4.9. Календарь, напоминающий о том, что 1969 год стал для Райны и Рудольфо особенным: именно тогда в Москве у них родилась дочь. Фото автора, публикуется с любезного разрешения Райны Родригес и Рудольфо Альвареса

шений, но и для них советские вещи встраивались в воспоминания об общем ощущении благополучия и оказанном им гостеприимстве. Наглядный тому пример — наша беседа с Мириам Месой (1946 года рождения) и ее мужем Луисом Борхесом (1936 года рождения), с которыми мы встретились на лужайке перед их домом. Супруги работали в кубинском посольстве в Москве. Мириам вспоминает о приятном впечатлении от города, о дружелюбии местных жителей и в целом о том, как им там жилось с ребенком. Она показывает мне фотографии советских подруг, с которыми она общалась, несмотря на взаимный языковой барьер, подробно рассказывает об их московской квартире и о том, как они водили своего сына Луисито в детский сад.

Рис. 4.10. Сервант с советскими артефактами, многие из которых Райне и Рудольфо дарили на память принимавшие их в СССР. Фото автора, публикуется с любезного разрешения Райны Родригес и Рудольфо Альвареса

Я действительно очень мало общалась с советскими людьми, потому что не говорила по-русски. Наш сын Луисито был тогда маленьким, постоянно болел, потому что местная погода очень плохо на него влияла; так что я много времени проводила дома, хотя и работала в посольстве. Больше всего я общалась с женщинами из посольства: они занимались уборкой, готовили чай и тому подобное, а я часами сидела с ними, и мы разговаривали. Они не говорили по-испански, я не говорила по-русски, и тем не менее мы общались... Вернувшись на Кубу, мы не поддерживали связь с советскими друзьями: мы не привыкли продолжать отношения на расстоянии с иностранцами, да и это было бы для нас очень сложно из-за языка.

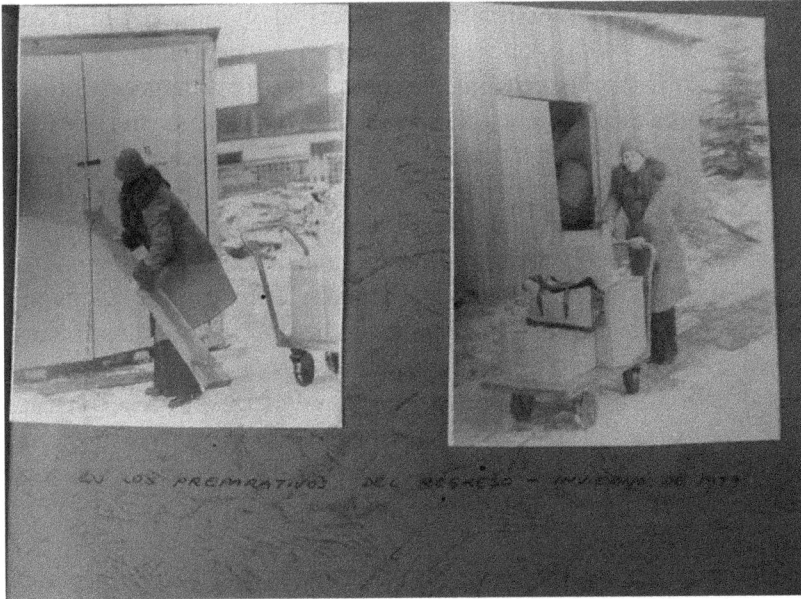

Рис. 4.11. Снимки из фотоальбома Мириам Месы: Москва, 1970-е годы, погрузка вещей для отправки в Гавану. Подпись сообщает: «Приготовления в обратный путь — зима 1979». Фото автора, публикуется с любезного разрешения Мириам Месы

У Мириам и Луиса осталось мало вещей с тех пор, и они показывают мне несколько привезенных с собой фотоальбомов — чуть ли не единственных материальных свидетельств их пребывания в СССР. Впрочем, и снимки в альбомах также рассказывают о событиях их личной жизни в СССР: советско-кубинские отношения являются здесь лишь фоном для воспоминаний о семейной жизни в новом российском доме. Все эти фотографии из детского сада, московской квартиры (их первого совместного жилища) и путешествий за границу являются полезными мнемоническими объектами для нашего интервью (рис. 4.11).

Как в своей работе о семейной фотографии пишет Аннет Кун, само по себе изображение не вызывает воспоминаний — они возникают из своего рода «сети», откуда фотографический текст продирается к нам, борясь за внимание с прочими культурными текстами, дискурсами и воспоминаниями [Kuhn 1995: 14], то есть в момент демонстрации фотографии нарратив, сопровождающий ее, является и суммой остальных воспоминаний и историй.

Рассказ Мириам и Луиса примечательным образом контрастирует с историями кубинцев, учившихся в Москве и строивших дальнейшие карьерные и жизненные планы вокруг Советского Союза. Несомненно, наличие общего языка кратно усиливает и аффективные связи. В противном же случае советские предметы и переживания, связанные с ними, воспринимаются и описываются с ощутимой отстраненностью — как случайные и второстепенные в сравнении с более значимыми воспоминаниями из других мест.

По словам Мириам, недавно они отдали все советские вещи сыну и дочери. Отсутствие дружеских и прочих близких связей, способных пережить советский период, несомненно, сыграло важную роль в том, что супруги могли легко расстаться с вещами тех времен или вовсе избавиться от них. Из всех привезенных артефактов, свидетельствующих о былых связях с Советским Союзом, у них теперь осталось одно лишь лакированное блюдо:

> Вот единственное, что я оставила себе, а все остальное — советскую мебель и прочее убранство — отдала дочери, так что теперь намного меньше времени уходит на уборку. Это блюдо висело на стене; были еще два поменьше. Я их купила в каком-то московском магазине. Названия я не знала и, помню, просила водителя автобуса высадить меня на углу у магазина. Мне нравились русские поделки... там было много мелких вещиц и разных украшений. Все было такое красивое.

Наличие межличностных контактов способно укрепить и межгосударственные связи, но, если более глубокой связи не установилось, артефакт останется лишь воспоминанием о том времени, когда Советское государство активно действовало на Кубе. Такая вещь не поддается дискурсивному конструированию как значимый материальный объект, воплощающий ощущения товарищеской солидарности и родственной связи: «Менее опытный и слабо знакомый с местом путешественник куда скорее положит в основу своих представлений традиционные местные черты и артефакты, в то время как восприятие человека более опытного/знающего будет строиться преимущественно на отношениях, людях, событиях и переживаниях» [Masset, Decrop 2021: 3]. Многочисленные примеры геосоциальности указывают на то, что наличие общего языка меняло интенсивность и характер отношений: говорившие по-русски выстраивали более прочные связи с местным населением, нежели те, кто не владел языком.

В результате новой мобильности времен холодной войны возникали не только дружеские, но и более интимные личные отношения. Другую важную группу — для которой советские артефакты означали нечто помимо политического патронажа, дружеских отношений и горизонтов новых возможностей — составляют люди смешанного кубинско-советского происхождения. Советские (и более современные — российские) вещи у них дома служат для закрепления русско-кубинской идентичности. Эти вещи, населяющие дом, связывают людей с их другой родиной, что имеет решающее значение в репрезентации их «диаспоральной» идентичности. «Дом становится эдаким музеем личной памяти», множество «национальных предметов» в котором выражает русскую тему [Boym 1994: 157].

Анна Лидия Вега Серова (1968 года рождения) — наполовину русская, наполовину кубинка, известная писательница, в послужном списке которой множество книг. В гостиной ее дома есть множество русских артефактов, а на холодильнике сразу узнаются советские магниты и иконы. Единственные материальные предметы, указывающие на генеалогическую связь с Россией, — это пара зимних носков, связанных ее русской матерью, а также фотоальбомы (рис. 4.12).

Кроме того, социальные и эмоциональные отпечатки этой особой связи можно наблюдать на фотографиях на стенах: вот

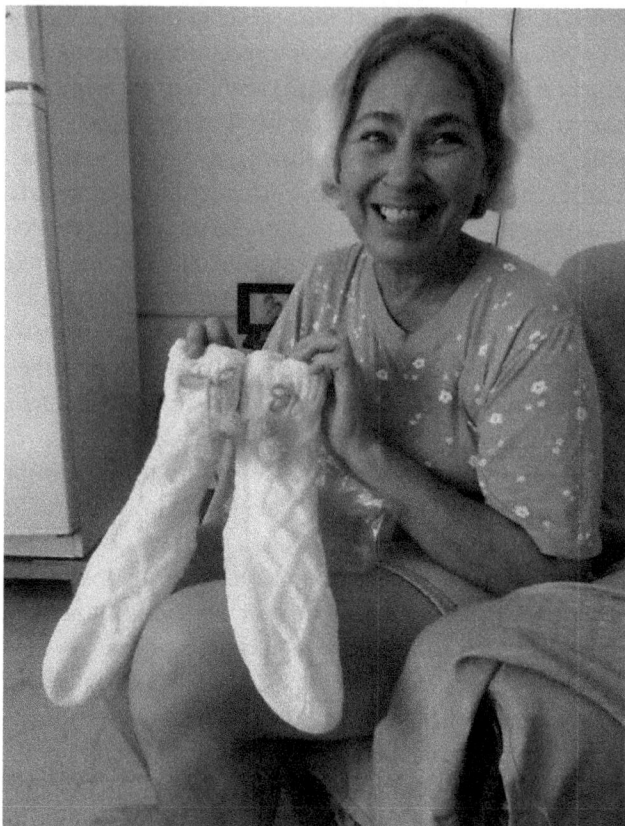

Рис. 4.12. Анна с парой носков, вручную связанных ее русской мамой. Фото автора, публикуется с любезного разрешения Анны Лидии Веги Серовой

она ребенком запечатлена в детском саду, а вот приехала в Россию уже со своим сыном.

В конце 1980-х годов Серова попыталась переехать в Советский Союз, но вскоре соскучилась по Кубе и ощутила необходимость вернуться. Тем не менее ее гаванская квартира наполнена вещами, которые связывают ее с Россией; о ней же напоминают и бытовые привычки — вплоть до таких базовых моментов, как готовка русских блюд. Приготовление пищи — это мощный символ культурной принадлежности и наследия, выражающийся не только через предметы, но и через культивируемую ими рутину привычных действий, формирующих связи между памятью и идентичностью. В гостиной нас встречает впечатляющая «выставка» советских артефактов. Указывая на матрешек, Анна говорит: «Матрешки — это прямая связь с Россией, так как сама Россия — матрешка». Она показывает мне магниты на холодильнике, обращая внимание на один особенно остроумный: «Че — сокращенно от Чебурашки[3]. Весьма остроумно, не находите?» Подобные «диаспорические» предметы обрастают многообразными значениями, когда вытесняются из первоначального контекста и становятся воплощением привязанности человека к другому месту. Мы ходим по квартире, и Анна показывает мне советские книги, жестянки для чая, чашки, подарки от советских и российских друзей, а на книжных полках стоит русская классика. Приезжавшие в гости друзья привозили лекарства, чай и уйму всякой провизии.

Транснациональные связи в таких воспоминаниях становятся личными, интимными узами, скрепляющими чувства, тело и дом со сферой геополитики.

### Советская развязка

Материальные артефакты нередко делаются маркерами исторических преобразований, свидетелями которых были мои собеседники. Помимо периода оттепели, подспудно описываемого в рассказах о постреволюционных возможностях кубинцев в Советском Союзе, воспоминания о приобретении советских предметов также формируют связи с жизнью в Москве в годы перестройки, когда

---

3  Чебурашка впервые появился в детской повести Эдуарда Успенского «Крокодил Гена и его друзья» в 1966 году. Спустя несколько лет на экраны вышла кукольная мультипликационная экранизация, снятая Романом Качановым и художником Леонидом Шварцманом.

кубинцам трудно было не заметить происходящих в стране перемен. Начинался демонтаж социалистической системы, и в эти последние годы Советское государство и Куба все более критично начинали относиться друг к другу [Bain 2005: 779–786][4].

У всех моих респондентов нашлось что вспомнить, чем поделиться и что показать из вещей, связанных с людьми или поездками в СССР на излете его последнего десятилетия. Значения этих предметов переосмыслены таким образом, что те связываются с происходившими в то время преобразованиями. К примеру, показывая мне свои платки и сервизы, которыми Каридад Брето пользовалась, когда жила в Москве в 1980-е годы, она тут же вспоминает, как наблюдала едва заметные перемены, приведшие затем к столь драматичной развязке в 1991 году (рис. 4.13).

Вот как она вспоминает об изменениях в жизни советских людей:

> Шестидесятые годы были прекрасным временем: все было хорошо, все жили мирно. В 1980-е годы начались трудности с продовольствием. У меня были дипломатические льготы, и все было немного по-другому, но я видела, что происходит вокруг. Экономическая ситуация в стране была очень трудной. Многие вещи было попросту невозможно купить... Люди на улицах начинали критиковать государственную политику. Мы все это чувствовали, но на официальном уровне общение продолжалось по-прежнему.

Уже знакомые нам Райна Родригес и Рудольфо Альварес покинули Советский Союз в годы перестройки. Супруги отучились в Москве, а затем вернулись сюда уже по работе.

Мы сидим в гостиной рядом с сервантом, в котором собраны различные диковинки, представляющие для владельцев особое (почти, может, сакральное) значение, и наша беседа становится для них моментом, когда они с сожалением могут вспомнить о происходивших тогда переменах. В подобные моменты они тут же вспоминают и прозорливые слова Кастро о том, что, если

---

[4]  См. также главу 2 настоящей книги.

Рис. 4.13. Каридад Брето показывает мне русские платки. Фото автора, публикуется с любезного разрешения Каридад Брето

мировой социалистический ландшафт вдруг изменится, задача Кубы состоит в том, чтобы продолжать жить уже в одиночку:

Еще в 1984 году Фидель сказал, что, если даже Советского Союза однажды не станет, мы должны будем продолжить работу и быть самодостаточными. Уже тогда он видел, что готовится! Видел уже тогда! Простые люди — они не видели.

А Фидель видел. Меня тогда поразила эта мысль, что однажды Советского Союза может не стать. Я еще сказала, что этого никогда не будет. Мне казалось, что советская компартия настолько сильна, что ей по силам преодолеть любые трудности.

Многие получившие образование в Советском Союзе выражают сожаление по поводу событий тех лет и последующего распада страны, свидетелями которого они стали в 1990-е годы. Впрочем, не все предметы материальной культуры, которые мне показывали респонденты, становились поводом для подобных сетований. Кристина Вивес, чью историю о кондиционере мы помним по предыдущей главе, поделилась со мной интересными фотографиями и яркими воспоминаниями о том, как на Кубе воспринимали начатую при Горбачеве перестройку.

Мы не знали, что происходит: информации о перестройке и гласности до нас доходило немного. У нас были еда, одежда, без изысков, но в достаточном количестве. А СССР тогда начинал открываться. Будущее уже наступило. Горбачев посетил Кубу в 1987 или 1988 году, и все вдруг высыпали на улицу, чтобы поприветствовать его. Но не так, как раньше, когда приезжал Брежнев и все шли салютовать, потому что нам говорили, что мы должны пойти. Нет, с Горбачевым был настоящий порыв, так как он говорил о чем-то совершенно новом для нас. А потом мы узнали, что вся система рушится; это был настоящий шок. 9 ноября 1989 года, когда люди полезли через Берлинскую стену, у нас в газетах где-то на третьих страницах напечатали вот такие малюсенькие заметки [показывает рукой, насколько они были малы], сообщавшие о том, что опять «происходит что-то контрреволюционное», будто ничего серьезного там и не было.

В этот момент она приносит артефакт, приготовленный, чтобы показать мне его. Это альбом с фотографиями, сделанными ее мужем Хосе Фигероа. Она переворачивает страницу за страницей, пока не находит снимка, на котором изображено кубинское знамя в честь перестройки, вывешенное во время митинга по случаю приезда Горбачева в Гавану. На Кубе, как помнит читатель из главы 2, тогда шел процесс «исправления» (по-испански rectificación)[5], способствующий реорганизации и оживлению экономики. Запечатленный на фотографии флаг был жестом поддержки как советских, так и кубинских процессов «ректификации» и, вероятно, призывал кубинскую сторону последовать импульсу советских коллег по части демократизации режима. Указывая на снимок (рис. 4.14), Кристина говорит:

> Вот, видите? Кубинский флаг, советский, а вот надпись «перестройка». Нашим девизом было «исправление»... то есть под этим подразумевалось, что для социализма требуется «выправить» все, что пошло не так, не туда. Эту фотографию сделал муж. Человек, рисовавший эти флаги, был тогда на митинге, но полиция запретила ему развернуть баннер и прогнала его, так что муж отправился к нему домой и сделал этот снимок там. Правительство понимало, что перестройка может стать началом конца, но этот случай очень красноречиво показывает, что чувствовали сами люди... они вдруг ощутили свободу, позволившую выразить это: в Советском Союзе настало время перемен, а значит, все станет лучше. Вот что думали люди.

Как и в том письме, которое Эдуардо Пуэнте показывал мне в начале нашего интервью, артефакт Кристины Вивес не является напрямую символом «великой дружбы» между Советами и Кубой — здесь отражается мимолетное сближение в настроениях между советскими и кубинскими людьми, одинаково ждавшими реформ. Кристина показывает мне снимок, рассказывая о местной поддержке происходивших в Советском Союзе перемен, о том, что сама она также всячески приветствовала

---

[5] Инициированный Кастро в начале 1980-х годов (во многом созвучный советской перестройке) процесс поиска диалога между партией, правительством и народом Кубы с целью очищения от различных злоупотреблений и коррупции и нахождения адекватных идеологических, экономических и политических решений. — *Прим. пер.*

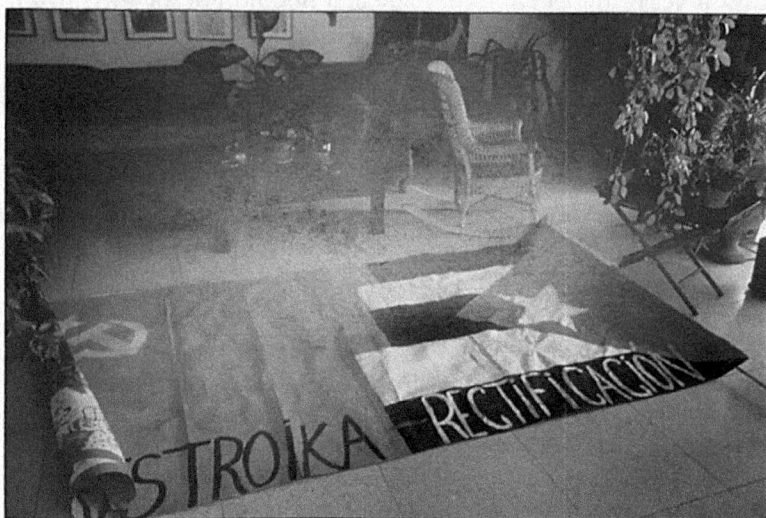

Visita de Gorvachov a Cuba. La Habana, enero de 1989
Gorbachov's visit to Cuba. Havana, January 1989

Рис. 4.14. Снимок баннера со словами «перестройка» и «rectificación» на фоне советского и кубинского флагов. Фото автора, публикуется с любезного разрешения Кристины Вивес

перестройку и была разочарована нежеланием кубинских властей последовать советскому примеру.

Советские и прочие связанные с теми событиями артефакты генерируют нарративы как причастности, так и отстраненности от того, что представлял собой Советский Союз до 1980-х годов. Посуда и изделия декоративно-прикладного искусства пробуждают воспоминания о духе товарищества, поддержке и щедрости (нередко взаимных) в повседневной жизни; в то же время такие артефакты, как снимок политического баннера, показанный Кристиной Вивес, позволяют лучше прояснить столкновение новой геополитической субъективности с прежней.

## Заключение

Сувениры, которые показывают и о которых рассказывают респонденты, помогают им поведать о том, как весьма абстрактные геополитические ценности актуализируются в их повседневной жизни. Стивен Риггинс замечает:

> Хранящиеся дома артефакты весьма часто служат отправной точкой для рассказа о себе и личных отношениях. Содержание подобных историй мы можем назвать «картографированием» — в том смысле, что «я» пользуется этими предметами (подарками, семейными реликвиями, фотографиями и прочим) как вспомогательным средством для плетения собственной социальной сети, представления своей космологии и идеологии с проецированием (можно сказать — пространственным продолжением) личной истории на мировую карту [Riggins 1994b: 109].

На этой карте открытость, ощущение «дома» и общежительство в советских университетских и частных домах, выступавших в роли центров международных контактов, являлись звеньями, сцеплявшими вещи с людьми и местами. Предметы и переживания, воплощаемые ими, являют собой топографию повседневной геополитики. Дружеские и рабочие отношения, учеба, брак и семейная жизнь — все это входило в сферу интимно-личной геополитики, способствовавшей тому, чтобы «большая» геополитика сделалась реальной и ощутимой для тех, кто пользовался открывшимися благодаря ей возможностями. Для многих респондентов советские артефакты приобрели значение социалистического космополитизма. Изделия декоративно-прикладного искусства в «диаспоральном» доме служат связующим звеном с родиной для русских, живущих вдали от дома, поскольку воспринимаются в качестве прямого отражения России [Pechurina 2015: 45–52]. Подобные артефакты выполняют функцию — как называет ее Майкл Хальдруп — «глубинной географии», размечающей мир социально-человеческими сетями в области интимно-личных переживаний.

Когда же личные отношения и социальные связи не играют никакой роли, контекст приобретения вещи исчезает из памяти, а сама она, как правило, физически удаляется из пространства как повседневной жизни, так и репрезентаций воспоминаний. Кроме того, в течение бесед артефакты мобилизуются рассказчиками для описания морального и критического дистанцирования от истории советского покровительства; то, какие артефакты представит для обсуждения тот или иной собеседник, напрямую зависит от их интерпретаций переживаний холодной войны и в целом истории Советского Союза, которыми они хотели бы со мной поделиться. Как было показано в главах 3 и 4, материальные культурные формы могут самым различным образом употребляться для выражения самосознания говорящего.

Нетрудно заметить здесь ряд общих закономерностей, которым, впрочем, всегда сопутствуют совершенно по-разному припоминаемые подробности «биографий вещей» и живого опыта.

# Часть II

ИНДИЯ

# Глава 5

# Индия в период дружбы с Советами

В тех обстоятельствах, когда постколониальное националистическое правительство Индии занимало довольно жесткую позицию по отношению к Западу, а Советский Союз придерживался антиимпериалистической риторики и публичных жестов, политический климат в обеих странах создавал благодатную почву для вполне естественных, как представлялось, дружеских отношений. То, как индийские бюрократы, политики, теоретики и практики национального просвещения — словом, представители различных государственных и гражданских структур — понимали советскую модель, способствовало формированию общего контекста представлений и о Соединенных Штатах Америки, и о Советском Союзе, сказываясь в дальнейшем и на том, как относились к советским товарам и более широкие слои населения. В этой главе мы рассмотрим несколько десятилетий политической культуры Индии: в какие моменты советские представления о прогрессе и геополитике согласовывались с ней, а в какие в отношениях появлялись разногласия и напряженность.

Главный фокус внимания будет направлен на взаимоотношения национальной истории с геополитическими факторами, впоследствии создавшими нарративные рамки для историй, рассказанных моими собеседниками об их советских вещах.

## Найти друг друга на международной сцене

В основе внешней политики и планов модернизации Индии лежали антиимпериалистические идеи, что на протяжении десятилетий определяло как экономическую, так и внешнюю политику страны. Интеллектуальный климат Индии после обретения независимости также способствовал сочувственному отношению к социалистическим идеям. Опрос, проведенный в 1956 году среди 1 665 индийских предпринимателей, показал общее отрицательное отношение к капитализму. Респонденты отвечали, что капитализму свойственны эксплуатация, незаинтересованность в безопасности рабочих и в целом социальная безответственность [Engerman et al. 2003: 111]. Индийские политические элиты Индии, впрочем, не были в восторге от идеи монопартийного государства с отсутствием политических свобод; Неру считал это неприемлемо высокой ценой за стремительную модернизацию: «Многие аспекты советской политики ему не слишком нравились, включая "безжалостное подавление любого инакомыслия и оппозиции, повальную регламентацию и избыточное насилие в ходе каких-либо политических мероприятий"» [Rajagopalan 2015: 333]. Все это делало отношение Индии к Советскому Союзу более сложным, нежели о том можно было бы судить, исходя из привычных упоминаний альянсов и сторонников в годы холодной войны.

Соединенные Штаты Америки в годы после обретения Индией независимости также считали необходимым помочь стране в индустриализации и модернизации, стремясь удержать эту южноазиатскую демократию с многомиллионным населением на пути к дальнейшей демократизации. Однако к 1962 году индийские экономисты — такие как Прасанта Чандра Махаланобис и другие — с пиететом отзывались о советской модели модернизации как более эффективной, нежели любая западная. В принципе, послужной список самого Махаланобиса говорит о том, что Индия тогда была открыта для обеих сторон холодной войны. Вот его краткое описание от Нихила Менона: «В 1945 году [Махаланобис] был избран членом Лондонского королевского общества, в 1958 году стал иностранным членом АН СССР, а в 1961 году — членом Американской статистической ассоциации» [Menon 2018: 422]. Если в 1940-е годы казалось, что Индия движется в фарватере Соединенных Штатов Америки, к концу 1950-х годов наметилась постепенная смена курса с креном в сторону Советского Союза; тогда же происходил активный взаимный обмен фильмами, литературой и другими средствами информации [Lunev 2017: 47–48; Rajagopalan 2008; Desai, Bhagwati 1975: 213–221]. «В разгар холодной войны американское видение модернизации в конечном итоге оказалось несовместимым с индийским подходом к развитию» [Latham 2011: 75].

В основе экономического развития Индии, как и целого ряда афро-азиатских стран, лежал антиимпериалистический интернационализм, поэтому автономность являлась важнейшим принципом, определяющим государственную политику. Тем не менее с Западом у Индии сохранялись прочные культурные связи, а освещение западных событий в индийской прессе было более подробным, нежели советских. Надеясь повлиять на те или иные решения, по правительственным коридорам курсировали всевозможные советники и дипломаты из обеих стран [McMahon 2013: 75]. Возглавляемый Махаланобисом Индийский статистический институт (ИСИ) в Калькутте приглашал и западных, и советских экономистов. Как вспоминает Джон Кеннет Гэлбрейт[1], ИСИ был «местом, где без церемоний обсуждались непростые вопросы, возникавшие между народами социалистического и несоциалистического мира, среди богатых и бедных стран» [Engerman 2011: 147]. По сути же, несмотря на предпочтение советской модели планирования и развития, индийский истеблишмент не собирался копировать ее полностью. Советские предложения фактически имели нулевой эффект, поскольку местные экономисты и планировщики намеревались учиться у обеих сторон идеологического противостояния [Engerman 2013: 231].

---

[1] Видный американский экономист и политик. Среди прочего несколько лет был послом в Индии и советником президента Кеннеди. В 1988 году стал иностранным членом АН СССР. — *Прим. пер.*

Подобная «диверсифицированная зависимость» — «ограничивавшая причастность какой-либо из сверхдержав для сохранения известной свободы маневра» — находила отражение и во внешней политике Индии [Engerman 2013: 232]. После обретения независимости внешнеполитический курс страны основывался на двух принципах — неприсоединения и антиимпериализма. Такова была индийская политика, когда в Советском Союзе завершился период правления Сталина и началась новая эпоха. В течение нескольких следующих десятилетий отношения между странами неуклонно укреплялись, хотя их мнения по ряду вопросов регулярно расходились, а по некоторым интересы подчас и вовсе совершенно не совпадали. Исследуя стенограммы встреч Неру с Хрущевым в декабре 1955 года, Войтех Мастны пишет, что эти отношения были чрезвычайно важны для политической самооценки обеих стран: «Их сближал не только статус относительных новичков в международной системе, где доминировал Запад, но и жажда уважения со стороны их лидеров» [Mastny 2010: 53]. На Неру большое впечатление произвела речь Хрущева в 1956 году, где советский лидер призвал к мирному сосуществованию, что дословно совпадало с доктриной «панча шила»[2] — «Пятью принципами мирного сосуществования», — которой и определялась политика неприсоединения. В свою очередь, «СССР также уважал и поощрял неприсоединение Индии к какой-либо из сторон в холодной войне, способствуя повышению международного престижа страны и призывая включить ее во многие международные конференции» [Stein 1967: 165].

Многочисленные кризисы, десятилетиями испытывавшие на прочность советско-индийские отношения, подчеркивали стремление Индии пройти, балансируя, по натянутому канату между дружескими связями с Советским Союзом и принципом неприсоединения. Первым подобным испытанием стало Венгерское вос-

---

[2] После тибетского кризиса отношения Индии с Китаем нормализовались к 1954 году, что и было закреплено в «Пяти принципах мирного сосуществования» (название которых отсылает к пяти обетам для мирян-буддистов). — *Прим. пер.*

стание 1956 года. Индия воздержалась от голосования в Организации Объединенных Наций, когда советские власти жестко подавили венгерских мятежников (хотя, говорят, Неру глубоко поразило известие о казни Имре Надя). В частном порядке Неру осуждал действия СССР, но желания осудить их публично не проявлял, стремясь вместо этого укрепить связи между странами [Nayudu 2017: 9–10]. Это был первый признак того, что зарождающиеся отношения с Советским Союзом не были вполне совместимы с позицией неприсоединения, которую независимая Индия занимала в 1950-е годы. Во время Китайско-индийской пограничной войны 1962 года Советский Союз призвал Китай прекратить агрессию, в то время как с Индией были подписаны соглашения о передаче военной помощи и продаже советских МиГ-21 [Graham 1964]. Поддержка продолжалась и во время войны Индии с Пакистаном в 1965 году, по итогам которой Советский Союз впервые выступил посредником между двумя враждующими некоммунистическими государствами, организовав индо-пакистанские переговоры в Ташкенте в 1966 году [Nayudu 2017: 17]. В свою очередь, Индия всячески содействовала стремлению Советского Союза выстроить образ антиимпериалистического союзника Глобального Юга.

Индия также довольно сдержанно одобряла советские действия, что было продиктовано необходимостью сохранить собственную репутацию в Движении неприсоединения и соответствовать выбранному антиимпериалистическому курсу. Когда в 1968 году советские танки заняли Прагу, Индира Ганди, тогдашний премьер-министр Индии, выразила несколько более явное неодобрение этих событий, заслужив ряд хвалебных отзывов в американской прессе [Nayudu 2017: 17]. Тем не менее от голосования против СССР в Совете безопасности ООН Индия воздержалась, что весьма расстроило и Соединенные Штаты Америки, и членов Движения неприсоединения. Когда в 1979 году Советский Союз вторгся в Афганистан, Ганди выступила с заявлением, которое, как говорят, повергло страны — члены движения в шок: позиция Индии заключалась в том, что страна выступала против военного присутствия иностранной державы в какой-либо иной стране, при этом с пониманием отмечая то, что о вводе войск Советский Союз просило само афганское правительство. Индия полагала, что Советский Союз не станет задерживаться в Афганистане ни на день дольше, чем то будет необходимо. Далее же следовало предостережение, адресованное США, Китаю и Пакистану, гласившее, что любое движение с их стороны по строительству баз и расширению военно-морского присутствия в регионе скажется «усилением холодной войны», что «создаст угрозу для [индийского] государства»[3]. Общественное мнение, судя по всему, также одобряло позицию премьер-министра, о чем свидетельствуют результаты опроса, проведенного Индийским институтом общественного мнения. Большинство респондентов (около 40 %) тогда и вовсе высказались за то, что «при разрешении кризиса Индия не должна иметь никаких дел с Соединенными Штатами Америки»[4] [Ghosh, Panda 1983: 271].

В последние десять лет индо-советских отношений внешняя политика Индии отражала меняющиеся внутренние интересы. В стране наметился сдвиг в сторону новой экономической модели, процесс, который лучше всего можно описать как «переход от государственного вмешательства левого толка и заигрываний с социализмом к правому государственному вмешательству, в течение которого правящие элиты подтверждали приверженность более радикально капиталистическому пути развития» [Kohli 2006: 1255]. Во время своего визита в Соединенные Штаты Америки летом 1985 года недавно вступивший в должность премьер-министр Раджив Ганди встретился с Рональдом Рейганом и рассчитывал получить для Индии новые технологии. Американский президент отреагировал в целом положительно, предупредив, однако, что ничего из полученного не должно попасть в Советский Союз или же использоваться для развития ядерных технологий [Weinraub 1985]. Было очевидно, что страны

---

[3]  Times of India. 1980. 13 января, цит. по: [Ghosh, Panda 1983: 261].

[4]  Индира Ганди, впрочем, ответила на критику двойственности позиции, заявив, что будет работать над планом по «обеспечению вывода советских войск из Афганистана» [Racioppi 1994: 117]. Работа, должно быть, затянулась и не дала особых результатов, поскольку войска в итоге остались в Афганистане почти на целое десятилетие.

рассчитывают на обоюдное сближение, хотя Индия и не желала при этом подрывать свои отношения с Советами. Одновременно с тем, как в Индии набирали обороты подобные процессы, связанные с желанием правительства наладить импорт американских технологий, в Советском Союзе начиналась эпоха перестройки и гласности, когда руководство страны взялось пересматривать обязательства перед развивающимися странами вследствие реорганизации собственной экономики.

Фестиваль советско-индийской дружбы 1987–1988 годов все же давал понять, что страны по-прежнему чрезвычайно ценят сложившиеся отношения, невзирая на стремительный водоворот преобразований в СССР в то время.

## Смешанная экономика Индии: взлеты и падения торговли с Советским Союзом

Исследователи описывают индийскую экономику как «довольно классический пример государственной модели импортозамещения и развития с социалистическим уклоном» [Kohli 2006: 1253]. В 1960-е годы Советский Союз был уже четвертым по величине торговым партнером Индии, а после подписания в 1971 году индо-советского договора о мире, дружбе и сотрудничестве советская помощь Индии еще более возросла [Rao 1973: 793]. По причине жесткой регуляции импортной политики Индия не закупала товаров длительного пользования и к 1980-м годам сумела нарастить собственное производство. Что касается потребительских товаров, Советский Союз фактически импортировал их из Индии, где те производились на местных заводах, построенных на западных комплектующих [Gidadhubli 1985: 910–911]. В период с 1970 по 1985 год экспорт из Индии в Советский Союз неуклонно возрастал, что в результате привело к ощутимому сдвигу от сырьевых, первичных, товаров ко вторичной продукции, то есть, собственно, к потребительским и прочим товарам [Sen 1989: 688–689]. К 1964 году Советский Союз импортировал из Индии текстиль, специи, чай, шерсть, а также ряд бытовой электротехнической продукции [Stein 1967: 173].

> Главная же польза советской и восточноевропейской помощи заключалась в готовности стран предоставлять помощь по конкретным проектам, считавшимся приоритетными для инвестирования, выделять подобную помощь и для развития государственного сектора, в то время как другие крупные доноры — наподобие США — выказывали крайнее нежелание это делать [Mehrotra 1990: 13].

В основном это касалось тяжелого машиностроения, сталелитейной, нефтяной и горнодобывающей промышленности. Хотя, в сущности, американский «пакет» помощи был крупнее советского, «помощь, поступавшая из Москвы (как считалось), была куда более полезной, близкой индийским экономическим потребностям и представлениям» [Kapur 1972: 58]. Хариш Капур признает, что подобные впечатления порой могли возникать в результате советской «рекламной кампании», развернутой в Индии, но добавляет при этом, что помощь действительно являлась очень полезной и своевременной, особенно для индийской тяжелой промышленности. Поскольку Советский Союз помог Индии создать не просто промышленные предприятия, но целые их «комплексы», страна теперь могла уверенно двигаться к намеченной прежде цели — самодостаточному экономическому росту. В качестве примера Капур описывает строительство сталелитейного предприятия, где при помощи советских специалистов возводились центры энергоснабжения, разрабатывались месторождения сырья, обустраивались цеховые помещения с тяжелым оборудованием. Такого рода помощь предоставлялась в комплексном виде и включала в себя как передачу технологических решений, так и обучение многих тысяч индийских ученых и инженеров в советских университетах. Куда труднее было добиться чего-либо подобного, со столь же долгосрочными обязательствами, от Соединенных Штатов Америки, так что когда американцы выражали неготовность инвестировать столь значительные средства в государственное предприятие, то в дело тут же вступали Советы, как было, к примеру, со сталелитейным заводом в округе Бокаро [Kapur 1972: 61]. Все это в целом и создавало атмосферу, в которой советская поддержка и помощь воспринимались как что-то весьма надежное, а Советы — настоящим союзником Индии[5].

Индийско-советские торговые отношения, государственные потребности и в целом индийские общественные настроения относительно вектора экономического развития страны начали меняться в 1980-е годы, когда произошел сдвиг от социализма к контролируемому государством «капиталистическому росту» [Basu 2008: 398–399]. Спустя год передовица Times of India возвещала: «В Индии настало время серьезных перемен... акценты смещаются от справедливого распределения благ к общеэкономическому росту», — подразумевая под этим то, что одно противоречит другому. Это позволяло сделать соответствующие предположения о значении подобных изменений в контексте геополитических отношений (цит. по: [Kohli 2006: 1255]). Влиятельное академическое издание The Economic and Political Weekly также сообщало, что на встречах с промышленниками премьер-министр Индира Ганди говорила о том, что «правительство больше всего озабочено ростом производства» [Kohli 2006: 1255]. К середине 1980-х годов темп преобразований вырос еще больше, что сказывалось и на уровне внешней торговли. Как уже упоминалось, став премьер-министром в 1985 году, Раджив Ганди публично дистанцировался от социализма, не причисляя себя к его сторонникам, и для управления государством собирал кабинет политиков-технократов.

Несмотря на подобные экономические сдвиги и аналогичные преобразования на внутреннем политическом фронте, Советский Союз по-прежнему строго соблюдал торговые обязательства по отношению к Индии. Во время своего визита в Индию в 1986 го-

---

[5] Советский Союз был не единственной крупной державой, помогавшей Индии строить инфраструктуру. Примером такого экономического неприсоединения является проект «стальных городов». Так, начиная с 1950-х годов с советской (Бхилай и Бокаро), немецкой (Дургапур) и британской (Руркела) помощью в нескольких районах страны был построен целый ряд сталелитейных городов-предприятий. Не менее характерно и то, что при создании технологических институтов по всей стране Индия получала помощь от многих стран, а не только от Советского Союза.

ду Горбачев объявил о выделении стране дополнительных кредитов, исчисляемых миллиардами рублей, а также о планах увеличить товарооборот на 50–100 % в течение следующих четырех лет (по сравнению с предыдущей четырехлеткой). Тем не менее трансформация общественного мнения к середине последнего советского десятилетия была уже совершенно очевидной. Новостные статьи того времени прямо свидетельствуют о том, что, хотя политический истеблишмент и продолжал на словах поддерживать связи с Советами, частный сектор неохотно вел дела с советскими фирмами, считая, что качество их продукции слишком низкое [Mukherjee 1987: 21–23]. Так что, несмотря на ответное заявление Раджива Ганди на слова Горбачева, что он также надеется на укрепление торговых отношений между странами, реальная картина была не столь уж радужной.

Индийские компании все чаще ощущали недополученную прибыль от советского рынка и высказывали мнение, что советской продукции недостает качества исполнения [Mukherjee 1987: 15]. И действительно, «доля импорта в машиностроении и транспортном оборудовании из СССР упала с 46 % в 1970–1971 годах до 8,3 % в период с 1979 по 1982 год» [Ibid.: 23]. Этот процесс сопровождался также тем, что Советский Союз импортировал из Индии товары этой категории в большем количестве, чем сам экспортировал» [Gidadhubli 1985: 910–912][6]. Советский Союз, в свою очередь, также был недоволен тем, что Индия закупает нефть по самой низкой цене, а советский рынок использует для сбыта товаров, которые не захотел покупать Запад. Множество статей в прессе и аналитических работ посвящено трудностям,

---

[6] Честер Боулз, бывший в то время американским послом в Индии, говорит, что было видно, как страна постепенно разочаровывается в обеих сторонах конфликта. Советы часто вели себя высокомерно, пренебрегая опытом индийских коллег. Все больше трений возникало вокруг оплаты: скажем, индийская сторона была недовольна чересчур низкой стоимостью поставленных СССР железнодорожных вагонов. Боулз пишет, что и отношения с США также «оставили шрамы» наподобие начавшихся сразу после индийской критики войны во Вьетнаме искусственных задержек в поставках пшеницы на фоне продовольственного кризиса 1965–1966 годов [Bowles 1971: 646].

сопутствовавшим в то время советско-индийским отношениям, несмотря на явные симпатии, питаемые к СССР некоторыми представителями интеллигенции. Наиболее интересным моментом, затронутым в публикациях того времени, является идея о том, что к концу 1960-х годов Индия хотела исправить и дополнить советские планы по строительству промышленных предприятий. Вместе с ростом экономических показателей постепенно нарастало и возмущение тем, что Советы навязывают 350 своих специалистов, в то время как ту же работу могут выполнить и местные инженеры. Бытовало мнение, что с последними обращались едва ли лучше, чем с «наемными кули» (то есть чернорабочими) [Kapur 1972: 105]. С противоположной стороны также имеются свидетельства «советского раздражения» в виде критики индийских делегаций, недовольства внутренней политикой и заявлений о поддержке коммунистических правительств, оппозиционных союзному правительству в Нью-Дели [Kapur 1972: 105–106].

К последнему десятилетию экономических отношений стран советское руководство посчитало, что большая часть помощи, выделяемой развивающимся странам, судя по всему, не приносит геополитической отдачи. Так, заместитель руководителя Международного отдела ЦК КПСС Карен Брутенц в 1984 году заявил, что «все развивающиеся страны остаются частью капиталистического мира и, поскольку их выживание зависит от передовых капиталистических держав, не могут выступить против них». Он же после саммита Движения неприсоединения 1983 года под председательством Индии заметил, что страны-участницы демонстрировали равноудаленность от обеих сверхдержав «вместо более теплого отношения к Советскому Союзу, как то было на предыдущих встречах». Американские аналитики также писали о советской реакции, что «результаты конференции разочаровали Советы и они заметно охладели к Индии. Очевидно, они посчитали, что Индия уступила слишком легко» [Mukherjee 1987: 19]. Все это свидетельствует о том, что отношения с Индией хотя и подкреплялись технополитическими жестами, требовали постоянных усилий со стороны Советов, чтобы обеспечить им поддержку на международной арене. С индийской же стороны миф о прекрасных советско-индийских отношениях поддерживался — по остроумному замечанию колумниста India Today — «чересчур ретивыми бюрократами и самими Советами». И тем не менее, несмотря на то что в обеих странах их экономические связи вызывали все меньший энтузиазм, широкие слои населения с обеих сторон, судя по всему, ценили это многолетнее сотрудничество с соблюдением обязательств — как политических, так и экономических.

Таким образом, маятник все раскачивался (и продолжает качаться): он то тяготел к капиталистической модели модернизации, то почти граничил с социалистической. Подобная неопределенность (или, скорее, эклектичность, проистекавшая из знакомства с обеими идеологиями и понимания необходимости держаться собственного срединного пути) как раз и определяла отношение к советской помощи и то, как люди принимали и воспринимали советскую материальную культуру.

## Советская культурная пропаганда и индийское общественное мнение

Индия довольно рано заняла видное место в советской агитационной и гуманитарной повестке. Связи между странами были обоюдно важными, что подтверждается бесчисленными работами, освещающими союзные отношения, торговлю и геополитическую расстановку сил. Согласно опросам общественного мнения, Индия была чрезвычайно восприимчива к советской пропаганде, что было «беспрецедентным для некоммунистической страны со времен Второй мировой войны» [Duncan 1989: 97]. В 1950-е годы индийские официальные лица и студенты начали посещать СССР — для лучшего понимания культуры и порядков страны. Когда первые индийские студенты в 1955 году отправлялись Советский Союз, Неру напутствовал их советом — отнестись непредвзято ко всему, что они увидят [Rosenthal 1955]. Как мы знаем из предыдущей главы, Советский Союз активно поддерживал студенческие обмены и потому предоставлял образовательные стипендии тысячам индийских студентов. Советское образование позволяло донести до иностранных студентов представление о Советском Союзе как мировом научно-просветительском центре, а вместе с тем — как и о державе, готовой делиться своими благами с развивающимися странами. Читатель помнит описания советских инициатив, поощрявших к научному сотрудничеству студентов с Глобального Юга. Это были кредиты, субсидии, подготовка специалистов, помощь в создании образовательной инфраструктуры и многое другое. За прошедшие десятилетия советское образование получили тысячи индийских студентов, что подчеркивает роль Советского Союза как одного из центров мировой науки, по крайней мере его благотворного культурного влияния [Katsakioris 2017].

По соглашению, подписанному Индией и Советским Союзом в 1966 году, объем взаимного туристического потока в сфере культуры и технологий следовало нарастить на 50 %. В 1971 году был подписан индо-советский договор о мире, дружбе и сотрудничестве, затрагивавший целый ряд областей, включая культуру, науку и технику. Как уже говорилось в предыдущем разделе о советских сувенирах на Кубе, учебные заведения наподобие московского Университета дружбы народов имени Патриса Лумумбы стали местом, где студенты из стран Глобального Юга изучали русский язык, а также обучались различным научно-техническим дисциплинам [Kret 2013]. Множество индийских граждан приезжали учиться в Университет дружбы народов, московский Институт русского языка имени Пушкина и другие вузы страны. Способствовали мобильности людей (а с ними — и вещей) также прочие виды обмена знаниями и материалами: иностранные ученые и участники исследовательских проектов по обмену также играли немаловажную роль в проведении в жизнь дипломатической линии «дружественной страны». Важными каналами повседневного культурного сотрудничества являлись и различные спортивные и художественные мероприятия, конференции, фестивали и т. д. [Stein 1967: 174].

Поездки в СССР индийских дипломатов или сотрудников государственных компаний также служат фоном для рассказов о приобретении советских вещей. Сюда входили дипломатические визиты и поездки в составе профессиональных делегаций. Такими же значимыми геополитическими игроками становились члены семей дипломатов и прочие участники подобных визитов, оговаривавшиеся в специальных двусторонних соглашениях. Члены делегаций приезжали в Советский Союз с семьями, на месте обустраивали свою жизнь и приобретали серьезный профессиональный опыт. В ежедневных контактах и взаимном наблюдении формировалась общность эмоциональных переживаний, выражаемых в дружелюбии и взаимопомощи, свойственных для подобных отношений. Такого рода эмоции составляли фундамент повседневной геополитики, когда через привычные модели межличностного взаимодействия (скажем, поддержание дружеских отношений) восстанавливались и устанавливались социальные и геополитические границы.

Однако же размах советских культурных возможностей (наподобие всевозможных студенческих стипендий, программ сотрудничества в области науки и техники), как выяснилось, довольно мало влиял на принятие решений в межпартийных и внутриполитических отношениях в самой Индии. «Советская наука почти не оказывала влияния на индийских интеллектуалов, и даже лидеры Коммунистической партии Индии (КПИ) относились к советским сочинениям об Индии без особого энтузиазма», — пишет Питер Дункан [Duncan 1989: 105]. Впрочем, Дункан тут же упоминает о том, что Советский Союз пользовался большим уважением (хотя это тоже менялось с течением времени) благодаря тому, что многократно поддерживал Индию на мировой арене, особенно во время Китайско-индийской пограничной войны в 1962 году и войны с Пакистаном в 1971-м. Согласно опросам Индийского института общественного мнения, поддержка Советского Союза индийской общественностью неуклонно росла в период с 1961 по 1972 год, когда был подписан индо-советский договор о мире, дружбе и сотрудничестве. К 1977 году общественная поддержка Соединенных Штатов Америки и Советского Союза была примерно одинаковой и оставалась на том же уровне вплоть до вторжения СССР в Афганистан. После введения войск отношение к Советам резко ухудшилось, но впоследствии вернулось на прежний уровень, и к 1986 году подавляющее большинство респондентов считали отношения с Советским Союзом прочными, как никогда. Вместе с тем строившиеся с советской подачи и финансирования Дома культуры, где проводились языковые курсы для иностранцев, большой популярностью (за исключением Дома советской культуры в Калькутте) у населения не пользовались; кроме того, отмечалось, что индийцы читали очень много западной литературы и почти не читали русских книг. Дункан указывает также, что русский язык в Индии преподавали лишь в восьми университетах, вследствие чего общее количество русскоговорящих в стране было мало [Duncan 1989: 102]. Судя по всему, не оказывала ощутимого влияния на индийскую общественность и советская идеология [Clarkson 1973; Bobb 1980]. Здесь, пожалуй, уместно отметить, что, хотя часто отсутствие реального советского влияния в Индии нередко подчеркивается именно американскими исследователями, более общая позиция (что признательность за геополитическую поддержку отнюдь не обязательно должна выливаться в абсолютную политико-идеологическую солидарность с оказавшей помощь страной) вполне подтверждается и в беседах с индийскими респондентами.

## Советские вещи в индийских домах

Итак, если Советский Союз не ввозил бытовых товаров в Индию, а, наоборот, закупал их, то какие советские вещи могли появиться у моих собеседников, как они их приобрели? Советские предметы в индийских домах либо возникали в результате поисков чего-то особенного, но не обладавшего первостепенной важностью и доступностью, либо же, наоборот, были неожиданными находками в случайно встретившемся по пути комиссионном магазине. Помимо книг, самыми распространенными подобными вещами являлись советские фотоаппараты. Регулярно фигурируют в беседах и советские сувениры, поскольку многие собеседники были в Советском Союзе по работе (в качестве дипломатов или правительственных чиновников) или учебе; кроме того, советские туристы нередко меняли подобные артефакты на вещи местного производства. Как пишет в своей работе об индо-советских отношениях Джеремайа Уишон, несмотря на то что советские власти не одобряли туристического интереса к местным сувенирам, индийские магазины стабильно продавали как сувенирную, так и иную продукцию советским гражданам, которые либо могли очень недорого заплатить, либо предлагали бартер на товары советского производства [Wishon 2013: 113]. Так или иначе, к 1956 году Индия вышла в лидеры среди стран по популярности у советских туристов, а к 1980-м годам вошла и в первую двадцатку стран, куда ездила отдыхать советская молодежь. «Первое место по посещаемости советскими туристами занимала Финляндия, а среди развивающихся стран особой популярностью пользовалась Индия» [Orlov 2014: 18, 27]. Туристической популярностью и объясняется количество советских личных и бытовых вещей в неформальной экономике Индии.

Единственным официально экспортируемым наименованием потребительских товаров являлись советские книги, и на них мы остановимся несколько подробнее в силу их распространения. В постколониальных странах, не имевших достаточной инфраструктуры, требовавшейся для достижения целей современного просвещения, учебные заведения были вынуждены импортировать учебные пособия из стран с более развитой промышленностью. Советский Союз предложил инфраструктурную поддержку индийским институтам, в особенности заведениям Индийского института технологий (ИИТ)[7]. Неру ратовал за создание Индии, в которой преобладает научный дух, и заложил основу для организации комплекса институтов технологий («современных индийских храмов»), рассматривая в качестве примера советскую экономическую модель. Неудивительно поэтому, что уже

---

[7] ИИТ (Indian Institutes of Technology, IITs) объединяет более 20 крупных инженерных высших учебных заведений по всей стране. Первый институт открылся в 1951 году, следующие — к концу 1950-х годов и в 1960-е годы, а последние четыре заведения — в 2016 году. — *Прим. пер.*

тогда, в самом начале 1950-х годов, были достигнуты договоренности о поставках советских учебников, переведенных на английский и многие индийские языки[8]. В индийскую учебную программу входили не только советские, но и американские учебники, особенно по математическим и физическим дисциплинам [Brouillette 2015]. Как вспоминают мои собеседники, в университетах у них были как американские, так и советские книги. Что касается советской детской литературы, ее можно было без труда найти и в обычных индийских книжных лавках, и в специальных магазинах, торговавших книгами издательства «Прогресс», и в неофициальной розничной торговле [CIA Intelligence Brief 1986]. Помимо этого, на рынке присутствовали книжки с детскими картинками и историями из Великобритании и США, однако они издавались сугубо на английском языке, что делало их недоступными для широких слоев населения.

За экспорт советских книг, газет и прочей печатной продукции отвечало отделение «Международной книги», поставлявшее издания крупному индийскому издательству Hindustan Publishing Company, базирующемуся в Дели [Sager 135]. Многие книги, которые получало это издательство, продавались затем по цене ниже рыночной. Сюда входили и советские учебники, официально включенные в план в некоторых индийских начальных школах [Ibid.: 139]. Кроме того, многие книги распространялись либо вовсе бесплатно, либо ниже себестоимости [Sager 1966], цит. по: [Brouillette 2015: 173].

Итак, советские книги продавались по привлекательно низким ценам, но их распространению также способствовал перевод на множество индийских языков. В предисловии к своей книге о советской детской литературе в Индии В. Гета пишет, что «средоточием всей советской печатной деятельности за рубежом

---

[8] Государственная программа распространения советской литературы за рубежом началась еще до хрущевского интернационализма, когда в 1931 году постановлением Совнаркома было основано «Издательство литературы на иностранных языках».

стало "Издательство литературы на иностранных языках", чья логистика была поистине невероятной" [Jankevičiūtė, Geetha 2017: 17]. В 1956 году издательство объявило набор переводчиков для работы в Москве с зарплатой до $1000 в месяц [Brouillette 2015: 173]. Индийские переводчики с радостью ездили в СССР, где занимались переводом книг на индийские языки[9]. К концу советской эпохи массовую книжную продукцию на рынки поставляли такие издательства, как «Прогресс», «Радуга» и «Мир», переводившие книги более чем на 100 языков мира.

Россен Джагалов пишет, что количество иностранных языков, на которых «Прогресс» выпускал книги, выросло в несколько раз за очень краткий период: «Только за 1960-е годы удвоилось количество "восточных" языков — с 15 до 28. К 1980 году индийский отдел даже перегнал по количеству публикаций английский, безоговорочно лидировавший по этому показателю с самого момента основания издательства» [Джагалов 2019: 84]. Тогда же, в 1960-е годы, в индийские школы и колледжи начали поступать советские учебники по научно-техническим дисциплинам, а на прилавках в киосках появились доступные периодические издания, доходы от продажи которых, как поговаривают, шли на финансирование публикаций и деятельности КПИ [Stein 1967: 175]. Ярким примером популярной в Индии советской периодики являлся выходящий дважды в месяц журнал «Советский Союз», которой читали и многие из моих собеседников. К примеру, в 1963 году тираж выпуска составлял приблизительно 350 000 экземпляров на 13 индийских языках, включая англо-

---

[9]    Можно вспомнить прославленную чету Гопалакришнан, занимавшуюся переводом советских книг на малаялам и прожившую в Москве 25 лет. Г-н Гопалакришнан был членом КПИ с 1950 года. Впоследствии он стал соредактором издания Soviet Review, выпускаемого Совинформбюро. Т. Дхармараджан, тоже несколько лет проработавший в Москве и состоявший в КПИ, вспоминает, что он выбирал книги из представленного каталога, переводил их, а затем советский специалист по тамильскому языку «сверял гранки с русским оригиналом и предлагал правки и исправления», которые надлежало внести перед отправкой в печать [Jankevičiūtė, Geetha 2017: 18]. В 1950-х годах при издательстве «Прогресс» заработал специальный отдел, выпускавший переводы русских литературных произведений на бенгальский.

язычную версию [Stein 1967: 175]. Как отмечает Артур Штейн, индийское правительство допускало публикацию материалов, не считавшихся «тенденциозными и нежелательными», и с годами все меньше цензурировало советские издания [Stein 1967: 175].

Несмотря на то что в крупных городах были профильные магазины советской литературы (наподобие магазинов издательств «Прогресс» или «Мир»), в поисках нужной советской книги порой приходилось обходить местные лавки букинистов и обращаться к частным книготорговцам и лоточникам. Винай Аравинд (1982 года рождения) с большой теплотой вспоминает, как в школьные годы у него в Коччи курсировал книжный автобус, с прилавка которого торговали только советскими книгами. Дипа Бхашти (1983 года рождения) рассказывает, как в ее городок Мадикери приезжала книжная лавка с продукцией издательств «Мир» и «Радуга», а время от времени ее семья сама ездила в ближайший крупный город (Бангалор), чтобы впрок запастись советскими книгами. Как вспоминает Сумант Кумар Сингх (1954 года рождения), местная ячейка компартии в округе Кхагария центрального индийского штата Бихар указывала деревенские адреса в подписном листе, так что даже у них в деревне несколько семей получали советские журналы и книги.

> Точно не помню, кажется, книги привозили раз в месяц, хотя, может, и каждые две недели. Еще нам периодически присылали большие коробки книг для пополнения нашей деревенской библиотеки. В основном это была классическая русская литература в переводе на хинди. Тогда и вплоть до начала 1990-х годов во многих деревнях Бихара были вполне процветающие сельские библиотеки. Значительная часть их фондов состояла как раз из русской литературы на хинди, различным образом поставлявшейся и попадавшей в библиотеки.

Кроме того, в деревне Сингха можно было найти и SPAN (издание, посвященное американской культуре). Это свидетельствует о том, что большая часть населения имела возможность соприкоснуться с культурной жизнью обеих сторон холодной войны.

Чрезвычайно важной составляющей индийской педагогической модели и студенческой жизни являлись советские учебные пособия. В 1960-х годах специальная индо-советская комиссия по научно-образовательной литературе определила более 100 учебников, которые было необходимо закупить для университетов и институтов Индии. Та же работа продолжилась и в дальнейшем; особенно она усилилась после подписания индо-советского договора о мире, дружбе и сотрудничестве в 1971 году, когда комиссия определила список из 300 наименований. Таким образом, советские книги в изобилии были представлены в библиотеках индийских вузов (к примеру, того же ИИТ). Позицию неприсоединения Индии лучше всего иллюстрирует тот факт, что ИИТ «создавались при содействии четырех развитых стран с обеих сторон холодной войны»; к примеру, Советский Союз практически полностью взял на себя создание ИИТ в Бомбее [Raina 2017: 58].

В рамках процесса обмена технологическими ноу-хау и помощи в строительстве учебных заведений Советский Союз предложил также использовать собственные компьютеры, поэтому тем, кому предстояло на них работать, нужно было выучить русский язык, чтобы иметь возможность читать техническую документацию и должным образом пользоваться вычислительными машинами [Sharma 2015: 33].

## Неолиберализм, социализм и индо-русская дружба как старая привычка

Начиная с 1990-х годов Индия и Россия пытались вернуть взаимоотношения в прежнее русло, когда они были доверительными, пусть и наполненными множеством противоречий (подобно тому как строились и советские отношения с Кубой). Обе страны в этот период обратились к Западу, сосредоточившись на налаживании забытых или не слишком развитых связей с Соединенными Штатами Америки и европейскими державами. В это время сколько-нибудь значимых торговых и иных взаимодействий между Россией и Индией было немного. В январе 1993 года во время визита в Индию Ельцин объявил курс на «деидеологизацию» во всех сферах российской жизни, что также распространилось на внешнюю политику страны [Singh 1995: 70]. В последующих поездках он неоднократно выражал восхищение индийской демократией, федеративным устройством страны и принципом «единства в многообразии» [Ibid.: 70–71]. Индия полагала, что давно заявленная ею позиция о своем «неприсоединении» означает наличие своего рода мостов, позволяющих укреплять связи с западными странами. Подобный геополитический разворот сопровождался и экономическими сдвигами 1980-х годов, о которых уже говорилось выше (о реформах, нацеленных на сферу бизнеса). «Смешанная экономика Индии, ориентированная на социализм, при котором отрасли, полагаемые стратегическими для социальных и национальных интересов, целиком оставались в государственной собственности, уже с середины 1980-х годов начала переживать преобразования с капиталистическим уклоном» [Ahmed 2011: 168]. Кредиты МВФ в 1990-х годах были предоставлены индийскому правительству при условии, что оно сократит расходы на общественные нужды и проведет ряд «структурных преобразований». Участие МВФ и Всемирного банка во внутренней индийской политике, распад Советского Союза и события последующих лет в России не оставили альтернатив неолиберальному курсу, вследствие чего Индия теперь играет важную роль в неолиберальном мировом порядке [Ibid.: 169].

Сдвиг общественного настроения (особенно в том, что касается элит) стал очевиден уже в 1980-е годы. Как уже упоминалось выше, в прессе то и дело указывали на подобные изменения и нежелание индийских бизнесменов работать с кем-либо, кроме западных партнеров. Индийские корпорации рассматривали социал-демократию как стопор, мешающий развитию среднего класса. Сегодня, хотя социализм по-прежнему закреплен в конституции, медиаиндустрия, политическая элита и деловые круги относятся к нему как крупнейшему в прошлом препятствию на пути развития страны, а к социалистическому «менталитету» — как тормозу в реализации ее потенциала. Лишь немногие политики, относящиеся к партиям, традиционно отстаивавшим идеалы в духе социализма, продолжают и сегодня публично именовать себя социалистами. Когда их спрашивают, являются ли они таковыми, они либо вовсе уклоняются от ответа, либо же дают понять, что подобное определение вызывает у них дискомфорт. На сегодняшний день социалистические идеи составляют предмет обсуждения лишь нескольких политических партий, неправительственных организаций и профсоюзов, невзирая на то что сам посыл по-прежнему находит отклик у широких слоев малообеспеченного населения городов и деревень. Результаты масштабного исследования общественного мнения, проведенного в 2018 году IPSOS, ясно свидетельствуют о том, что современная Индия по-прежнему остается страной, весьма непростой для понимания с точки зрения аффективных и идеологических импульсов в сочетании с народной склонностью к социалистическим принципам и уверенностью в либеральной демократии элит:

> Половина (50 %) всего населения Земли согласно с тем, что на сегодняшний день социалистические идеи имеют огромное значение для общественного прогресса. Среди ответивших утвердительно лидирует Китай — 84 %, за ним следуют Индия (72 %) и Малайзия (68 %), что контрастирует с показателями США (39 %), Франции (31 %) и Венгрии (28 %)[10].

Однако исследование показывает также, что «практически половина (48 %) мирового населения согласна с тем, что социализм представляет собой репрессивную политическую систему, связанную с массовой слежкой и государственным террором. С подобной негативной оценкой в Индии, Соединенных Штатах Америки и Южной Корее согласно почти ⅔ респондентов (66, 61 и 60 % соответственно)» [IPSOS 2018].

Между тем правительство Путина в России сменило внешнеполитический курс страны, вернув прежние импульсы сопротивления гегемонии США и Европы и стремления к многополярному миру. Как следствие, в последние десять лет возрождаются

---

[10] Что примечательно, в той же таблице Россия (55 %) соседствует со Швецией (51 %), Канадой, Великобританией и Австралией (все — по 49 %). — *Прим. пер.*

и связи России с Индией. Впрочем, несмотря на новый виток доброжелательности, в наших разговорах с индийскими собеседниками преобладает настроение ностальгии по двусторонним отношениям советского времени. На фоне постепенного убывания социалистических идей в публичном пространстве эра дружбы с Советским Союзом ассоциируется не только с определенным геополитическим видением Индии, но и с ее некогда «пронародным» и «пробедным» темпераментом. Параллельно попыткам двух стран связать нити былых связей активно выстраивается новое прочное сотрудничество. Российско-индийские отношения регулярно рисуются в ностальгических оттенках, будучи поданными в качестве продолжения той старой дружбы, которая никогда и не прерывалась. В индийских социальных сетях, блогах и на всевозможных форумах сейчас весьма популярна тема советских книг и воспоминаний о том, с каким удовольствием их «проглатывали» в детстве.

Словом, пусть давно уже минули те времена, когда Индия и Советский Союз разделяли хоть и не идентичные, но вполне уживавшиеся представления об обществе, экономике и антиимпериалистической солидарности, взгляды и привычки, лежавшие у истоков советско-индийского сближения, по-прежнему вызывают отклик у очень многих людей, несмотря на то что индийские элиты явно пытаются дистанцироваться от своего «социалистического» прошлого. Такое охлаждение социалистического пафоса в общественной жизни страны вполне ощутимо. Оно окрашивает и воспоминания многих моих собеседников.

## Индийские собеседники

В нашем проекте приняли участие 32 человека (17 мужчин и 15 женщин) из разных индийских городов: 30 бесед мы провели по скайпу, еще 2 — по электронной почте; 13 респондентов родились в период с 1930-х по 1950-е годы, 10 — в 1960–1970-е годы, оставшиеся 9 — в 1980-е годы. Большинство респондентов с теплотой вспоминают советские книги: детские фантастические повести, научно-популярные работы и студенческие учебники.

Книга была единственной советской вещью, распространенной в Индии практически повсеместно. У кого-то нашлась дома советская техника (фотоаппарат, магнитофон, бинокль и т. д.), а у кого-то были сувениры, привезенные из поездок в СССР — наподобие подноса с хохломской росписью или магнитов на холодильник. Разность поколений позволяет заметить, что более возрастные респонденты, скорее, склонны ассоциировать советскую материальную культуру с настроениями Индии времен обретения независимости, в то время как более молодые собеседники говорят о геополитических связях как об общепринятой (пусть и несколько расплывчатой) мудрости, выражавшейся во фразах наподобие этой: «Все вокруг говорили, что Советы — наши друзья».

Представленный в этой главе историко-дискурсивный контекст помогает догадаться, что в контекстуальных рамках и воспоминаниях собеседников о советских вещах прозвучат повторяющиеся тропы социалистического климата первых лет независимости, солидарности между восточным блоком и Глобальным Югом, неприсоединения как личного ощущения, социального измерения двусторонних связей и постепенного снижения социалистического пафоса в сегодняшнем обществе.

Собеседники не называют лет между независимостью и 1990-ми годами периодом холодной войны, отмеряя время локальными рамками: при Неру, в годы правления Индиры, когда к власти пришла Джаната партия[11], при правительстве Раджива (последнее по времени совпадало с годами правления Горбачева). Для индийских собеседников дружба с Советами необязательно подразумевала под собой враждебное отношение к США, так что они почти не пользуются в рассказах термином «холодная война», называя это время «периодом дружбы» или «днями советской дружбы».

---

[11] Народная партия, организованная в результате объединения целого ряда социалистических и демократических партий и фракций, оппозиционно настроенных по отношению к премьер-министру Индире Ганди. — *Прим. пер.*

# Глава 6
# Советские книги

*Аффекты*
*международной солидарности*

Итак, наиболее распространенным советским артефактом в Индии являлась книга. Воспоминания о повсеместном распространении и всеобщей доступности советской литературы (как в крупных индийских городах, так и в самых удаленных деревеньках) — это многоголосая память поколений о советском присутствии в Индии. Индийские читатели любых сословий могли найти советскую детскую литературу, учебники или справочные пособия в книжных магазинах, сельских библиотеках и передвижных лавках. От прочих рассмотренных нами к этому моменту артефактов книги отличаются тем, что они содержат нарративы и мироописание, напрямую приглашая читателя вступить в контакт с иной для него формой человеческой жизни. В то время Советский Союз все старательнее искал за рубежом сочувствующую ему и поддерживающую его политическое лидерство аудиторию. Книги были идеальным геополитическим артефактом. Советское руководство осознало это и начало активно использовать книжную продукцию в нужных ему целях.

В настоящей главе мы рассмотрим то, каким образом советские книги попадали в Индию, как их в то время читали, а также проанализируем их современное культурное и геополитическое восприятие на фоне воспоминаний собеседников об их роли в десятилетия «советской дружбы».

## Вещи и их обращение

За весьма короткий срок число иностранных языков, на которых Советский Союз издавал книги, стремительно выросло, о чем было подробно рассказано в предыдущей главе. Специальные книжные магазины, торговавшие советской книжной продукцией, всевозможные выставки, ярмарки и частные лавки — здесь можно было найти советские книги на любой вкус: русскую классику, учебники, справочники, детские книги и т. д. Кроме того, многие собеседники вспоминают, что были и коммивояжеры-лоточники, работавшие «от двери к двери», предлагая и индийские, и советские, и американские издания. То, что многие собеседники находили советские книги в ближайших уличных магазинах и на блошиных рынках, свидетельствует о ризоматичном[1] характере распространения советской книжной продукции в Индии, следовательно — ее безграничном проникновении, поскольку она неосознанно смешивалась с индийской и со всеми прочими литературами мира. Так как советские книги обращались не только на официальном, но и на всевозможных неофициальных рынках, и без того дешевые и доступные, они распространились практически повсеместно.

Книга — это не только материальный объект, но и вербально-нарративная структура. При рассмотрении того, как в Индии читали, осмысляли и затем переосмысляли советские книги, мы опираемся на (обсуждавшиеся в главе 1) теории чтения, согласно которым читатель играет для смысла текста не меньшую роль, чем замысел автора, а порой, возможно, даже и большую. Акт чтения и воображения не имеет места в качестве отдельного процесса — он интертекстуален, формируется множеством других текстов и знаний, определяется условиями чтения (влиянием дома и семьи, институциональной властью и дискурсивным контекстом). Ханс-

---

[1] По принципу ризомы, корневища-грибницы, когда ответвления происходят независимо от направления и роста ствольной конструкции. Эту метафору предложили Делез и Гваттари, описывая с ее помощью иерархически не упорядоченные структуры. Ризоме здесь противопоставляется дерево, растущее на поверхности, вертикально упорядоченное, ветви которого заданы единым стволом. — *Прим. пер.*

Роберт Яусс называет палитру переживаний, которую мы привносим в чтение, «горизонтом ожиданий» [Jauss 1982], цит. по: [Storey 2017: 52–53]. Другая известная формулировка — «набор пересекающихся дискурсов» — принадлежит Тони Беннетту, писавшему о формате чтения, оживляющем встречу текста с читателем, в результате которой производится смысл [Bennett 1983: 5–8].

Кроме того, если культурные артефакты воплощают истории, которые продолжают рассказываться и пересказываться, книги с их сюжетными мирами выполняют еще бо́льшую работу, создавая почву для геополитического воображения. Вот как Фенг Чеа описывает способность литературы порождать чувство солидарности:

> Литература способна открывать и расширять воображаемый мир; переводя на язык политологии, мы бы сказали, что международная солидарность зависит от работы культурного воображения — и не только в плане эффективности, но и в целом для собственного возникновения (этот тезис явно разделяли оба лагеря в холодной войне, поскольку были готовы финансировать подобные инициативы) [Cheah 2006], цит. по: [Helgesson et al. 2018: 265].

В этой главе мы рассмотрим то, как советские книги проявляли себя в качестве геополитических артефактов, зависимых от различных условий, в которых читатель получал к ним доступ и мог их прочесть (то есть «формат чтения») [Bennett 1983: 5].

## Чтение советских книг и журналов: альтернативная солидарность

Собеседники, которым было что рассказать о советских книгах и у которых дома было большое количество изданий, родились в основном в конце 1950-х — в 1980-е годы, причем большинство — в конце 1970–1980-х годов. Более молодые респонденты, родившиеся после 1970 года, как правило, имели и более широкий круг чтения советской литературы, поскольку от десятилетия к десятилетию импорт печатной продукции возрастал, что обеспечивало и рост ее распространения. Собеседники рассказывают о том, как дорожили своими советскими книгами и ценили их, нередко во время беседы почти ласково прикасаясь к ним. Анализируя их истории, мы можем выявить некоторые единые смысловые акценты и предпочтения. Скажем, общее эстетическое ощущение от книги, превосходных иллюстраций и прочих материальных атрибутов фигурирует почти во всех беседах. Субир Синха (1965 года рождения) вспоминает, как он обожал виниловые вкладыши в журнале Sputnik: «Больше всего мне нравились "звуки освоения космоса" — это был красивый квадрат с небольшим виниловым диском внутри». Предпринимательница из Бенгалуру Апарна Сингх (1978 года рождения) говорит, что, в отличие от многих других, «советская книга так просто не истреплется: даже спустя много лет бумага по-прежнему приятная и плотная, в ней ощущается что-то надежное и прочное». Свапна Кона Наюду (1983 года рождения), ученый из Бомбея, рассказывает, что типографика советских изданий вдохновила ее взяться за изучение русского языка. А еще ее когда-то поразило, что содержание печаталось слева, а не справа. Чери Кунчерия (1983 года рождения) вспоминает о глянцевых страницах советской книги о космосе и об иллюстрациях из научно-популярной книги о том, как революция — в буквальном смысле — электризовала страну: он с восторгом разглядывал снимки высоковольтных линий. Винай Аравинд (1982 года рождения) с восхищением вспоминает прекрасно иллюстрированные крупноформатные советские издания о космосе. Все эти воспоминания действительно схожи тем, что выделяют материальную сторону советских книг. Однако же то, что мобилизовало воображение, заставляло почувствовать, что книги обращаются к ним, позволяя ощутить солидарность с остальным миром, о котором они читали, — это и выходило за рамки материальной книги.

Чувство солидарности, появившееся у читателей из Индии после знакомства с советскими книгами, состоит из множества элементов. Таковых в рассказах индийских респондентов о значении советских книг мы выделяем пять, как то: 1) раскрытие мира; 2) жизненные сближения; 3) ценность и пафос советского научного подхода; 4) аффективная атмосфера; 5) моральный компас (ныне утраченный). Все эти элементы усиливают ощущение солидарности — как идеологической, так и аффективной, — пронизывающее рассказы и воспоминания собеседников.

### Раскрытие мира

Подчеркивая представление о литературе как о мироустроении, то есть об открытии метафорического окна в иную реальность, многие собеседники начинают с воспоминаний о своем первом знакомстве с советской книгой: их первые впечатления имеют большое значение, поскольку они рассказывают о них так, будто и они способствовали многолетнему интересу к советским книгам, оставаясь постоянными в течение последующего опыта взаимодействия с ними. Пусть мысль о том, что книга открывает мир, и отдает трюизмом, все же небезынтересно рассмотреть, как собеседники выражают подобные воспоминания. Для большинства советская книга являлась единственной вещью, через которую они знакомились с Советским Союзом; многие были тогда слишком молоды, чтобы следить за текущими событиями по новостям, хотя некоторые и помнят устойчивое ощущение, что Советы — друзья Индии. Таким образом, книги и сам акт их чтения становились ключом к формированию их геополитической субъективности, под которой я подразумеваю их осознание Советского Союза как мировой державы, отношения Индии к нему и понимание того, что имело значение в их взаимоотношениях. Подобные наблюдения — что советские книги знакомят читателя с новыми литературными и нравственными мирами — нередко встречаются в воспоминаниях о советском присутствии в Индии в целом и (в течение всех 30 лет — с 1960-х по 1980-е годы) на ее книжном рынке в частности. Параллельно с этим в воспоминаниях часто подчеркивается важность семейных уз, родственных отношений и социального окружения, позволивших развить привычку читать советские книги.

Читатели говорят, что советские книги показывали мир, отличный от их собственного, и расширяли кругозор; англоязычная литература была уже привычной, а в советских книгах открывались неизведанные места. Недавно индийский электронный ежедневник Scroll опубликовал материал, в котором почитатели советской литературы рассказывали о своих собраниях советских книг в переводе на маратхи. В. Шерин — журналист Malayalam Daily и активный участник группы в «Фейсбуке²», посвященной советским книгам, — говорит в интервью, что эти книги обладают «уникальной аурой»: «В 1980-е годы многих книг было не достать. Советские книги я брал в деревенской библиотеке, и там для меня открывался новый, удивительный мир. Начиная с имен персонажей и вплоть до описаний природы — все поражало меня» [Ameerudheen 2017]. Для моих собеседников, вспоминающих, что советские книги были чуть ли не основным чтением в их детстве, на их страницах открывалась реальность, совершенно отличная от предлагавшейся им в литературе других стран. Многие собеседники, вспоминая о советских книгах в период холодной войны, неизменно (потому что так работает наша память) переходят к воспоминаниям о своей «первой книге», о том, кто им ее дал, где они случайно ее нашли, что они тогда думали, впервые читая советскую книгу. Подобные воспоминания, разумеется, весьма условны: на них влияют и новые знания об этих книгах, и последующий читательский опыт, и изменения политических и исторических условий потребления — словом, все последующее накладывает отпечаток на то, что означала та «первая книга».

Шабнам Хашми (1949 года рождения), адвокат и гражданская активистка из Нью-Дели, росла в доме, где советская литература и социалистические идеи были делом вполне привычным:

> Советский Союз имел для нас огромное значение: благодаря прекрасным книгам у нас словно было окно в новый мир, помогавшее расширять кругозор, знакомившее нас с идеями социализма и равноправного общества. Именно благодаря советским книгам мы знали о фашизме и нацистской Германии.

---

² Деятельность Facebook в РФ признана экстремистской и запрещена. — *Прим. ред.*

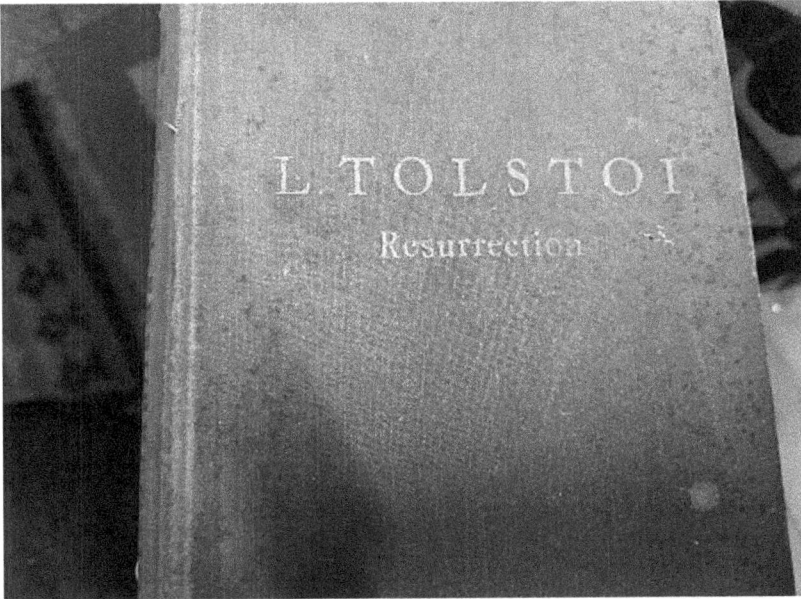

Рис. 6.1. Том романа Л. Н. Толстого «Воскресение» Шабнам Хашми.
Публикуется с любезного разрешения Шабнам Хашми

Словом, чтение советских книг помогало ей приобрести новый взгляд на мир, понимание исторических и современных событий (рис. 6.1).

В 1960-е годы, помимо книг, в Индию начали поступать и советские журналы, предназначенные для иностранных читателей. Цель подобных изданий заключалась в создании образа процветающей страны, где люди живут в полном достатке и абсолютном благоденствии. Ниипа Маджумдар (1961 года рождения), чье детство прошло в Дели, Ассаме и Калькутте и которая сейчас живет в США, вспоминает, что первое знакомство с советским миром произошло у нее именно благодаря подобным журналам, которые местный книготорговец носил от двери к двери:

«Советский Союз» [Soviet Land], «Советское *то*» и «Советское *еще что-то*»... Эти журналы были приятнее американских, которые мы тоже выписывали. Мой отец служил в госадминистрации, и мы получали по бесплатной подписке Time, Newsweek и даже совершенно непонятный мне Mad Magazine. Американская пропаганда была более формализованной. А тут от двери к двери ходил живой человек, чьей единственной работой было продавать советские журналы. Страницы в них были глянцевыми, было очень много картинок. В общем, мне они очень нравились. Да и остальным тоже. И мы все по очереди их читали, причем советские журналы жили и «после смерти»: глянцевые картинки было очень здорово вырезать для школьных проектов.

Советские журналы, несомненно, привлекли ее внимание, но именно литература, которую она впоследствии выбирала для чтения, покорила — как мы увидим далее — ее воображение.

Раджат Тандон (1965 года рождения) рос в городе Канпур в центральной части страны. Он вспоминает, что его отец, работавший на сталелитейном заводе компании Tata, имел корпоративную подписку на Life, Time и «Советский Союз» (подписка «сошла на нет» к концу 1970-х годов, когда семья перебралась в другой штат). Раджат помнит, как удивлялся, что Советы могли выпускать такие глянцевые, красивые и интересные журналы, когда они были беднее Запада (очевидный намек на распространенные в Индии представления о Советском Союзе, несмотря на всю большую «дружбу» с ним).

Подобные воспоминания о первом знакомстве с советскими книгами, как уже говорилось выше, наглядно показывают, как геополитическое воображение формируется в социуме, когда люди взаимодействуют с окружающими и узнают о новых вещах, обогащающих их воображение. Проще говоря, воспоминания о советских книгах, открывающих новый мир, — это также воспоминания о человеческих взаимоотношениях. Множество акторов участвовали в приобщении читателя к миру советской литературы, что означает, что у популярной геополитики было немало агентов. В воспоминаниях Раджата Тандона можно легко проследить такую реляционную матрицу человеческих отношений, в рамках которой формировалась привычка к чтению. Обратим также внимание на важность приватного дискурсивного пространства, стимулировавшего чтение советских книг и журналов. Раджат с большой теплотой рассказывает о том, как обсуждал со своим дедом — последователем Ганди — социализм и социалистические реформы в новом мире, открывавшемся ему в журналах вроде «Советского Союза» (Soviet Bhoomi на хинди): подобные идеи «доходили до нас из журналов, а еще где-то раз в году мне удавалось побеседовать об этом с моим дедом». Вспоминая, какой резонанс имели тогда советские журналы, Раджат рассказывает, как регулярно посылал деду открытки: тот был сторонником Ганди и идей социализма, «но не революционного коммунизма» — он был против *himsa* (насилия). Мир, в котором Раджат беседовал с дедом и посылал ему открытки, — это и есть тот аффективный и дискурсивный контекст, в котором он осмыслял советские журналы.

Родившиеся в 1970-х годах были еще более погружены в советскую литературу: объем поступавших в страну книг рос экспоненциально. Воспоминания этих людей о связях с Советским Союзом, в сущности, являются памятью о советских книгах, прочитанных ими в 1980-х годах.

Для Рамеша Ананта (1974 года рождения), сейчас работающего в сфере информационных технологий, советские книги *и были* Советским Союзом. Благодаря книгам он «познакомился» с СССР; они являлись важнейшей составляющей формирующегося у него образа Советского государства, соответственно, влияли на представление о роли, которую оно играло в Индии. Рамеш с удовольствием погружается в воспоминания о советских книгах, которые он когда-то с упоением читал, хотя отмечает, что мало кто из товарищей разделял его страсть. Глобальные политические события и динамика судьбоносного десятилетия не слишком уловимы в его рассказе, но Рамеш говорит, что всегда сопереживал Советскому Союзу, чувствуя глубокую связь с ним через литературу. Относительно реляционного аспекта чтения и потребления культуры он говорит, что с наиболее дорогими и запомнившимися советскими книгами у него ассоциируется бабушка. У Рамеша есть весьма трогательные воспоминания о советских книгах: скажем, как они вместе с бабушкой ходили в храм, а на обратном пути остановились, чтобы (как оказалось) купить книгу об астрономии. Это была книга Павла Клушанцева[3] «О чем рассказал телескоп»:

> Мы покупали советские книжки на тамильском, и бабушка часто читала мне вслух. И эту, про телескоп, она потом читала мне каждый день. Книга совершенно покорила меня, и я всерьез заинтересовался астрономией.

Еще Рамеш рассказывает, что мать и двоюродный брат разделяли его интерес к советским книгам: всем нравилось, что из них можно узнать много нового. Так, в одной из книг Рамеш вычитал о принципе работы сифона и потом сделал его вместе с мамой: «Штука получилась очень веселая, и все благодаря той советской книжке!» Его двоюродный брат был записан в (появившуюся к тому времени) библиотеку при российском консульстве и брал там огромные тома по шахматам, которые Рамешу тоже нравилось листать. Он говорит, что своей дальнейшей научной карьерой он также во многом обязан тому раннему интересу и ранней любознательности, вызванными увлекательными советскими книгами, и родственникам, с которыми можно было поделиться узнанным.

Схожим образом рассказ о советских книга Дипы Бхашти (1983 года рождения) также тесно связывается для нее с семейной памятью о деде:

> Дед умер незадолго до моего рождения, и я часто слышала всевозможные истории о нем. Он был борцом за свободу, несколько лет сидел в тюрьме, а когда вышел, вступил в компартию, но на выборах проиграл. Словом, когда я росла, вокруг все время говорили о нем. Не знаю почему, но к оставшимся после него книгам никто особого интереса не проявлял.

---

[3] Автор целого ряда детских научно-популярных книг, Клушанцев в первую очередь, конечно, известен как выдающийся кинорежиссер. Он был одним из родоначальников жанра научной фантастики на киноэкране, и его находками и приемами пользовались впоследствии Лукас, Кубрик и многие другие. — *Прим. пер.*

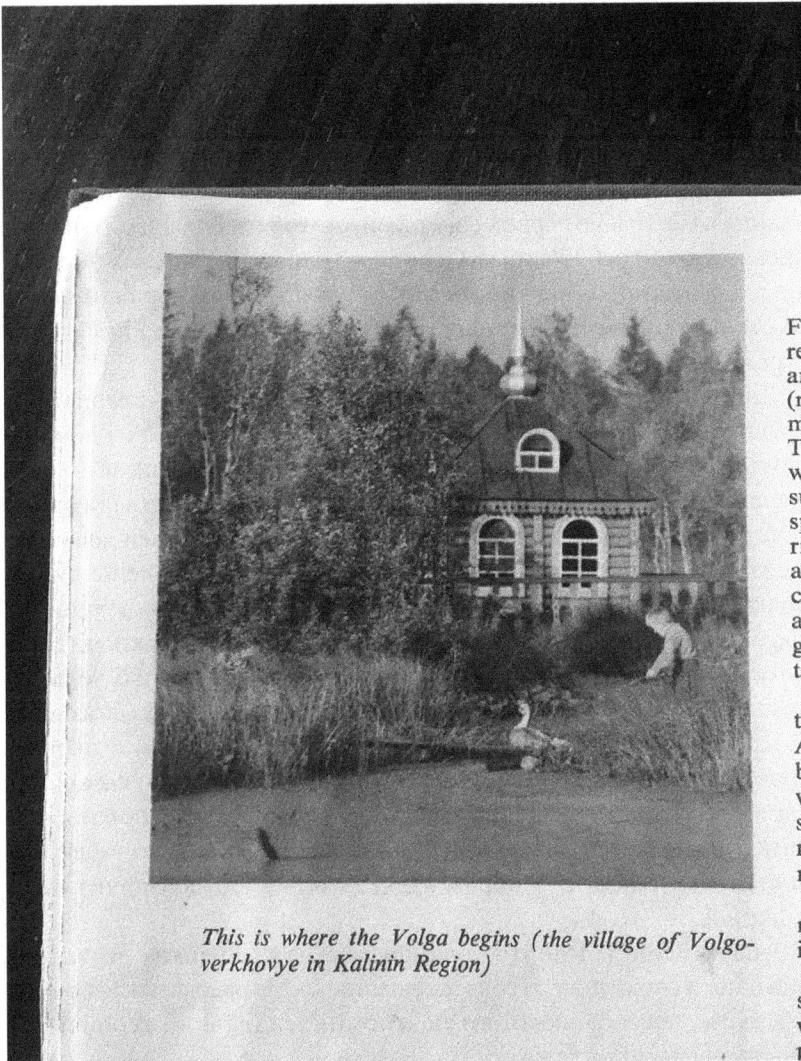

Рис. 6.2. Большой фотоальбом, посвященный республикам СССР, благодаря которому Дипа Бхашти впервые познакомилась с Советской страной. Публикуется с любезного разрешения Дипы Бхашти

Она рассказывает, что родители склонялись к правым взглядам, но поощряли ее интерес к самому разному чтению, и она широко пользовалась книгами из домашней библиотеки. «Меня воспитывали очень либерально. Бабушка, конечно, водила меня в храмы, но в целом дома царила либеральная атмосфера, так что, как и для прочих идей, для коммунистического мировоззрения у нас тоже нашлось место». Ее первой советской книгой был большой альбом, посвященный республикам Советского Союза: «Уже с тех пор, как я начала ползать и научилась держать голову, мама брала альбом со стола и клала мне на ковер, чтобы я вдоволь могла полистать страницы» (рис. 6.2).

Дипа рассказывает, что в книжные магазины в Мадикери было трудно добираться, поэтому она и обратила внимание на домашнюю библиотеку деда. «В его книгах меня привлекали не только рассказанные там истории, но и размер томов: все они были очень толстыми, а значит, я могла читать их на несколько дней дольше». Учитывая то, как трудно было достать книги в их маленьком городке, то, что книги были дома, в непосредственной доступности, сыграло ключевую роль в формировании привычки читать, а толщина советских изданий позволяла ей делать это дольше, компенсируя невозможность покупать книги в больших магазинах.

Другая отличительная черта таких воспоминаний о первых советских книгах собеседников — это либо рассказ о самой истории и о том, что в ней заставило читателя почувствовать, что книга обращается лично к нему, либо ощущение, что в ней нашлось что-то новое — образ, идея, факт, — что задело читателя за живое.

Апарне Сингх было три года, когда дома у бабушки с дедушкой она нашла свою первую советскую книгу. Она рассказывает о том, как выглядела обложка, чем ей запомнился главный герой и что она вынесла, прочтя книгу.

> Кажется, первая книга, которую я прочла, была советской. Я была у бабушки с дедушкой в Дели и до сих пор помню ту книгу. Она была о мальчике... Почти уверена, что книга была русская: и по тому, как выглядел в книге мальчик, и по тому, как выглядела сама книга. Помню, читая ее, я учила

дни недели. Да, я очень хорошо помню те книги. Еще помню, как мы ездили к дяде и нашли у него советские журналы для детей. Они были очень забавными, но названий я уже не вспомню. Это были журналы для детей подросткового возраста. Мне они страшно понравились.

Амит Джулка (1987 года рождения) рассказывает о своем детстве в Пенджабе, описывая последние годы «дружбы» с Советами. Его воспоминания формировались уже в первые постсоветские годы, но он рассказывает об этом как о знакомстве именно с советской геополитикой. Амит хотел выучить урду, поскольку был «из семьи беженцев», пострадавших от раздела бывшей колонии[4]; советская книга не слишком помогла ему в изучении языка, зато щедро одарила советскими литературными образами.

Тогда скончался мой дядя, от него осталась большая библиотека русской литературы в переводе на урду. Все это было тогда на слуху: читали советские книги из местных отделений компартии, а на обложках были портреты Достоевского, Горького или Пушкина с названиями, написанными современным шрифтом на урду. Дядин брат тоже был без ума от советской литературы; помню, он как-то долго рассказывал, как «заболел» Горьким, когда они жили в Лахоре[5]. В таком контексте я и читал те переводы на урду, ставшие, по сути, уже третьим моим проводником по русской культуре.

Сам факт того, что советские книги переводились на все языки Индии, означал, что любой желающий изучить какой-либо из них мог сделать это при помощи соответствующего советского издания.

---

4    В результате раздела Британской Индии образовался целый ряд независимых государств (Индия, Пакистан, Бангладеш и др.), а миллионы людей оказались беженцами. Больше всего людей принял Дели: с 1941 по 1951 год население города выросло вдвое. — *Прим. пер.*

5    Второй по населению город Пакистана. — *Прим. пер.*

Амит продолжает рассказ о том, сколь весомый вклад в формирование его первых геополитических воззрений внесли подобные книги, и вспоминает по этому поводу висевшую дома советскую карту мира:

> Отец горел желанием с ранних лет приобщить нас к чтению. Для нашего среднего класса советские книги были вполне дешевыми. Я хорошо помню книги издательства «Мир» о космосе: одна была о советских космических станциях и «Союзе», а другая — о космосе в целом. До сих пор помню персонажей на иллюстрациях. А авторами очерков были советские космонавты. В школе я так и называл их — космонавтами, а не астронавтами. А до того, как научиться читать, я с удовольствием разглядывал эти книги. Еще у нас была советская карта — мне вообще всегда нравились атласы и карты. В меркаторской проекции Советский Союз был таким огромным. Я спросил, что это за большое пятно, и оказалось, что это — Россия, поэтому в детстве я умел рисовать только Россию и Индию.

Во всех этих историях советские книги или журналы выводили своих юных индийских читателей за рамки привычной жизни, побуждая вообразить то, как где-то живут совершенно отличные от них люди. Может показаться, что сказанное выше противоречит выводам Северьяна Дьяконова о том, что индийские власти были против импорта книг, содержащих «советскую пропаганду» [Dyakonov 2023]. Однако же посыл о «встрече с Советским Союзом», фигурирующий в этих воспоминаниях, относится именно к знакомству читателя с новой эстетической, социальной и/или нравственной парадигмой, нежели с коммунистической идеологией или советской политикой.

Умение советской книги открывать читателю новые миры продолжает описываться собеседниками в качестве социальной практики, что подчеркивает значение межличностных отношений и связей для повседневного потребления культуры.

Ранджит Хоскоте (1969 года рождения) вспоминает, что в социальной и домашней обстановке, в которой проходили его детские годы, присутствие советской книги было абсолютно естественным:

Ключевым импульсом было то, что мои родители были убежденными сторонниками Неру и его космополитизма... благодаря чему оба заведомо хорошо были настроены по отношению к Советскому Союзу. Впрочем, они также не имели ни малейших подозрений и по отношению к Западу: на их поколение выпала первая волна эмиграции в США. Но при этом было явное ощущение, что настоящий друг Индии — это Советский Союз. Кроме того, у нас были родственники, служившие в армии, они рассказывали о МиГах, а работавшие на государственной службе — о советских пятилетних планах.

Привычка читать советские книги в воспоминаниях Ранджита явно контекстуализирована домашним укладом, где были и родители-космополиты, сторонники Неру, и служившие родственники, что как раз и обеспечивало привычную естественность «советского чтения». Почти рефлекторное объяснение, что знакомство с советской культурой ничуть не исключало и связей с Западом, является весьма значимым и характерным моментом многих бесед. К этому вопросу мы еще вернемся.

Обратимся теперь к ярким воспоминаниям Субира Синха (1965 года рождения), рассказывающего о влиянии популярной книжной культуры, благодаря которым можно оценить, насколько обыденными являлись советские книги.

Субир рос в Патне, штат Бихар. Он говорит, что социалистические идеи тогда «широко распространялись в товарищеском кругу». Часто встречались различные культурные артефакты левого толка: скажем, на день рождения вполне можно было получить сборник рассказов Гоголя или русских народных сказок. Установилась и культура заимствования, когда брали друг у друга на время книги и виниловые пластинки, включая, конечно, советские и англо-американские издания:

Иногда можно было просто заехать по пути к знакомому старику, позаимствовать у него пластинку и дома переписать ее. Просто нужно было оставить телефон отца, чтобы владелец мог позвонить и напомнить о своей пластинке, если вы не успели вернуть ее за, скажем, часа три.

Рассказ Субира полон упоминаний о родителях, родственниках, коммунистах, державших книжный магазин, об однокашниках по весьма либеральному иезуитскому колледжу и о школьных библиотеках; словом, книги выступали реляционными артефактами, ставшими видимыми и доступными благодаря окружению, в котором он жил. Подобные описания семейной и социальной матрицы, благодаря которой присутствие советской литературы представлялось естественным, чрезвычайно важны, поскольку указывают на значимость личностных отношений и других акторов в структурировании и стимулировании культурного потребления.

Все эти родственники, родители, друзья и прочие акторы являются в историях о путешествиях книг субальтернами внутри геополитического процесса, осуществляющими, так сказать, «тихую политику» увековечивания и поощрения распространения иных образов, раскрывая тем самым мир индийского читателя.

### Жизненные сближения

Раскрытие других образов также позволяет привнести в чтение момент эмпатии, сопереживания и, следовательно, упрочить солидарность с теми, о ком идет речь в читаемом тексте, при этом, говоря, что читатели рассказывают о воображаемых сближениях, мы отнюдь не подразумеваем под этим то, что те или иные сходства, воспринятые посредством советских книг индийскими читателями, не были реальными. Речь идет о том, как понимается и выражается смысл, аффективные качества (иными словами, вызываемые эмоции или настроение) книг, а не об объективных соответствиях и сходствах. Говоря проще: нам неважно, были ли подобные совпадения реальными или «воображаемыми». Интерес для нас представляет то, что читатели трактовали таковые в качестве соответствующих черт собственного общества. Эстетическое восприятие книг включало в себя также отождествление с сюжетной линией или героем такого сюжета.

Сопереживание, проявляющееся в воспоминаниях об отождествлении с книгами, лежит в основе аффективной солидарности, которую, по моему мнению, советские книги пробуждали в индийских читателях. И в этом нет ничего необычайного. Такие жанры, как роман, при эмпатическом чтении могут вызывать «чувство сопричастности», благодаря которому проявится и «сентиментальная солидарность» [Leypoldt 2008: 151]. Литература как миросозидающая деятельность способствует укреплению такой солидарности, так как раскрывает для читателей иные миры и системы ценностей, которые они смогут оценить, к которым они смогут примериться и с которыми они смогут соотнестись, «обороняясь от солидарности, движимой жалостью, а не сочувствием» [Cheah 2006], цит. по: [Helgesson et al. 2018: 265]. Книги позволяют читателям «узнать другого», вызывая в них сопереживание, понимание и в конечном счете культурную солидарность [Scholz 2015: 727]. Касательно чтения советских книг читателям, судя по всему, удавалось преодолевать барьеры различий, осознавая общность взглядов на социальные проблемы и выражая молчаливое одобрение социалистической морали советской литературы вместо прямых и открытых заявлений о согласии с определенными советской властью политическими решениями.

По рассказам собеседников мы видим, что культурная среда независимой Индии с легкостью приняла советскую литературу.

Шабнам Хашми хвастается мне своей книжной полкой, уставленной советской литературой, и рассказывает о созвучии тогдашнего исторического момента в Индии духу советской литературы, которой она зачитывалась. На фоне связи советской идеологии и пропаганды с популярными в независимой Индии идеями Шабнам рассказывает о своем воспитании и о том, как воззрения домочадцев совпадали с идеями советского общества:

> После раздела Британской Индии у деда остался огромный бизнес. Мой отец остался здесь во время раздела и потерял все, поэтому мы не понаслышке знали, что такое нищета. Я родилась в городе Алигархе, а потом нам удалось вернуться в Дели. В 1969 году отец получил место редактора технического отдела в журнале «Советский Союз».

Далее Шабнам описывает интеллектуальную атмосферу в доме, подразумевая под этим то, что благодаря ей она уже была готова и даже склонна к восприятию идей советской литературы. Ее готовность воспринять советскую эстетику и ее посыл подпитывались атмосферой поэзии и социализма. То, как она описывает, как читала книги дома, также свидетельствует о том, что резонанс советской литературы столь ясно отзывается в памяти именно благодаря той легкости, с которой она смешивалась с прочими прогрессивными литературными течениями. Словом, дом Шабнам являлся, так сказать, хранилищем идей и ценностей, его пространство было весьма гостеприимным и для советских книг; прочие же важные для домочадцев книги и идеи создавали для них естественную среду обитания:

> Мои родители были очень прогрессивных взглядов. О том, что существует дискриминация по половому признаку, мы узнали лишь тогда, когда стали жить самостоятельно. В семье же нам прививали идеи равенства, братства — социалистические. Атмосфера в доме была наполнена поэзией. Отец часто цитировал Фаиза[6] ...дома у нас нередко бывали художники и интеллектуалы. Наши вечера проходили в чтении стихов. Еще мама водила нас в Дом советской культуры, где мы смотрели фильмы о Великой Отечественной войне и Октябрьской революции. Дома было полно советских книг — от детских до всевозможной классики (Горький, Лермонтов, Островский и другие). Мы все читали, смотрели художественные и документальные фильмы о Ленине и революции... находя там отражение нашей истории борьбы за свободу. Хотя мой отец работал в «Советском Союзе», журналы никогда не вызывали у меня особого интереса, в отличие от советских книг. Там писали в основном о происходящем в Советском Союзе, технических достижениях, нам тогда неведомых, образовании, культуре. В общем, иногда я брала полистать номер, но, конечно,

---

6    Фаиз Ахмад Фаиз был видным пакистанским поэтом марксистского толка и еще до обретения Индией независимости принимал деятельное участие в прогрессивном рабочем движении.

литература оказывает куда более глубокое воздействие, чем журналистские материалы. Мне очень импонировала идея равного общества, где к каждому относятся как к равной личности, где каждому живется и работается комфортно и где «от каждого по его способностям, каждому по его труду»[7]. Это не только советские идеи — это идеи всякой борьбы за свободу. Именно строительство социалистического общества и привлекало нас в Советском Союзе.

Шабнам подчеркивает здесь, что ее привлекали не сиюминутные пропагандистские посылы, но именно литература, проповедующая ценности социального прогресса. Сходным образом и остальные собеседники явно различали для себя пропаганду журнальных изданий и более «подлинные» ценности, предлагавшиеся в советских книгах.

Проникшись ценностями социалистической морали, в особенности — идеей равенства, пристрастился к чтению советских книг и Девадатта Раджадхьякша (1978 года рождения); очевидно, что и спустя десятилетия после обретения страной независимости многие читатели сохраняли приверженность идеалам социального благосостояния и справедливости[8]. Не так давно Девадатта снял документальный фильм о советских книгах, выпущенных на маратхи, и об их преданных читателях. В отличие от многих других моих собеседников, Девадатта позволил советским книгам пробудить в нем настоящее любопытство и подлинный интерес к советской истории, политике и Советскому Союзу в целом, переставшему тогда быть случайным или периферийным элементом в читаемой им литературе. Он прямо признается в любви к Советскому государству и тем ценностям, которые, как он считает, были характерными для советской художественной

---

[7]  Лозунг французских социалистов, ставший популярным благодаря Марксу. — *Прим. пер.*

[8]  Я благодарю Джессику Бахман из Вашингтонского университета (где в этот момент она работает над диссертацией о советских книгах в Индии) за то, что помогла мне связаться с Девадаттой.

литературы для детей, — солидарности и сильному духу товарищества. Аркадий Гайдар, написавший в 1939 году «Чука и Гека» (о приключениях двух братьев), не мог, конечно, и представить, сколь вдохновляющей станет эта вещь для множества юных читателей в Индии в 1980-е годы. Девадатта Раджадхьякша вспоминает об этом так:

> Я никогда не мечтал побывать в Нью-Йорке или Лондоне, но сугубо благодаря советским рассказам мечтал о поездке в Россию. Да, для меня это всегда была Россия. У меня всегда были мурашки по коже, когда я представлял, как в конце «Чука и Гека» ребята в снежной Сибири слушают по радио куранты на Спасской башне Кремля. Когда часы пробили полночь, все поздравили друг друга с Новым годом: они знали, что всем предстоит много работать, служить огромному счастливому народу и стране, любить их. Я читал рассказ в переводе на маратхи, но даже тогда ощущалась фантастичность такого языка. История вызывала во мне бурю теплых чувств к России, к СССР: как почтальон приносит телеграмму, как мальчики говорят с незнакомцами в поезде, как ямщик на станции помогает им... И какое сильное товарищество было между всеми персонажами! Герои здесь не определялись через злодеев — они были героями потому, что помогали друг другу, а не потому, что побеждали плохих. Понимаете, в советских книгах было куда больше правды, нежели в большинстве иностранных, доступных нам в то время. Это не были мрачные истории — они были именно что правдивые. Может, там и немного было солнца и радости, но была искренность. А в привычных нам индийских и британско-американских книгах этого не было.

Он до сих пор с благоговением говорит о советских книгах, ясно представляя эти истории в воображении, вспоминая их в столь ярких деталях (рис. 6.3).

Сочувствие и понимание в отношении к книжному образу Советского Союза коренятся здесь не столько в ценности любви к своему народу, сколько в общей готовности обратиться к эмоциям человека, которые традиционно считались бы в западной

Рис. 6.3. Девадатта Раджадхьякша показывает издание цикла рассказов Виктора Драгунского «Денискины рассказы» в переводе на маратхи. Публикуется с любезного разрешения Девадатта Раджадхьякша

литературе «взрослыми». Отсутствие прямого и четкого разрешения ситуации в некоторых историях также радикально отличалось от привычных детских книг, делая советские более доступными и близкими. Сравнение с индийской и англо-американской литературой также говорит об общей эклектичности этого книжного мира, в котором советские книги являлись лишь одним из элементов, доступных индийскому читателю. Ремарка, что он никогда особо не стремился в США, но всегда хотел побывать в России и глубже узнать ее, также свидетельствует о том, что для многих собеседников интерес к советским книгам безотчетно определялся, отталкиваясь от американской «мягкой силы».

Для кого-то интерес к советской литературе противопоставляется безразличию к Соединенным Штатам Америки, но у многих любовь к советской книге вполне комфортно уживалась с любопытством к Западу. Подобное интуитивное сопоставление с американской «мягкой силой» указывает на то, что, несмотря на отсутствие дискурсивных рамок холодной войны, собеседники признают: для внешнего мира культурная и политическая среда представлялась строго бинарным пространством. Завершает свой рассказ Девадатта Раджадхьякша «ощущением реальности» прочитанного.

Тому же вторит и Апарна Сингх (1978 года рождения). Подобно многим другим респондентам, она оговаривается, что не претендует на абсолютную верность своих впечатлений или познаний о Советском Союзе. Вместе с тем она подчеркивает, что благодаря более серьезным темам и сюжетам советские книги ощущались, будто бы их писали в месте, весьма похожем на Индию. Мир, который раскрывали перед ней советские книги, рассказывает Апарна, представлялся ей более знакомым и близким, чем предлагавшийся в произведениях англо-американской литературы. Прочитанное тут же резонировало с ее пониманием окружающей жизни. Она вспоминает повесть «Та сторона, где ветер» (в книжном издании название было изменено на «Август — месяц ветров»), замечательно «теплую» и совершенно «реальную» историю о компании детей (рис. 6.4):

> Я и сейчас с удовольствием иногда перечитываю эту вещь. В отличие от многих детских книг, она написана без прикрас. В ней все очень реалистично, все время что-то происходит. Там целая ватага мальчишек, один погибает — а ведь это книга для девяти- и десятилетних ребят, — и остается убитая горем мать, но при этом не разворачивается никакой драмы. Все это, скорее, производит такое впечатление: да, подобное в жизни случается. Советские книги ощущались словно более взрослыми, реальными. Или вот еще одна мне нравилась — «Утренние трамваи» [Леонида Сергеева]. Тоже где-то тут лежит, надо будет поискать. Одно из главных отличий, которое я тогда почувствовала, — это то, что в советских книгах все всегда работали. Мама ходит на ра-

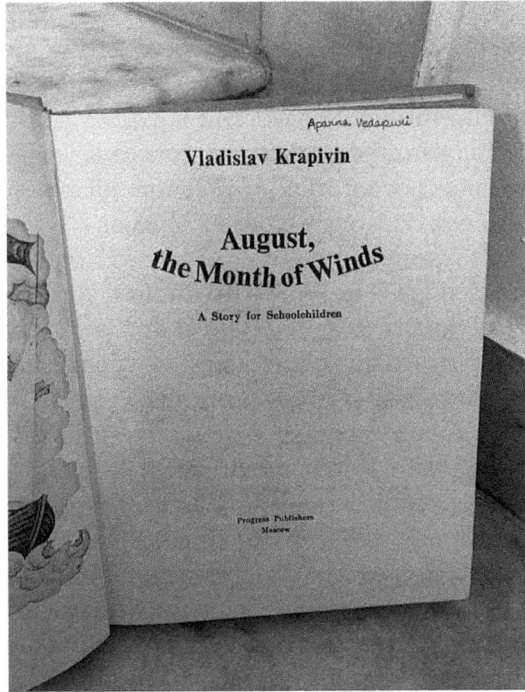

Рис. 6.4. Апарна Сингх и сейчас иногда перечитывает повесть Владислава Крапивина «Та сторона, где ветер» — одно из своих любимейших советских произведений. Публикуется с любезного разрешения Апарны Сингх

боту, папа — инженер на шахте. Столько реальных жизненных проблем, которых почти не встретишь в западной классике. Советские произведения были по-настоящему современной художественной литературой, ну а [западная] классика — чаще просто выдумками. К примеру, история о «Хайди»[9] происходит в реальном времени и месте, но для индийской девочки в 1970-е годы все это было сродни фантастике. В этом смысле советские книги были очень реальными.

---

[9] Роман швейцарской писательницы Иоханны Спири, вышедший в 1880 году.

Несмотря на уточнение, что она не слишком разбирается в тонкостях советской политики и геополитической ситуации тех лет, сами книги, которые Апарна читала, оказывались средством для понимания советской жизни и реалий. Подобно Девадатту Раджадхьякша, Апарна также выделяет в советских произведениях соответствие «реальной жизни» и «настоящим переживаниям», как она таковые понимала.

Схожие чувства описывает и Ниипа Маджумдар (1961 года рождения). У нее есть «Тихий Дон» Михаила Шолохова, который она купила в Ассаме, и книги Достоевского из Калькутты. Ниипа говорит, что мир советской книги более захватывающий; несмотря на совсем другой климат, явно ощущалось какое-то родство. Ниипа тоже читала в детстве англо-американские книги, но вспоминает, что советские вещи находили у индийских читателей куда больший отклик и понимание, потому что все в них словно «переплеталось»: «В западных романах герои, как правило, описывались самостоятельными личностями, а советские персонажи всегда были связаны с людьми, вещами, в общем — с другими».

Чери Кунчерия (1983 года рождения), почти на 20 лет моложе Ниипы, практически дословно повторяет ее мнение, говоря, что персонажи англо-американской литературы казались существами автономными, обладающими собственной, ни с чем не связанной жизнью; взрослые появлялись только под конец. В советских же произведениях взрослые и дети действуют вместе на протяжении всей истории.

Свапна Найюду, читавшая советские книги в переводе на хинди, вспоминает, как быстро ей надоели «банальные вещицы» Энид Блайтон, советские же произведения были попросту «более реальными»: «В советских книгах была смерть, был упадок, были сироты. Словом, это были не инфантильные истории, а, скорее, переход к литературе, интересной взрослому человеку». Затрагивая жизненные вопросы, советская литература для детей будто готовила своих юных читателей к реальному миру, а не ограждала их от него.

С. Анантханараянан (1951 года рождения) жил во многих городах страны, и везде, вспоминает он, можно было провести досуг за просмотром советского фильма или чтением советской книги. Сам он в детстве советских книг не читал, но они плотно вошли в литературный репертуар уже для его детей. Он вспоминает о чувстве известного родства с миром советской детской литературы так:

Советские детские книги, казалось, предлагали читателю мир, ценящий своих детей. Американские комиксы подразумевали, что их читатель — американец, а советские книги не требовали особых знаний об СССР, и читать их было очень весело. Порой истории были совершенно дурацкими, но очень уж веселыми. Помню книгу про разбойника и мальчика, потерявшего шапку... Это были, скорее, деревенские, а не городские истории. Пожалуй, это больше соответствовало тем проблемам, которые испытывали мы сами. Американские комиксы были здорово написаны, но мало соотносились с нашими домашними условиями. Их система ценностей была совсем иной. Современные индийские дети, которых воспитывают на американских комиксах, сильно отличаются от тех, кто их в детстве не читал.

Это очень важный момент: советские книги вызывали живой отклик не только из-за того, что раскрывали новые миры, но и потому, что предлагавшиеся ценности были понятны и знакомы читателю, в то время как американские (о которых сказано не слишком определенно) — нет.

О том, что находило отклик в читательских сердцах, совершенно определенно рассказывает далее Сайид А. Латхиф (1982 года рождения), профессор в MES Mampad College (Малаппурам, штат Керала). Он вспоминает, как рос в деревне в Керале и читал множество советских книг, названия которых без особого труда припоминает и сейчас. «Сельские пейзажи в советских книгах были нам очень знакомы», — говорит он, перечисляя нравившиеся ему вещи: «Как папа был маленьким» Александра Раскина, «Шурик у дедушки» Николая Носова, «Мальчик у моря» Николая Дубова, «Повести гор и степей» Чингиза Айтматова, «Гранатовый браслет» Александра Куприна и многие другие (рис. 6.5, 6.6).

Рис. 6.5. Малаяльский перевод рассказа Николая Носова «Шурик у дедушки» из личной библиотеки Сайида А. Латхифа. Публикуется с любезного разрешения Сайида А. Латхифа

Советские книги предлагали альтернативный мир, не существовавший в нашей отечественной литературе. То был мир, где дети наслаждались идиллией среди лесов, деревьев, островов. Ощущение от «переводного» малаяльского тоже было весьма освежающим, поскольку язык сильно отличался от привычного письменного и разговорного. Я тогда и не подозревал о пропагандистской составляющей этих книг. Потом уже, когда я прочел такие вещи, как «Мать» Горького, «Десять

Рис. 6.6. Повесть Николая Дубова «Мальчик у моря» в переводе на малаялам из личной библиотеки Сайида А. Латхифа. Публикуется с любезного разрешения Сайида А. Латхифа

дней, которые потрясли мир» Рида и другие, я осознал подоплеку и этих книг. Относительно того, что [советская литература] сделала для меня: она ввела меня в книжный мир, в мир за пределами нашего государства и нашей страны. Советские книги познакомили меня с коммунизмом как идеологией. В чем-то я был согласен, в чем-то нет, но, когда коммунизм определяет человека безотносительно категорий расы, религии, цвета кожи и пола, все это, на мой взгляд, актуально.

Мир советских книг дополнял мир «местной» литературы, говорит Сайид. Он полагает также, что советские книги настолько эффективно умели передать реальные проблемы, что в его родном штате читатели могли принять ту реальность за свою. Подобно другим читателям советской литературы, он также склонен несколько двояко относиться к транслируемой ею идеологии, хотя эстетика реализма и язык ему чрезвычайно импонировали.

Собеседники нередко упоминают о том, что при чтении у них был эдакий «проблеск», понимание реальности, ясно прочитываемой в произведении, тем самым они могли узнавать этот мир и сопереживать ему. Подобная идентификация является важным аспектом считываемого образа произведения. Она лежит в основе той солидарности, которой безотчетно проникается читатель.

Представленные выше замечания о ценностях свидетельствуют о том, что многие аспекты советской морали воспринимались как применяемые универсально. Многие из перечисленных собеседниками ценностей связаны с нормами советской этики, исчерпывающе изложенными в «Моральном кодексе строителя коммунизма», такими как добросовестный труд на благо общества; коллективизм и товарищеская взаимопомощь; взаимное уважение между людьми; честность и правдивость, нравственная чистота, простота и скромность в общественной и личной жизни; взаимное уважение в семье, забота о воспитании детей; непримиримость к несправедливости, тунеядству, нечестности, карьеризму, стяжательству; дружба и братство всех народов СССР, нетерпимость к национальной и расовой неприязни[10]. Пожалуй, трудно найти что-то неприемлемое в любом из этих пунктов, даже если считать, что советской политической культуре подражать не следует.

Эмпатия и понимание стимулируют процесс превращения читателей в геополитических субъектов, чье осмысление другой

[10]  «Кодекс» вошел в Устав и Третью программу КПСС, принятые на XXII съезде в 1961 году. В сокращенном виде цитируются § 2, 5–10. — *Прим. пер.* URL: https://commons.wikimedia.org/wiki/File:Elektrostal._Plant_EZTM._Komsomol_conferences._img_06.jpg#/media/File:Elektrostal._Plant_EZTM._Komsomol_conferences._img_06.jpg.

части мира обогащается благодаря акту чтения и знанию, рождающемуся в этом процессе. Собеседники много рассказывали об отождествлении с книгами и миром, представленным в них, но не говорили о политической поддержке или об истовой вере в советский экономический и политический проект. Они ценили прочитанные произведения благодаря их социальному посылу, вспоминая советские книги как нечто новое в эстетическом плане, что вовсе не обязательно влекло за собой геополитическую лояльность. Фактически же немаловажным аспектом этой солидарности являлось то, что в ней не поглощались приверженность и связь с другими идеями. Такая солидарность происходит не из единодушия взглядов или некой «эпистемологической привилегии» одной из сторон, но из согласного понимания социальных бед и/или репрессивных механизмов и общего видения будущего [Scholz 2015: 727]. Здесь также может проявиться чувство сопричастности историческому процессу вместо привычного ощущения воздействия более крупных и могущественных игроков.

К примеру, вот как Ранджит Хоскот вспоминает свою любимую советскую книгу о космосе, делая особый акцент на моменте международного сотрудничества и его потенциальном значении (рис. 6.7):

> Я всегда считал себя ребенком космической эры. Помню, меня завораживали истории о совместных советско-американских космических миссиях. Советскую книгу «Солнечный ветер» писал космонавт[11] (ну, или тот, кто сочинял ее от его имени). В ней много говорилось об интернационализме. Так замечательно, что, работая вместе, в космосе, они могли думать об общем будущем нашей планеты. В то время Советский Союз был еще нерушим и могуч, но все равно подобные эпизоды как-то прорывались. Ситуация была непростая, но по всему казалось, что мы в большей степени относимся к советскому проекту; я лично чувствовал, что мы целиком и полностью на одной стороне.

---

[11] Алексей Леонов — первый человек в мире, вышедший в открытый космос. Книга адресована детям. Она рассказывает о совместном полете космических станций «Аполлон» — «Союз» 1975 года. — *Прим. пер.*

Описывая ощущение эмоционального резонанса («мы... на одной стороне»), Ранджит приводит «Солнечный ветер» в качестве примера типичной «до мозга костей» советской книги; он полагает, что подобное ощущение возникало благодаря оптимистическому посылу автора:

> Здесь не было безудержного оптимизма научной фантастики с той [западной] стороны — было что-то иное. Интересно, что именно: это было какое-то ощущение коллективной судьбы, которую надлежит вершить с верой в то, что ее можно совершить. Не то чтобы у Саган совсем не было чего-то подобного, но все же. Словно вас пригласили в какое-то пространство коллективного героизма.

Я уточняю, имеет ли он в виду то, что ощущал себя участником описываемых историй, на что он восклицает: «Именно! Точно так и было: мы все оказывались участниками». Это чувство, что советские книги обращались прямо к читателю, без труда увлекая его в созданные ими миры, является общим местом многих бесед.

Изображенный в книге физический мир был, конечно, мало похож на мир индийского читателя, но тот мир, образ которого рисовала книга, представал таким, что читатель вполне мог на равных делить участие в нем.

### Ценность и пафос советского научного подхода

Как мы уже говорили выше, при разработке новой образовательной политики индийское правительство делало акцент на современном научном подходе. Для вчерашней колонии, едва получившей независимость, советская плановая экономика представлялась весьма эффективной моделью; заслуживало пристального внимания и то, как советская система поддерживала сферу научно-технического образования. С учетом того что закупкой научно-справочной литературы для Индии в рамках торговых соглашений занимался целый ряд межгосударственных комиссий, неудивительно, что те из собеседников, что пожелали обсудить советскую геополитику в Индии на примере имеющих-

Рис. 6.7. «Солнечный ветер» Алексея Леонова на книжной полке Ранджита Хоскота. Публикуется с любезного разрешения Ранджита Хоскота

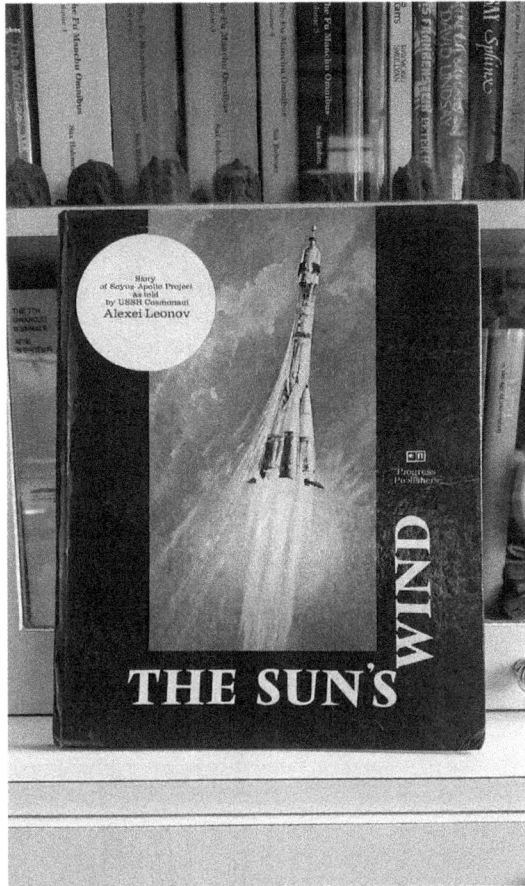

ся у них книг, говорили как раз о научно-популярной и об учебной литературе. Многие из них к тому же пользовались советскими книгами по математике и физике во время учебы в магистратуре и аспирантуре. Вспоминая советскую поддержку в «годы дружбы», они выделяли знакомство с советской наукой как наиболее ценный и памятный результат советских геополитических интересов в Индии.

С. Анантханараянан (1951 года рождения) вспоминает, что советскую литературу он находил в большинстве крупных городов, где ему доводилось жить. Время от времени он ходил в кинотеатры на советские фильмы и читал много советских книг. Как он сам говорит, советские учебники и пробудили в нем интерес к науке, хотя замечает при этом, что им все же многого недоставало:

> Конечно, я читал советские книги по физике; благодаря им я и пошел учиться на физика. Советские научные пособия читались очень легко, потому что главы были не очень длинными. Помню, была отличная книга о вечном двигателе. Для 12-летнего мальчишки идея казалось весьма захватывающей. Вот самое первое, что я помню о советских книгах. Та книга произвела на меня большое впечатление. И она была здорово напечатана: черно-белые страницы с почти осязаемой штриховкой схем. Когда же я поступил в университет, мне все чаще стало казаться, что советские книги сильно проигрывают западным. Одна из лучших американских книг была написана русским, и она была о том, как преподают науку в американских университетах. Что-то такое, уже не помню. Конечно, и в России была сильная наука, но не такая, как в США, что было хорошо видно по учебникам. Впрочем, хуже к советским учебникам я относиться, конечно, не стал: они обладали массой достоинств, хоть и не умели излагать идеи так, как американские.

Многие собеседники вспоминают, что именно советские книги пробудили в них интерес к науке, но в более зрелые, университетские годы им представлялось, что советские пособия сильно уступают американским.

Рамеш Анант предлагает следующее объяснение: «Советы были хорошими теоретиками, но далеко не лучшими, когда дело доходило до того, чтобы произвести реальную вещь».

Рассказывая о советских книгах, которые он покупал в штате Керала, а затем — во время учебы в технологическом институте в Мумбаи, Девараджан Майлапалли (1962 года рождения) выражает аналогичное мнение о советской науке — мощной и влиятельной, но не лишенной недостатков. Он был хорошо знаком как с советскими, так и с американскими профильными изданиями по геологии, и о первых у него сохранилось не самое лучшее впечатление. Во время нашей беседы за спиной у него виднеется целая кипа советских книг по геологии и минералогии; он поясняет, что в области тектоники плит Советы сильно «отставали» от американцев, что было вполне очевидным и для индийских студентов. Далее Девараджан подробно расписывает расхождения между советской и западной наукой, заключая, что советская наука просто не могла поспеть за западными системами знаний, при этом, добавляет он, то, чего от них (студентов) ожидали в рамках университетской программы, имело весьма много общего именно с публикациями советских ученых (рис. 6.8, 6.9):

Сразу после окончания Второй мировой войны начала стремительно набирать научные обороты океанография. Картографирование Мирового океана выявило наличие на его дне огромных горных кряжей, что в итоге привело к появлению новой теории тектоники плит, составляющей основу понимания того, как функционирует Земля. Всю основную работу проделали западные ученые, а Советы, как видно, пропустили этот момент. Дело в том, что советская геология была в основном ориентирована на исследования на суше. Русские геологи, писавшие эти книги, надо полагать, были мало знакомы с достижениями западной науки. Из-за железного занавеса обмен научными идеями шел не слишком активно: геология также развивалась в изоляции; Россия пропустила множество замечательных исследований, проводившихся другими странами. В подобной атмосфере и писались эти книги... сам способ мышления в них был устаревшим. Но и наша, индийская, учебная программа, по которой мы учились в начале 1970-х и в 1980-е годы, тоже была устаревшей, поэтому советских книг было вполне достаточно для учебного процесса.

В конце концов нашей целью тогда было просто верно ответить на экзаменационные вопросы принятой в то время учебной программы. Но мы знали, что на Западе издают множество новых работ по вулканическим процессам, землетрясениям, тектонике плит и прочим вещам, происходящим внутри земной коры.

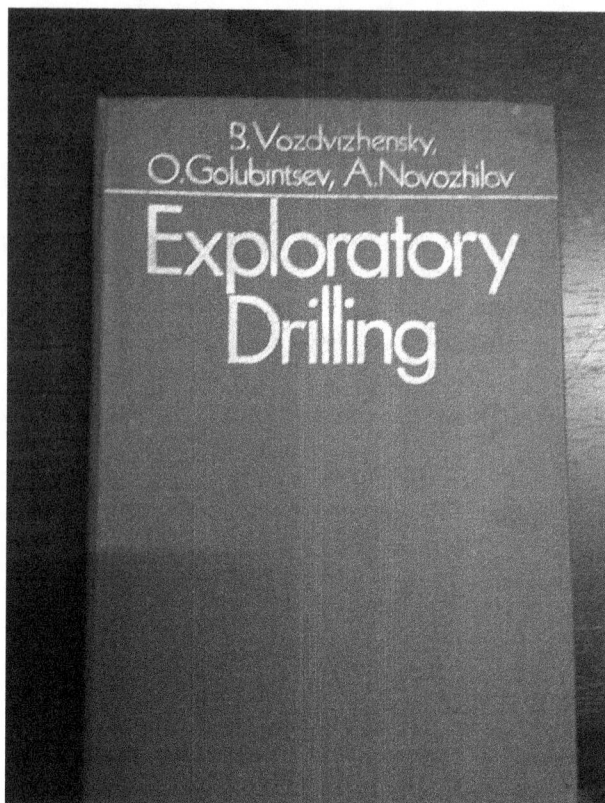

Рис. 6.8. Советское пособие по горному делу и минералогии, которым Девараджан Майлапалли пользовался во время учебы в аспирантуре в Индии. Публикуется с любезного разрешения Девараджана Майлапалли

Весьма примечательно, что Майлапалли вспоминает именно это: они понимали, что советские книги в чем-то отстают от жизни, но при этом вполне соответствуют индийским академическим требованиям. Такое объяснение свидетельствует об эклектичном подходе к чтению, применявшемся индийскими читателями, поскольку они находились в транснациональном

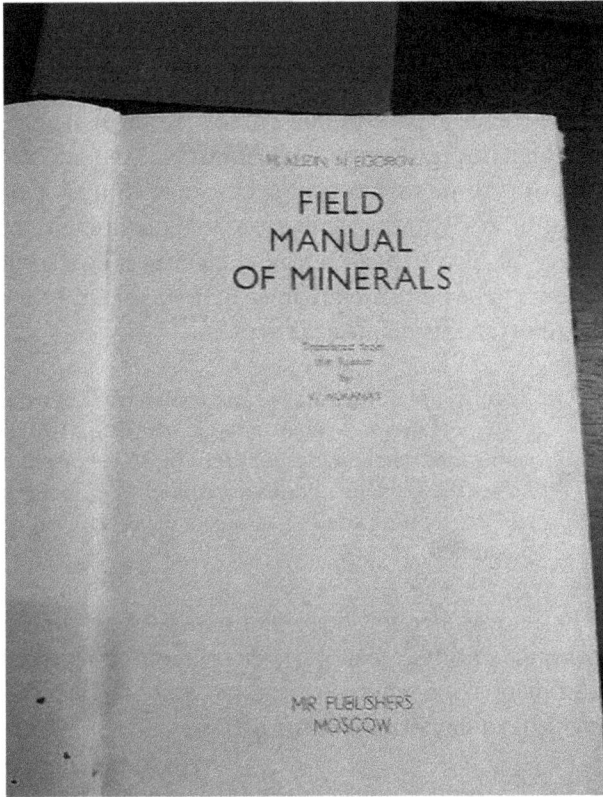

Рис. 6.9. Девараджан говорит, что советскими учебными материалами (наподобие «Полевого определителя минералов» Кузина и Егорова) пользовались параллельно с местными и американскими изданиями. Публикуется с любезного разрешения Девараджана Майлапалли

культурном пространстве, представлявшем собой запутанную паутину культурных связей. Читательский интерес во многом был обусловлен взаимоотношениями между этими многочисленными потоками знаний, и в воспоминаниях о советском присутствии в Индии советские книги постоянно сопоставляются с книгами других стран.

Что интересно, остальные собеседники, также учившиеся по советским учебникам, были куда щедрее на похвалы в адрес советской науки.

Амитава Де работал на сталелитейном заводе в Бокаро, который был построен при участии СССР. Он вспоминает, что у него дома никто не питал особых симпатий ни к Советам, ни к американцам; у Индии было куда больше общего с британцами, говорит он. Его первая встреча с советской «мягкой силой» произошла через книги, которые использовались в ИИТ Харагпура, где Амитава изучал металлургию:

> Были у нас и американские книги, но советские работы были куда проще изложены. И это были переводы на английский... словом, разобраться было нетрудно. Да, изложено все было очень просто и доходчиво. В области металлургии тогдашняя советская наука была на голову выше американцев.

Рамеш Анант, рассказывая о любимых советских научно-популярных книгах, говорит, что во многом благодаря им он и решил выбрать научную стезю (к слову о советской идее общедоступности научных знаний):

> В детстве я читал очень много советских книг, но среди моих друзей их больше никто не читал. Могу сказать, что советские научно-популярные книги были совершенно особенными: они делали науку доступной для ребенка. Помню, была восхитительная книга по статистике Якова Хургина, называлась «Да, нет или может быть». В предисловии автор рассказывает о статистике с точки зрения реального мира. Мне тогда было восемь, и я был просто потрясен этой книгой. Уже к десятой странице я понимал, насколько же это все важно. Нигде больше я не видел подобной ясности в научных работах.

Рамеш показывает мне книгу, привезенную когда-то его женой из сельской глубинки. Это советское пособие по алгебре в практически новом состоянии (рис. 6.10):

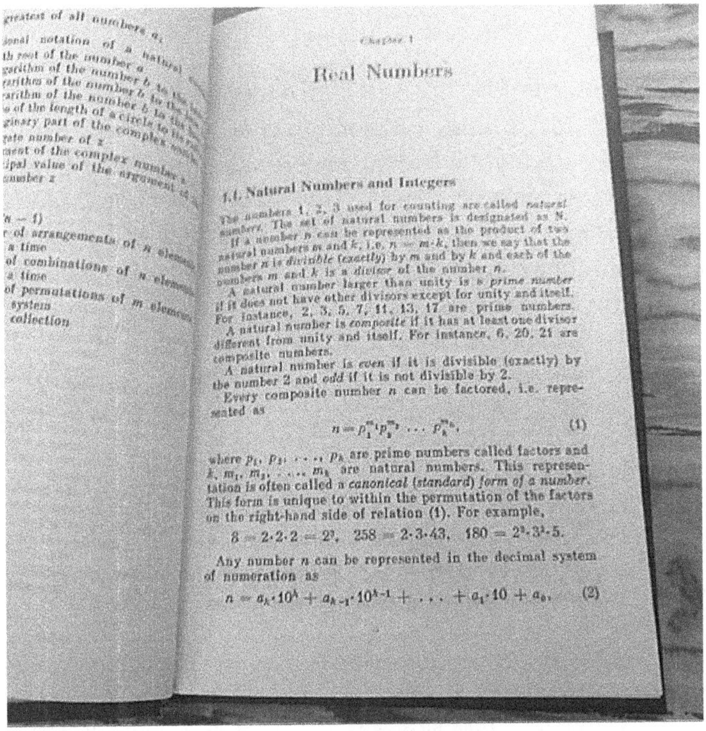

Рис. 6.10. Советский учебник по алгебре, сразу начинающийся со сложных упражнений вместо плавного введения в тему. Публикуется с любезного разрешения Рамеша Ананта

Эта книга сделана, как советский танк! Даже корешок по-прежнему твердый. А цена — уму непостижимо — всего-то 45 рупий. Ровно на одной-единственной странице авторы объясняют разложение на множители. Первая страница первой главы. Кому в семье должно было «поспособствовать» это пособие, не знаю. Книгу, вероятно, купил когда-то мой тесть, желая помочь дочке с математикой. Я же, напротив, покупал такие книги, потому что мне импонировало, что в них вообще отсутствовал какой-либо элемент опеки: неважно, второклассник вы или студент университета, — все теоремы в первой главе, на первой странице, и все тут.

На мой взгляд, замечание Рамеша о том, что советские книги не стремились опекать читателя, сродни тому, что говорили о советской художественной литературе Апарна Сингх и Свапна Найюду: эти книги относились к своим читателям всерьез, готовя их к жизни в окружающем мире так, как никакая другая детская литература в мире. По праву считалось, что советская система глубоко осознает ценность образования, и воспоминания собеседников свидетельствуют о подспудном восхищении достижениями Советского Союза в этой области.

Амит Джулка также рассказывает о том, что своим детским интересом к науке он обязан знакомству с советскими научно-популярными книгами:

> Именно благодаря этим книгам я увлекся наукой... Хотя, пожалуй, погружаясь в инженерное дело, очаровываешься уже самой учебой в таком месте, как ИИТ. Помню, был такой автор — Игорь Иродов: книга была такой толстенной, там были одни задачи и никаких решений. Если вы могли решить задачу из Иродова, то и в ИИТ у вас все получилось. Можно сравнить с американским пособием Холидея и Резника: это была отлично написанная и не слишком трудная книга. А у Иродова были сплошь числа и формулы, отпечатанные аскетично-строгим шрифтом. Такая эстетика сама навевала представление о русских как о спартанцах-аскетах, не тратящих слов на ветер.

В рассказе о своем собрании советской литературы Амит подчеркивает ключевую роль этих изданий в формировании его интереса к науке, поскольку изложение было очень понятным, но при этом весьма строгим. Подобная строгость фактически была призвана помочь читателю сохранить фокус на предмете, не отвлекаясь на сторонние аспекты. Что удивительно, упомянутая Амитом работа Игоря Евгеньевича Иродова и по сей день используется в учебной программе Индийского института технологий. По совету Амита я поискала в Сети информацию об Иродове и о его учебнике: оказалось, что среди тематических роликов (на английском языке) с подробным

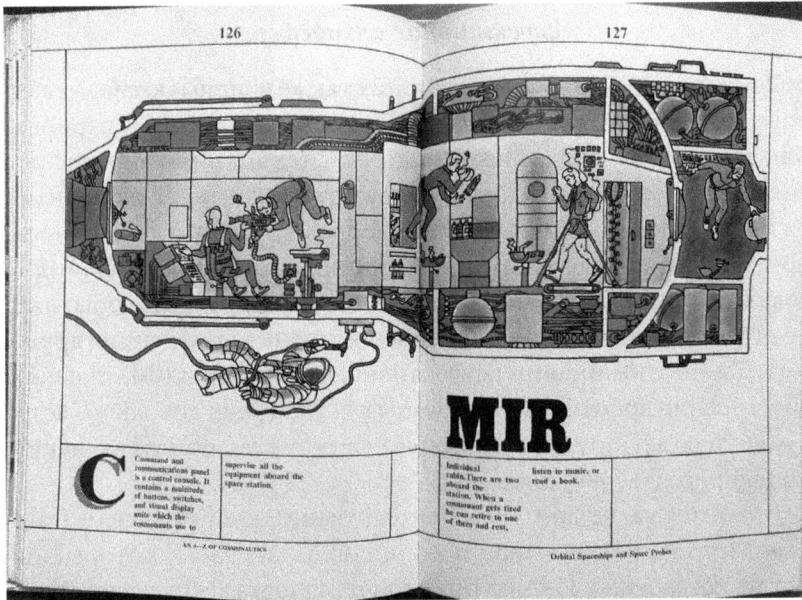

Рис. 6.11. Книга о космической станции «Мир», которой, как вспоминает Винай Аравинд, зачитывались все его одноклассники в элитной гимназии города Коттаям. Публикуется с любезного разрешения Виная Аравинда

объяснением задач больше всего просмотров на YouTube у выпускников ИИТ.

Еще более показательный пример приводит в своих воспоминаниях Винай Аравинд. Рассказывая о советской научной литературе того времени, он говорит, что, возможно, и вовсе не заинтересовался бы наукой, если не было бы «ценнейших» советских книжек о ней, прекрасно иллюстрированных и стоивших совсем недорого. «Не считая чтения советских научных книг из домашней или исключительно (потому что таких было довольно мало) хорошей школьной библиотеки, индийскому ребенку практически негде было подпитать интерес к науке» (рис. 6.11).

## *Аффективная атмосфера*

Воспоминания о советских книгах также напрямую связывают опыт их чтения с геополитическими настроениями того периода. Как и в случае с кубинской бытовой техникой, в индийских рассказах о советских книгах присутствует контекст геополитики и общественного значения; в подобном случае это лаконичные, почти мимолетные упоминания и обороты наподобие «индо-советская дружба». Речь здесь идет не о конкретных событиях, но об общем, пронизывающем воспоминания ощущении «дружбы». Такие упоминания аффективной атмосферы (см. главу 1), «настроения времени» встречаются в устной речи довольно часто, и «ощущение» дружбы регулярно фигурирует при объяснении популярности советских книг.

В своей статье для The Guardian известный писатель Панкаж Мишра, рассказывая о роли советских книг, которые он читал, когда жил в Индии, описывает эту атмосферу следующим образом:

> Странно припоминать, но мои детские мечты вообще никак не были вдохновлены Америкой. До старшего подросткового возраста я не видел голливудских фильмов; единственные звезды эстрады не из Индии, которых я знал, были европейцы: The Beatles, Abba, Cliff Richard. Я не читал Quest — такое аналитическое издание в духе Encounter, которое на деньги ЦРУ издавали в Бомбее; давно хочу найти старые выпуски Time и Life, которые продавали на улицах в больших городах. Но стоили они слишком дорого, как и Span — лучшая попытка американцев сделать собственную версию Soviet Life.

Описывая далее общую дискурсивную культуру периода неприсоединения, Мишра пишет:

> В любом случае моим отношениям с Америкой препятствовали не только ограниченные финансовые возможности. Штаты были империалистами-агрессорами, злыми антаго-

нистами социалистических и неприсоединившихся стран, и это мне говорили не только в New Times. Антиамериканские настроения процветали среди индийских политиков и журналистов... Было проще простого, особенно тогда, когда мало что знаешь, вынести чувство общей причастности и даже личной защищенности из фотографий Брежнева, обнимающегося с Индирой Ганди, или советских лидеров, обменивающихся приветственными тостами с Хонеккером, Гусаком или Кастро [Mishra 2006].

Чувство «общей причастности и даже личной защищенности» — то, о чем говорят многие собеседники, даже тогда, когда вспоминают конкретные советские книги. Значимость книги или героя в этом случае еще более усиливается, а порой даже перекрывает дружественные связи, красноречиво именуемые Мишрой «чувством... защищенности», составляя аффективную атмосферу геополитики той эпохи.

В таком геополитическом обрамлении присутствует и временной аспект. Если собеседники, родившиеся с 1930-х по начало 1970-х годов, встраивают свое чтение советских книг в политическую и культурную атмосферу деколонизации, более молодые респонденты, скорее, указывают на связь с собственными геополитическими переживаниями.

Так, Шабнам Хашми, родившаяся в 1950-е годы, явно воспринимает советские книги в геополитическом ключе, когда отклик на прочитанное был неотделимо связан с общим представлением о советской поддержке Индии и с общественными настроениями после обретения независимости:

Все знали, что Советы возводят сталелитейный завод в Бхилаи. СССР вообще активно помогал строить нашу экономику. В семье у нас царили радикально левые убеждения, поэтому мы были более открытыми ко всему советскому, чем другие: это была поддержка со стороны дружественного государства, союзника и покровителя. К концу 1970-х годов уже многие воспринимали СССР именно так. Мы относились к низам среднего класса, вращались в прогрессивных кругах (поэтому я слабо представляю себе то, о чем тогда помышляла буржуазия). Пока у власти была Индира Ганди, отношения с СССР были очень хорошими. Сама атмосфера тогда была другой. Индия, что у нас есть сейчас, совсем другая. Люди тогда были проще. А еще мы все были очень благодарны за сотрудничество между нашими странами.

Воспоминания о том, что в прогрессивных семьях — как у Шабнам — дома часто были советские книги, одновременно связаны и с восприятием аффективной атмосферы, порожденной политикой того времени.

Приведенные выше воспоминания Ранджита Хоскота о том, что в доме царила атмосфера космополитизма в духе учения Неру, аналогичным образом свидетельствуют о важности «домашнего настроения», составляющего важную часть памяти читателя.

Эта атмосфера, так сказать, «оказывает давление» на условия чтения, о которых Беннет замечает, что в «материальные, социальные, идеологические и институциональные отношения... неизбежно вписаны и текст, и сам читатель» [Anderson 2009: 78; Bennett 1983: 12] (рис. 6.12).

Ниипа Маджумдар, еще в 1970-х годах наткнувшаяся на томик «Тихого Дона» в ассамских трущобах, иначе описывает геополитическую атмосферу того времени. Она помнит, как вдруг книги стали доступными, и понимает, что их распространение было геополитически обусловлено. Однако же, в отличие от других собеседников, она замечает, что это никак не влияло на то, как она читала книги. Все это проходило даже не «по касательной»: ощущение, что Советы — «друзья», полностью отсутствовало в ее отношении к книгам. Она просто не задумывалась о причинах их наличия.

Остальные собеседники, кстати, тоже вспоминают, что, поскольку они читали советские книги, люди в их интеллектуальной среде порой намекали на симпатии к советской геополитике, хотя они их вовсе не имели.

Рис. 6.12. Советские книги различной тематики из личной библиотеки Ранджита Хоскота. Публикуется с любезного разрешения Ранджита Хоскота

Вот что вспоминает Свапан Дутта (1937 года рождения), переводчик и страстный любитель русской литературы:

> В моем окружении не было никого, кто интересовался бы СССР. Я учился в иезуитском колледже Сен-Ксавье, и там вообще не было левых: ни преподавателей, ни студентов. В президентском колледже и других местах — да, но не у нас. Тут Россия не интересовала никого. Один студент увидел у меня в руках русскую книгу и сказал: «О, да ты теперь коммунист» [смеется].

Такая геополитическая рамка (советская дружба в качестве общественного настроения, а не персональной эмоции) остается неизменной в воспоминаниях о книгах конца 1970–1980-х годов, когда советско-индийские отношения укрепились и культурная дипломатия получила более широкое распространение. Куда в меньшей степени в качестве контекстуальной рамки присутствуют в воспоминаниях более молодых собеседников первые годы деколонизации, поскольку с советскими книгами они познакомились лишь спустя 30–40 лет после обретения независимости.

Апарна Сингх вспоминает, как дома у дедушки с бабушкой наткнулась на советские книги и тут же влюбилась в детские сказки:

> Я до смерти испугалась Бабы-яги, но уже не могла остановиться — все читала и читала... Наверное, это было из-за того, что я росла в то время, когда казалось, что Советы — наши друзья. Такие мысли просто витали тогда в воздухе, все так думали.

Это вполне может быть ее ретроспективной интерпретацией своих отношений с книгами, а отчасти — обусловлено ее знакомством с моей работой. Но ничего странного в том, что читательская интерпретация опирается на иные культурные компетенции или же более широкое восприятие мира, в котором оказались книга и читатель (на те знания, благодаря которым эта встреча и смогла состояться), нет.

Амит Джулка, к примеру, вспоминая о советских книгах, которые он в то время читал, говорит также, что Советский Союз был в Индии «повсюду», подразумевая под этим как раз то ощущение, что «советское» являлось давно принятой частью индийского общественного дискурса:

> Я был знаком с теми и другими книгами, но американские стоили дороже. Мои двоюродные братья привозили нам книги из-за границы. Американские книги были в основном художественными, а советские — из научной области. Знаете, Россия была как-то просто рядом — быть может, не всегда, не каждый день, но была. Это особое обаяние... то же чувствовали и мои родные. В воздухе витало: «Боже мой, Аме-

рика — мировой полицейский; Россия всяко лучше». Такой типичный застольный разговор году эдак в 1971-м, когда индийская семья собирается по какому-то поводу: «Советы нам помогали, а американцы только и норовят предать».

В рассказе Амита весьма ярко описаны сочетание «знакомства с теми и другими» и ощущения, что Советы «просто рядом» и ближе:

> Мне всегда казалось, что Советский Союз очень развит по части науки и техники. Это во-первых. А во-вторых, наверное, сыграл роль еще и семейный момент... мы много слышали и об Америке, так как у нас там родственники, но Россия все равно ощущалась ближе. Наверное, я просто принял те дружественные отношения, которые уже были, и они сформировали у меня дальнейший образ.

Сказанное Амитом несет очень большой смысл: он не только признает, что связь с Советами была аффективной («Россия ощущалась ближе»), но и говорит о том, что это чувство близости могло повлиять на чтение им советских книг.

Винай Аравинд (1982 года рождения) вспоминает, что в Кочине было обычным делом читать советские книги, но затрудняется сказать, влияло ли чтение на его хорошее отношение к Советскому Союзу (или же само это отношение вызвало интерес к советским книгам). Впрочем, он соглашается с тем, что воспоминания о широко распространенных в обществе положительных эмоциях в отношении Советского Союза трудно отделить от воспоминаний о советских книгах: «Не то чтобы капиталистический блок представлялся сущим злом, но почему-то все ощущали, что Советы — на нашей стороне».

Очевидно, что интерес к советским книгам Свапны Найюду зародился благодаря домашней атмосфере, о чем она сама прямо и говорит, встраивая чтение в семейный и более широкий политический контекст: «Политика очень рано стала частью моей жизни. Дома у нас царили идеи Неру». А обязательным атрибутом дома типичного последователя Неру являлась эклектичность по части литературы:

Помимо наших писателей, важную роль сыграла и советская культура. Будучи подростком, я зачитывалась Островским. Не только Лениным… В детстве у нас были только мифы, почти не было хороших детских книжек. А потом были в основном советские. Была ли нам знакома западная литература? Конечно, Диккенс был в каждом доме. Джейн Остин, Шекспир тоже были, но современной западной литературы у нас не было. Вокруг было много советского искусства, проходили фестивали и ярмарки.

Свапна вспоминает: ей казалось, что по степени «интеграции» различных групп населения Советский Союз во многом можно сравнить с Индией. Такое сближение миров в сочетании с «антиамериканизмом внутри страны», добавляет она, делало Индию вполне естественной средой для советской литературы.

Однако же не все собеседники помнят благоприятную для чтения советских книг атмосферу.

С. Анантханараянан (1951 года рождения) рассказывает, что из-за американской пропаганды лишь немногие из его друзей знали советскую литературу, что утверждало ее нишевый статус в индийской популярной культуре.

Ниипа Маджумдар тоже говорит, что не припоминает в официальной риторике разговоров о советской геополитике. Примечательно, что ее рассказ вскоре переключается на песню Джоан Баэз, записанную во время Войны за независимость Бангладеш 1971 года. В мире Ниипы советские книги спокойно соседствовали с американской «мягкой силой».

### Моральный компас (ныне утраченный)

Ход времени и изменчивость памяти означают, что воспоминания неразрывно связаны с переживаниями настоящего. Мы многократно видели это и в предыдущих главах, когда воспоминания кубинцев о былой эффективности и долговечности советской бытовой техники переходили в сетования на ненадежность технологий (и геополитических связей) в современном мире.

В Индии многие собеседники также испытывают чувство утраты, вспоминая о советских книгах. Потеря, переживаемая ими, мало отличается от того, что испытывают люди в странах бывшего восточного блока: это утрата прежнего морально-аффективного режима, включавшего в себя социальные и политические ценности, которые казались высокими и тогда, а теперь представляются еще более значительными — в сравнении с теми, что явились им на смену.

Пожалуй, наиболее подробно об этом рассказывает Анубхути Маурья (1983 года рождения). Она вспоминает, как зачитывалась Чеховым в 1980-е годы, когда все русское и советское стало намного более доступным. Доступность и сопереживание близкому миру русско-советской литературы противопоставляются в ее рассказе читательским мирам современных детей.

> В Дели можно было найти что угодно русское: можно было сходить на балет, почитать книги. Никаких сложностей с этим не было. Благодаря советскому правительству мы столько нового увидели, поучаствовали в огромном количестве мероприятий. Подобные вещи имели большое значение. Я очень хотела бы, чтобы у моей подрастающей дочери было что-то, что можно противопоставить диснеевским мультфильмам, потому что в нынешней культурной среде в Дели можно найти книги на любой вкус, но нет ничего, что стало бы противовесом диснеевскому миру визуальных образов. Я очень скучаю по советским книгам и понимаю, что они могли бы стать такой альтернативой. «Тулика» или «Катха» издают замечательные книги, но их не найдешь в обычном книжном. В детстве я читала Энид Блайтон и «Нэнси Дрю»… это было очень легкое чтение, совсем не требующее никаких усилий. Мне есть с чем сравнить: я много читала и до того, как взялась за Энид Блайтон. Не хочу осуждать англо-американскую литературу. Просто мне кажется, что мы чересчур далеки друг от друга. Единственное, с чем я могу сравнить советские книги, — это индийский эпос и легенды… это очень глубокие сюжеты. Я думаю о том, что русские сказки сделали для меня… для моего детства… они очень сильно на меня повлияли.

Советская литература отличалась глубиной, требовавшей от читателя большей работы, и являлась противовесом американскому видению, и всего этого Анубхути недостает в мире современного индийского читателя. Ретроспективно оценивая роль советской литературы в холодной войне в эпоху глобальных перемен, она вспоминает, что Советский Союз привлек внимание всего мира к социальным проблемам. Анубхути напоминает об историческом контексте, в котором советские книги были очень актуальными, добавляя, что историографическое отражение левых идей и участие в социальных движениях были для ее поколения обычным делом, «теперь же здравым смыслом стал неолиберализм». Формулируя ответ на вопрос, почему советские книги так нравились им, собеседники в процессе разговора и сами пытаются понять и объяснить это, прибегая к геополитическим концептам «дружественных связей» или «длинной руки» нынешней американской «мягкой силы». В большинстве воспоминаний отсутствует когнитивная модель холодной войны, но интуитивно напрашивается сравнение советских книг с англо-американскими: последние все сильнее заполняют индийский книжный рынок, но многие считают, что они сильно уступают советским.

Ощущение утраты еще более усугубляется радикальными переменами в государственной политике, когда общепринятой нормой для среднего класса становятся неолиберализм и культурный консерватизм.

## Заключение

Арджун Аппадураи полагает, что воображение становится социальной практикой, когда представление о «жизни, прожитой где-то еще», может вызвать чувство солидарности или сопереживания [Appadurai 1996: 54]. Советские тексты начали «иначе резонировать» в индийском контексте, поэтому в воспоминаниях моих собеседников основной акцент делается на социалистической морали произведений вместо коммунистической субъективности [Thorpe 2018: 313]. Эстетический отклик на воспоминания о чтении советских книг выражает сочувствие и солидарность. Воображаемая солидарность необязательно зиждилась на «согласии» или единодушии взглядов, но проистекала из нарастающего понимания советского общества через книги, подкреплявшегося доминирующим в обществе ощущением «дружественных связей».

Геосоциальность и реляционная матрица вновь становятся контекстом, стимулирующим привычку к чтению, подобно тому как они же образовывали среду, в которой советские сувениры делались привычным подарком на Кубе (см. главу 4). Реляционная матрица (дедушкина библиотека; дядя, подаривший книгу, и прочие подобные связи), а также аффективная атмосфера «дружественных отношений» с Советским Союзом способствовали появлению условий или даже «формата чтения», сказывающегося на том, как советские книги прочитываются их читателями [Bennett 1983]. Советские книги не погружали индийских читателей в актуальную советскую тематику, как то изначально подразумевалось в отношении отечественной аудитории, но предлагали им новый мир, казавшийся более реальным и готовивший читателей ко взрослому миру. Были ли то художественная книга для детей, физико-математический справочник или рассказ о полете в космос, их наиболее распространенной интерпретацией был эмоциональный отклик. Советские книги были очень интересными, обучение с их помощью становилось увлекательным и доходчивым; они были совсем недорогими, раскрывали перед читателем новый мир, но казались при этом почти родными («все знали или чувствовали, что Советы — наши друзья»). В этом смысле они воспринимались как достойное прибавление к уже имеющимся книгам из других стран.

Советские книги не воспитывали идеологического конформизма, но порождали и взращивали читателей, для которых привычка читать означала космополитически чувствительно относиться к читаемому. Ни у кого из моих собеседников интерес к советской литературе не перерос сам по себе в непосредственную поддержку Советского Союза на мировой арене. Читатели — народ в этом смысле довольно непокорный, не позволяющий своему чтению направлять их геополитические взгляды таким образом, чтобы исключить прочее литературное и политическое мировоззрение.

Отражая сосуществование в обществе различных влияний, собеседники объясняют свое восхищение советской литературой так, чтобы совместить мир советских книг с их представлением о Западе, сформировавшемся через *его же* культурные артефакты.

# Глава 7
# Артефакты советского быта

*Социальный фактор
и доступность*

Сталелитейные предприятия, нефтеперерабатывающие заводы и другие проявления поддержки государственной инфраструктуры со стороны Советского Союза были вполне заметными в Индии и на равных конкурировали за внимание с аналогичными же от Соединенных Штатов Америки, Великобритании, Франции и Германии в первые десятилетия после обретения страной независимости. Но лишь в очень редких случаях в Индии можно встретить бережно используемый и хранимый советский бытовой прибор, мелкую домашнюю технику или что-то подобное. Советские вещицы, которые иногда можно обнаружить в индийской гостиной, — часто просто сувениры, появившиеся в доме, скорее всего, в результате поездок или личных связей кого-то из домочадцев с Советским Союзом. Но встречаются порой и более памятные вещи — наподобие незапланированной покупки во время советской поездки или интересной находки на блошином рынке в индийском мегаполисе.

Таким образом, история подобных советских артефактов — это рассказ как о совпадениях и случайностях, так и о глубоко личных отношениях, который отражает багаж неоднозначного опыта, накопленного благодаря политической позиции Индии во время холодной войны.

## *Вещи и их обращение*

Формально советские бытовые товары в Индии не были доступны. Напротив, согласно исследованиям торговых отношений тех лет, Индия сама экспортировала в СССР уже готовую бытовую технику (см. главу 5). Когда собеседник выбирал для интервью что-либо, кроме книг, как правило, это был сувенир, мелкий бытовой прибор или еще какая-либо техника, купленная на блошином или черном рынке по низкой цене. Путешествие — эта сфера «тихой политики» — является наиболее распространенным обстоятельством, в котором приобреталась та или иная советская вещь (сюда же отнесем студенческие обмены и дипломатические визиты). Как и в случае с кубинцами, советские сувениры индийских собеседников воплощаются в рассказах о важности бытового гостеприимства и труда общежительства, охватываемых тихой политикой повседневных геополитических связей [Craggs 2014: 98; Wise 2016]. Воспоминания о мелкой бытовой технике нередко сводятся к случайному приобретению какой-либо советской вещи, показавшейся в чем-то необычной и удивительной; советское материальное присутствие представляется в повседневной индийской жизни случайным и побочным элементом. Исключение здесь составляют крупные советские инфраструктурные объекты в Индии, воспоминания о которых также включены в настоящую главу, поскольку и в них отражены встречи с материальной культурой советской геополитики.

Опираясь на базовые концепции социологии потребления и исследования материальной культуры, в этой главе мы рассмотрим то, как сувениры стали обозначать отношения и опыт индийских собеседников. Они использовали советские сувениры в качестве импровизированной карты жизни, где вещи соединялись с кругом общения, тем или иным местом, жизненными переменами и поворотными моментами в политике, связанными с Советским Союзом, свидетелями которых они были [Riggins 1994b: 109]. Подобные материальные артефакты критически важны для «укрепления связей, а равно и границ между домом и внешним миром» [Haldrup 2017: 53].

При обсуждении мелкой бытовой техники нас будет интересовать то, что именно означали эти «странные и диковинные» приборы в моральной экономике индийского дома, какую роль играли стратегии потребления — от неиспользования до полного отказа — в воспоминаниях о них, какие общественные или личные значения они приобрели и каким образом нам следует подойти к интерпретации общей маргинальности советской материальной культуры в бытовой жизни Индии [Silverstone, Hirsch 1992; Wyatt 2003: 288/4385; Richins 1994].

## Декоративные и функциональные советские вещи в индийском доме

Воспоминания собеседников о приобретении, об использовании и о бережном отношении к советским вещам обнаруживают ряд закономерностей, которые мы можем понимать как «смысловые дуги», возникающие в их историях о самих себе и о выбранных для обсуждения вещах. Можно отметить ряд отличий между воспоминаниями и восприятием сувениров и оценкой смыслов и значений мелкой бытовой техники и иных функциональных предметов. Сувениры приобретаются в путешествиях или достаются в результате участия в каком-либо знаменательном событии — наподобие выпускного — и фигурируют, как правило, в межличностных отношениях, именно поэтому их значения, как мы видели в главе 4, обычно проистекают из ритуала дружбы и иных видов социального общения, характерного для пребывания собеседников в Советском Союзе. В этом смысле они указывают на более глубокую погруженность в советские реалии, нежели другие виды сувениров, связанных с путешествиями. Напротив, обращение к советской бытовой технике и приспособлениям помогает рассказать об опыте модернизации и лучше понять общие принципы советской модели развития.

Большинство собеседников родились в период между 1930 и 1970-ми годами, благодаря чему мы имеем различные воспоминания о регулярных и случайных встречах с советской материальной культурой (не считая, конечно, советских книг). Мы можем выделить ряд типичных моделей повествования о советских вещах, несмотря на их малочисленность и редкость. В нарративных воспоминаниях собеседников мы в состоянии распознать и связать с историческими обстоятельствами потребления (описанными в главе 5) такие образы, совпадающие с общественными настроениями того времени, как антиимпериализм, общая повестка государственного строительства и социальной справедливости, геополитическая поддержка и принципы социалистического потребления как отдельной формы модернизации.

Ниже мы рассмотрим следующие нарративные рамки, как то: 1) воспоминания о «доме»; 2) интеллектуальная близость и солидарность; 3) бытовые приборы: диковинки и массовые товары; 4) инфраструктурные объекты как воплощение солидарности.

### *Воспоминания о «доме»*

Гжель и хохлома, всевозможная кухонная утварь — все это следы советского прошлого. Как и у кубинцев, у индийских собеседников эти вещи материально интегрированы в домашний быт; как и кубинцы, индийские собеседники также были среди тех, кто с 1960-х по 1980-е годы получил стипендию на обучение в советских учебных заведениях. Кроме того, в ряде случаев сувениры были приобретены во время дипломатических поездок, в которые отправлялись всей семьей, после чего часто обустраивали новый — московский — дом. К ним мы в первую очередь и обратимся в этой главе. Некоторые из собеседников, живших в Советском Союзе в составе дипломатического корпуса, рассказывают о том, какую роль СССР сыграл лично в их жизни и в жизни нескольких поколений домочадцев. Воспоминания о ставшей возможной благодаря дипломатическим связям поездке в Советский Союз являются также дорогими для многих членов семьи «воспоминаниями о доме». Советские предметы из московских квартир вызывают воспоминания об оказанном им «гостеприимстве» и о том, что советская среда сыграла важную роль в первые годы жизни их детей. Каждое воспоминание об СССР, таким образом, наделяется более глубоким смыслом, выходящим за рамки случайных встреч и мимолетных отношений, становится памятью об определенном «жизненном этапе». Собеседники обращаются не только к традиционным предметам русского декоративно-прикладного искусства, но и к вещам, функциональным и одновременно играющим роль сувенира. К примеру, собеседники показывают сковородку или чайную пару, которыми пользуются по назначению, но которые также олицетворяют их советский опыт. Советские вещи в домах таких путешественников, как правило, весьма многообразны, занимают самые различные места и продолжают использоваться.

По крайней мере у трех собеседников нашлись истории и вещи, связанные с проживанием в Советском Союзе, причем две семьи прибыли в Советы по дипломатической линии. Поскольку эти поездки не предпринимались из культурных или идеологических симпатий, ощущение идеологической близости не фигурировало ни в ожиданиях от пребывания, ни в рассказах о вещах и связанных с ними событиях. Эти воспоминания рассказывают не только о формальных геополитических связях, но и о доброжелательном отношении советских людей к приезжим из Индии.

Семья Сингх сейчас живет в Бангалоре (ныне также именуемом Бенгалуру); во время интервью они сидят все вместе — г-н и г-жа Сингх, а также их дочь Пратиикша, приехавшая из Канады навестить родителей. Динамика группового интервью весьма способствует обмену воспоминаниями: муж с женой напоминают друг другу о тех или об иных эпизодах, о которых стоит упомянуть, а дочь просит подробнее рассказать об имеющихся у них дома советских вещах.

Г-н Сингх получил назначение в Москву, и в 1981 году все Сингхи отправились в свою первую заграничную поездку. «Советы играли чрезвычайно важную роль в Индии; все здесь знали о Советском Союзе», — так начинает г-н Сингх. То советское путешествие по-прежнему составляет важную часть семейной истории: предметы, которые были у них в московском доме, теперь занимают видные места в серванте в гостиной и возле обеденного стола. На полке позади сидящих родителей видны фотографии детей, портреты сняты и помещены в рамки в Москве; они висят на почетном месте, свидетельствуя о том, что и спустя много десятилетий те переживания по-прежнему важны

Рис. 7.1. Фотопортреты Пратиикши Сингх и ее брата напоминают
о времени, проведенном в Советском Союзе. Публикуются
с любезного разрешения г-на и г-жи Сингх

в их сегодняшней жизни. Что касается детей, их советские воспоминания имеют весьма смутный характер, но тем не менее
ощущаются как вполне реальные. Дочь Пратиикша говорит:
«Я ничего не помню о том, как мы были там, но у меня всегда
было ощущение, что было как дома. Я чувствую, что знала и понимала эту страну» (рис. 7.1).

Пратиикша рассказывает, что испытывает сильную привязанность к Советскому Союзу, всегда интересовалась, как там жилось, поэтому она слушает воспоминания своих родителей с не меньшим интересом, чем я. Г-жа Сингх деловито ходит по комнате, расставляя на столе вещи, приобретенные когда-то в Москве. Она показывает гжельскую фигурку собаки, лакированный поднос, чешский хрустальный сервиз — все это обычно стоит за стеклом в большом серванте. Столь почетное и видное место в центре кухни свидетельствует о ценности этих вещей как памятных вех в истории их семьи, которые к тому же сообщают гостям о знаменательных поворотах в их жизни. Супруги вспоминают, что если ценность предметов декоративно-прикладного искусства заключалась в их уникальной русскости, то функциональные вещи были важны и сами по себе, поскольку иметь в хозяйстве рабочую кухонную утварь более высокого качества, нежели доступная тогда в Индии, было чем-то новым и исключительным. Поскольку посуда и чайник по-прежнему используются на кухне в Бенгалуру, материальные следы связей, установившихся во время холодной войны, продолжают формировать их воспоминания о том периоде, влияя и на их сегодняшнюю жизнь. Г-жа Сингх добавляет: «А еще на кухне есть сковороды и кастрюли, ими я тоже до сих пор пользуюсь»; она уходит на кухню и вскоре возвращается со сковородкой в руках:

> Качество — высший сорт! Вот в этом ковшике я завариваю чай уже 35 лет. Алюминиевые кастрюльки тоже все время в работе. Еще есть столовые приборы, разные ложки-вилки — по ним и не скажешь, что ими пользуются 40 лет!

Говоря о повсеместном присутствии у них советских предметов и о том, что воспоминания о советском доме продолжают переплетаться с их сегодняшней жизнью, Пратиикша добавляет: «Только вчера копалась в ящике со столовыми приборами и наткнулась на безмен. Я спросила родителей, откуда он, а они ответили: "Из России". Куда ни посмотри, у нас дома везде найдется что-то из того времени» (рис. 7.2).

Рис. 7.2. Кухонный безмен,
приобретенный в Москве.
Публикуется с любезного
разрешения г-жи Сингх

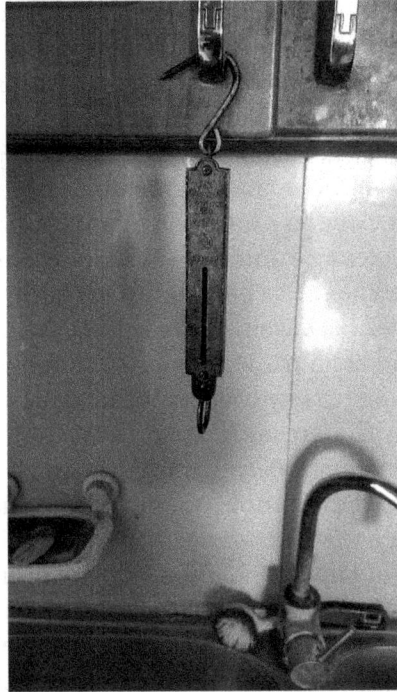

Те, у кого остались сувениры, появившиеся в студенческие
годы, показывая их, вспоминают дружеские отношения и идео-
логическую близость, возникшую в «период дружбы» с Советским
Союзом. Но такие собеседники, как семья Сингх, жившие там
в составе дипломатического корпуса, рассказывают, скорее,
о быте, ценах, воспитании детей — словом, повседневной советской жизни индийской семьи. Геополитическая история превращается здесь в рассказы о буднях иностранцев в Советском
Союзе: о приветливых местных жителях, об уровне жизни,
о забавных подробностях о советских школах и детских садах,
прочих житейских моментах. Я интересуюсь, не возникло ли
у них какой-то особой привязанности к Советам, так как они
были «друзьями». Обдумав вопрос, супруги отвечают, что совет-

ские люди были очень «добрыми и гостеприимными, но видно было, что жилось им нелегко». В том, что они говорят о советской системе, мне не слышится ни горячего одобрения, ни язвительной критики. Ясно тем не менее, что двусторонняя дружба вполне ощущалась в их повседневной жизни; супруги считают, что именно поэтому к ним так хорошо относились, пока они жили в Советском Союзе. В этом смысле их ощущение «дома», нахождение в понятном, знакомом пространстве, взаимно радушное общение с советскими людьми — все это укрепляло геополитические связи, свидетельствуя о готовности СССР и впредь поддерживать Индию, что, впрочем, не выливалось в активную поддержку советской системы с их стороны.

Советские геополитические предметы могут также становиться семейными реликвиями, если Советский Союз имел непосредственное отношение к жизни нескольких поколений и влиял на нее.

Одну из подобных реликвий мне показала Шриа Малхотра (1983 года рождения). У нее хранится карманный англо-русский словарик (издание не советское), которым пользовались целых три поколения, о чем свидетельствуют подписи на форзаце. Первая принадлежит ее деду: в 1960-е годы он три года был первым военным атташе в Москве. Отец Шрии ходил в советскую школу, ездил в пионерские лагеря и даже участвовал в математических олимпиадах; ему и принадлежит вторая подпись. В последние 10 лет существования Советского Союза он вновь вернулся туда по дипломатической службе. Тогда и родилась Шриа, оставившая в словаре свою третью подпись.

> Деду и отцу очень нравилось там. Для нас всех это было скорее чем-то личным, чем следованием каким-то политическим установкам. Мы не чувствовали себя чужими... это был очень светлый, хороший опыт. Думаю, мой отец был сторонником социализма... Но речь, конечно, не об этом. Это такая связь, которая навсегда останется для меня очень личной и эмоциональной, поэтому у нас сохранились и книги, и альбомы с марками. Еще мы привезли русскую одежду и тому подобные вещи.

Предметы, которые показывает мне Шриа, — это как раз те самые реликвии, свидетельствующие об истории космополитических путешествий, жизни ее семьи, не ограничивавшейся лишь одним местом, и о роли Советского Союза во всем этом.

Нигде связь личного с геополитическим в «период дружбы» не предстает с такой очевидностью, как в подобных историях о советских вещах, так как они представляют собой передающиеся из поколения в поколение воспоминания о «чувстве дома», радушном общении, невзирая на различия, и международной мобильности, из которых и составляется семейная история.

### Интеллектуальная близость и солидарность

Значки с Лениным, открытки с видами Красной площади, ложки, расписанные хохломой, всевозможные матрешки и многочисленные фотографии — все это сувениры, которые показывают мне собеседники, отучившиеся в студенческие годы в СССР. Как и в доме супругов Сингх, демонстрируемые вещи переплетают воспоминания с личным восприятием: советские сувениры в домах собеседников обозначают их жизненные траектории и культурные следы тех путешествий в сегодняшней жизни людей. Истории, связанные с этими сувенирами, периодом и контекстом их приобретения, как правило, рассказывают о дружбе, жизненных ситуациях, поездках в Советский Союз, а также о некотором интеллектуальном и эмоциональном климате, благодаря которому подобные личные связи и становились духом времени. Открытость — важный феномен в формировании политических идей, работе над самосознанием и установлении политико-социальных связей с другими людьми [Nair 2020: 196–197]. Она может относиться к обмену мнениями среди индийцев-единомышленников, поощрявших интерес друг друга к социалистическим артефактам или Советскому Союзу в целом. Или же это может быть открытость в качестве повседневной задачи студента, живущего в общежитии при советском университете.

Впрочем, то же можно делать и в своей гостиной в Дели. К примеру, в воспоминаниях Аниля Наурийи (1953 года рождения) отражается аналогичная эмоциональная атмосфера, царившая в общественных настроениях 1950–1960-х годов. Аниль рассказывает о вещи, которую подготовил для нашего интервью, связывая ее с дискурсивным и аффективным контекстом семейной гостиной, в которой бывали жаркие дискуссии о социалистической мысли и будущем Индии. Воспоминания Аниля о горячих спорах в гостиной напомнили мне один выразительный пассаж Микеля Дюфрена, где он как раз раскрывает метафору «атмосферы»:

> Качество, о котором идет речь, сродни надличностному или безличностному принципу, в соответствии с которым мы говорим, что электрическая атмосфера имеет место или, как поет Шарль Трене, в воздухе витает радость. Этот принцип воплощается в отдельных людях или вещах. Он похож на коллективное сознание, в неспокойные времена управляющее индивидуальным. Независимо от того, объясняет ли этот принцип что-либо, в нем во всяком случае отражается реальность, которую мы столь остро ощущаем, контактируя с группой, источающей ее [Dufrenne 1973: 168].

Рассказы Аниля о вещи, которую он принес для интервью, и сама история говорят об аффективной атмосфере сопереживания Советам. В первые годы после обретения страной независимости было ощущение, что именно сопереживание Советскому государству и идеи относительно видения будущего страны «витали в воздухе». Когда люди описывают подобное чувство, это звучит довольно расплывчато, но для тех, кто его испытал, оно было совершенно реальным, категоричным ощущением. Как пишет Бен Андерсон, подобная аффективная атмосфера является в этом смысле одновременно и строго определенной, детерминированной, и недетерминированной [Anderson 2009: 78].

Анилю было четыре года, когда с визитом в Индию прибыл маршал Жуков. На вставленной в рамку черно-белой фотогра-

Рис. 7.3. Аниль Наурийа демонстрирует фотографию, на которой он и его дед запечатлены с маршалом Жуковым в 1957 году. Публикуется с любезного разрешения Аниля Наурийи

фии, слишком хрупкой и ценной, чтобы доставать ее и снимать с нее копии, Аниль указывает на четырехлетнего себя рядом с Жуковым и объясняет контекст, в котором был сделан снимок (рис. 7.3).

Они сидят вместе с матерью и дедом Махавиром Тьяги. Дед был известным бором за свободу и близким соратником Джавахарлала Неру. Он занимал кресло министра по организации обороны (должность, замечает внук, упразднили после 1957 года) и отвечал за ее «индигенизацию»[1], а также вел переговоры перед первыми соглашениями с Советским Союзом. Аниль хорошо помнит атмосферу в доме и понимает ее как микрокосм относительно кипевшего снаружи макрокосма, что создавало вполне естественную среду для его советского предмета.

---

[1] Антропологический термин (букв. «отуземливание»), в политическом контексте означающий локализацию и национализацию. — *Прим. пер.*

В нашей семье дед был героем, потому что он участвовал в борьбе за свободу. Он был членом группы, которую называли рафийцами [рафиец — соратник Рафи Ахмад Кидваи, видного индийского националиста-мусульманина]. Среди рафийцев были и такие люди, как Кешав Дев Малавийя, министр топливной промышленности; он тесно работал с Советами в этом направлении. Он был частым гостем в нашем доме. Невозможно было не заметить, что что-то происходит; все вокруг дышало их разговорами. И я впитывал это всем своим существом. Каждый вечер кружок друзей — Малавийя, мой дед и другие — сидел в плетеных креслах и беседовал. Так все и происходило. Помню, однажды Малавийя приехал на странном джипе, он очень отличался от американских. Машина была советской, как-то он ее достал через свои связи. У нее был такой странный горб, и мы прозвали ее унтом [«верблюд» на хинди]. А может, джип был и не советским, а польским или из ГДР; в общем, откуда-то из восточного блока.

Фотография, которую демонстрирует мне Аниль, свидетельствует об активных связях между двумя странами, но такая нарративизация объекта куда более красноречиво указывает на общую распространенность социалистической мысли в первые годы после обретения независимости. Воспоминания о домашней обстановке, в которой постоянно велись обсуждения прогрессивной политики и, если было уместно, роли СССР в оказании помощи Индии, весьма схожи с историями о советских книгах в главе 6: там собеседники тоже припоминали об этом ощущении всепронизывающего настроения, словно «окутывавшего» их мир и определявшего геополитические представления в первые независимые годы. Во многих приведенных историях указывается на роль родителей или других членов семьи (в реляционной матрице) в знакомстве собеседников с советскими идеями. Помимо этого, нередко описывают и общее — лояльное по отношению к Советам — настроение в 1950–1960-х годах, вследствие чего появлялся интерес к русскому языку и русской культуре, который становился причиной последующих поездок в Советский Союз и покупки там новых вещей.

После обретения независимости в годы социалистического интернационализма и правления Неру многие индийцы (как и кубинцы) увлеклись изучением русского языка, о чем мы уже говорили выше (см. главу 5). Социалистические идеи пользовались большой популярностью в независимой Индии или, как выразился во время нашей беседы Субир Синха, «широко распространялись в товарищеском кругу». В те годы, как для кубинцев и других жителей Глобального Юга, советская университетская жизнь являлась важнейшим пространством для создания международных сообществ единомышленников и обретения новых вещей. Знакомство с советскими студентами и с приехавшими учиться из других стран Глобального Юга вспоминается как важный процесс, обладавший политическим потенциалом — начисто стереть различия между «нами» и «ими». В первые десять лет независимости изучение русского языка набирало обороты в крупных индийских университетах. Некоторые из моих собеседников учились в Делийском университете или Университете имени Джавахарлала Неру, а затем отправлялись в Московский государственный университет писать диссертацию по русской литературе. Как и в случае с кубинцами, советские артефакты индийских студентов дискурсивно встроены в рассказы о поездках в СССР, воспоминания о друзьях и отношениях, сложившихся в студенческом общежитии. Чувство, выступающее связующим элементом во всех подобных историях, — солидарность. Таким образом, сувенир, приобретенный когда-то в 1960-е годы, может поведать о том, как международные связи способствовали мобильности в поисках знаний, работы и приключений. Демонстрируя приготовленные для нашей беседы артефакты, собеседники много рассказывают о том, как иностранные студенты жили в СССР, знакомились с советской жизнью. Рассказы о сувенирах — это неизменно истории о советском гостеприимстве и об эмоциональном сообществе, которое вместе составляли студенты. Собеседники часто вспоминают, что ощущали себя участниками глобального сообщества, ставшего возможным благодаря советской поддержке. Именно Советское государство поощряло их космополитическое участие в мире.

Рассказывая о сувенирах, собеседники одновременно поясняют свою глубокую связь с местом — людьми, историей и культурой, — подчеркивая к тому же то, что это отнюдь не произвольно выбранные доверчивыми туристами безделушки. К примеру, со времен ее жизни в СССР у Шабнам Хашми (1951 года рождения) осталось множество фотографий, книг и даже причудливого вида пепельница:

> Я ею пользуюсь. Видите, какая интересная — в форме башмака? Она, кажется, еще военных времен. Каждый день ею пользуюсь, но никаких трещин или сколов. Купила я ее где-то у Красной площади.

Показывая мне вещи, купленные во время учебы в Московском государственном университете в конце 1970-х годов, Шабнам вспоминает, как принимала участие в различных молодежных мероприятиях. Как и у ее кубинских сверстников, социальное взаимодействие является ее главным воспоминанием об учебе в Советском Союзе. Предметы, которые она мне показывает, воплощают эту историю инклюзивности и общительности, превращающую межгосударственные отношения в интимно-личный опыт.

> Московский государственный университет был просто чудесным местом... там было столько иностранцев, мы все вместе учили русский. Я была в Крыму и много общалась с русскими и украинцами. Помню, ребята устроили бал; мне страшно понравилось. Они шутили, что я похожа на грузинку. А я этим воспользовалась — объездила множество городов и деревень безо всяких виз. Советские студенты ездили на добровольные работы, помогали строить школы или дороги. Я отправилась с ними в Сибирь, и мы построили несколько классов в школе. Это был очень интересный опыт. У меня было две соседки по комнате: Ирина с Наташей... мне так и не удалось их разыскать. Мы постоянно слушали запрещенные записи Ахматовой, еще у нас были пластинки и кассеты Высоцкого. Это была привычная музыка в нашей комнате. Да вообще все, что было тогда популярно у советской молодежи, мы и слушали.

Воспоминания Шабнам связаны не только с атмосферой транснационального гражданства в студенческом кругу, но и с участием в этом социалистическом проекте; она «построила несколько классов в школе», проводила время так же, как это делала обычная советская молодежь того времени. Шабнам извлекла богатый опыт из новых геополитических возможностей: она умело пользовалась случаем, становясь равноправным участником различных социальных и культурных событий, несмотря на то что была иностранкой. Рассказ о том, как она путешествовала по стране без визы из-за «грузинской» внешности, весьма красноречиво указывает на то, что передвижение по стране для иностранцев было не очень затруднено. Для приезжих из стран Глобального Юга отсутствие необходимости в специальных разрешающих документах всегда представляется особой привилегией, потому что все в общем-то уже привыкли к не слишком адекватным и гостеприимным процедурам получения зарубежных виз. Подобная же легкость передвижения (которую Шабнам также воспринимала как гостеприимство Советского государства) подчеркивала для нее особый статус индийцев в контексте дружественной геополитики. Так жизнь иллюстрировала официальную риторику «дружбы». Кроме того, у нее в доме имеются предметы, свидетельствующие о щедром покровительстве и гостеприимстве ее советских учителей (рис. 7.4):

> Эту чашку из гжельского фарфора мне подарила моя преподавательница. Она хранится у меня отдельно вместе с керамической посудой; пользуюсь я ей редко, потому что боюсь разбить. Мою учительницу звали Людмила, а фамилию я уже не помню. Она пригласила нас домой и подарила мне эту чашку. Еще я привезла домой целую гору значков — 30 или даже 40. Они продавались повсюду. У нас дома висел отрез ткани, на который мы их прикалывали. Сейчас они лежат где-то в коробке, а может, я уже все раздарила.

Сувениры в доме Шабнам — это не просто памятные вещицы о месте и об индустрии культуры, но воплощения дружбы, гостеприимства и видимого отсутствия неравенства, обеспеченных

Рис. 7.4. Классическая сине-золотая фарфоровая пара — один из многочисленных русских артефактов, дорогих сердцу Шабнам Хашми. Публикуется с любезного разрешения Шабнам Хашми

Рис. 7.5. Колокольчик из гжельского фарфора рядом с традиционными предметами убранства индийского дома. Публикуется с любезного разрешения Лалимы Сингх

дружескими отношениями на межличностном уровне. Эти вещи сообщают о чувстве взаимного доверия, которое испытывали и проявляли члены студенческих сообществ, подчеркнуто утверждая столь явно пропагандируемую в официальной риторике солидарность. Факт, что большинство из этих вещей по-прежнему стоят на видном месте в гостиной Шабнам, свидетельствует о том, насколько важными были для нее годы советской учебы.

Как и Шабнам, Лалима Сингх (1959 года рождения) тоже вспоминает интеллектуальную атмосферу в доме родителей в Амритсаре, благодаря чему выбор русского языка стал для нее вполне естественным. Она показывает мне матрешку, гжельский колокольчик на полке и множество советских книг на хинди (рис. 7.5).

Когда Лалима была ребенком, ее отец работал переводчиком в издательстве «Прогресс» и информационном центре советского посольства в Нью-Дели. В 1977 году семья переехала в Советский Союз. Сначала планировалось остаться всего на три года, но в итоге их пребывание в Москве растянулось на десять лет.

Показывая мне различные фарфоровые и лакированные сувениры, привезенные из Советского Союза, Лалима вспоминает прежде всего о советском университете — об эпицентре и о средоточии глобального гражданства, в контексте которого и были приобретены все эти вещи. Такая советская площадка была чрезвычайно важным фактором, поскольку благодаря ей индийцы имели возможность общаться не только с советскими студентами, но и вообще с молодыми единомышленниками со всех уголков мира. Лалима говорит, что учеба вместе со студентами из Вьетнама и стран Ближнего Востока была совершенно незабываемым опытом. Ее рассказ призван подчеркнуть узы солидарности, ощущавшиеся студентами из государств Глобального Юга в советском университете. Эта связь подкреплялась общим антиимпериалистическим настроением и негласной поддержкой социализма. Подобной площадкой Советский Союз и видел свои университеты, в едином пространстве которых можно было собрать студентов из развивающихся стран, в особенности представителей их рабочего и среднего классов (в то время как в американские университеты принимали, как правило, лишь отпрысков местных элит) [Kret

2013: 242]. Воспоминания Лалимы Сингх вполне подтверждают этот взгляд на советский университет как новую возможность социальной мобильности, недоступную предыдущим поколениям:

> Родители моих родителей были необразованными. Только мой отец сумел выучиться. Но ему приходилось учиться на дому: в колледж он так и не пошел, потому что его родителям нечем было заплатить за обучение. Когда отец увидел мое общежитие, он сказал: «Знаешь, тебе очень повезло здесь учиться, и даже комната есть. Всю жизнь мечтал о чем-то подобном, но приходилось зубрить дома».

Предметы, хранящиеся у Лалимы, сообщают о полноте ее опыта студенчества и жизни в Москве, а также о том, как возможность учиться в Советском Союзе преображала новое поколение студентов из стран Глобального Юга. В этом рассказ Лалимы Сингх совершенно аналогичен историям кубинцев, выучивших на родине русский язык и отправившихся за границу для продолжения образования. Возможность учиться и строить новую жизнь, отличную от жизни предыдущего поколения, превращает эти вещи в священную дань уважения поворотному, судьбоносному событию в жизни собеседников. Эти воспоминания о советской студенческой жизни, как и рассказы кубинских собеседников, показывают, что студенты играют роль субальтернативных агентов, привнося в геополитику умение переосмыслять границы между государствами.

Университет не только являлся пространством осуществления транснационального гражданства и воссоздания политических границ, но и был локусом транснациональной дружбы, как помнит читатель по главе 4, в которой кубинские собеседники в контексте воспоминаний о советском гостеприимстве и радушии рассказывали о своих сувенирах. Дружба — жизненно важный феномен, поскольку она помогает молодым людям наладить личную и общественную жизнь: «Дружба есть не только... взаимная привязанность и симпатия молодых людей, не только внутренние споры в группах сверстников»; она также «встроена в обыденные политические реалии молодых людей, пересекая границы между частным и общественным и объединяя акторов, принадлежащих к разным поколениям» [Korkiamäki, Kallio 2018: 75–76]. Ее невозможно отделить ни от социальных и политических условий, в которых она возникает, ни от способа, которым она порождает участие и вовлеченность в них.

Итак, транснациональные дружеские отношения на геополитической арене составляют важное пространство для политической и эмоциональной солидарности, лежащей в основе отношений на государственном уровне.

Об этом красноречиво свидетельствуют советские предметы, хранящиеся у Ранджаны Саксена (1957 года рождения). «Выбор и хранение составляющих идентичность вещей», относящихся к студенческим годам в Москве, указывает на критическую роль советского опыта Ранджаны в становлении ее самосознания и «чувства дома». В СССР она изучала русскую литературу, а затем преподавала русский язык и перевела несколько произведений на хинди. У нее появилось много хороших друзей, со многими из которых она сохранила связь; один даже навестил ее в Нью-Дели и привез в подарок куклу Ташу, которая теперь сидит на почетной книжной полке в гостиной. Ранджана со смехом рассказывает о кукле, подчеркивая с ее помощью, насколько прочны были дружеские отношения. Сын Ранджаны — он давно вырос и женился — говорит, что отдавать эту куклу кому-то ни в коем случае нельзя (рис. 7.6).

Институциональные рамки личных отношений могли претерпеть изменения, но их следы сохранились в интимном пространстве дома. Элемент коллективного переживания, ощущение, что те чувства близости и родства являются составной частью нормативного опыта среднего класса, условия, при которых увлечение русским языком представлялось естественным, — все это также присутствует в воспоминаниях собеседников. Кроме того, очень важен и фактор семьи, влияющий на формирование среды, благоприятствующей советским идеям и вещам, — наподобие той, которую описывает выше Лалима Сингх, рассказывая об имеющихся у нее советских вещах. Здесь же можно вспомнить то, как индийские собеседники рассказывали о своей встрече

Рис. 7.6. Кукла Таша, подаренная Ранджане Саксена старинным другом из России, заняла почетное место на книжной полке в ее доме в Нью-Дели. Публикуется с любезного разрешения Ранджаны Саксена

с советской литературой, при этом неизменно упоминая членов семьи или друзей, благодаря которым знакомство и могло состояться. Раджнана говорит, что ее отец также придерживался социалистических взглядов, поэтому для нее было вполне естественно заинтересоваться русским языком и в 1960–1970-е годы пойти учиться в Делийский университет. Как и в историях

Шабнам или семьи Сингх, первые встречи Раджнан с Советским Союзом тоже были обусловлены влиянием родных и близких, а также самим историческим моментом, когда в постнезависимой Индии идеи социальной справедливости и ориентированной на развитие экономики являлись «здравым смыслом».

Сувениры, обусловленные геосоциальностью и близким знакомством с советским обществом и людьми, указывают на наличие аффективной солидарности, совершенно аналогичной той, что подобные же артефакты вызывали в воспоминаниях кубинских собеседников. В их воспоминаниях о времени, проведенном в советских университетах, как отдельной эпохе необычайного общежительства, явно слышится если не всегда идеологическое сродство, то во всяком случае сопереживание Советскому Союзу.

Спустя даже многие десятилетия советские вещи выступают свидетелями тех советских поездок, студенческой учебы, дружбы и веселья; бережно хранимые, эти вещи конституируют идентичность своих владельцев, несмотря на то что период советско-индийских отношений остался давно в прошлом.

### *Бытовые приборы: диковинки и массовые товары*

Большинство индийцев не имели доступа к советской бытовой технике, поскольку официально таковую Индия не импортировала. Приборы, о которых рассказывают собеседники, были куплены либо в комиссионных магазинах, либо же — в редких случаях — в поездках в Советский Союз; еще несколько собеседников не смогли вспомнить, где была приобретена вещь. В этом дискурсивном контексте объект описывается как нечто во многих аспектах необычное: это могут быть внешний вид, неожиданность появления вещи, какой-либо удивительный функционал, эффективность или уникальность (когда ни у кого больше не было ничего подобного). Сходным образом собеседники конструируют общественное значение этих товаров (осмысляя, какой посыл о Советском Союзе несли эти вещи), но, кроме того, приписывают им и «личные смыслы», указывая на разнообразие реакций пользователей и наблюдателей в отношении этих вещей [Richins 1994: 523].

Принцип социалистической модернизации, подчеркивавший простую утилитарность предметов, заставлял сторонних пользователей удивляться советским достижениям в области легкой промышленности. Хотя Шриа Малхотра (1983 года рождения) была еще совсем ребенком, когда ее семья оказалась в 1980-х годах в Москве, она до сих пор пользуется оставшимися с тех пор вещами и говорит, что советская промышленность уже тогда демонстрировала стремление к функциональности и долговечности, составляющим фундамент современных идей этического потребления.

Шриа показывает мне советскую авоську, со смехом замечая, что никто обычно не знает, что это:

> Я очень ценю дизайн советских вещей за эффективность и простоту. Кажется, Советы заботились об окружающей среде еще в то время, когда никто об этом и не думал. Мне очень нравится эта авоська: с ней очень удобно ходить за покупками. Просто невероятно, что никто так и не запустил их массового производства. Дизайн, функциональность советских вещей мне импонируют и сегодня. Мне нравилось, как выглядели вещи, но я не питала особых симпатий к Советскому Союзу как политической системе. Я не считала, что их система лучше, — просто мне нравились вещи, которые там производились: все было простым и полезным.

В случае с советскими бытовыми товарами рассказы более взрослых собеседников мало чем отличаются: они тоже говорят о вещах, просто «делающих то, для чего и были предназначены».

Читатель помнит С. Анантханараянана по главе 6, где он красноречиво рассказывал о советской детской литературе и книгах по физике, благодаря которым он увлекся наукой. Он демонстрирует мне свою коллекцию фотоаппаратов «Смена», рассказывая о том, как они к нему попали и что они могут сообщить о производстве техники в Советском Союзе (рис. 7.7):

> Я их купил в 1970-х годах. Мне было 20 (может, 22), когда я приобрел небольшую «Смену». Это вообще была моя первая фотокамера. Она была довольно простой, без изыс-

Рис. 7.7. Советские камеры «Смена» С. Анантханараянана.
Публикуется с любезного разрешения С. Анантханараянана.

ков, но настроек все равно было довольно много, и фокус
неплохой. На большинстве карманных фотоаппаратов тогда
вообще не было фокуса! Словом, мне камера очень нравилась. А потом я где-то увидел еще одну похожую и подумал:
«Надо не упустить». В последующие годы я купил еще три
«Смены» — они и сейчас у меня. На них можно было на-
строить диафрагму и выдержку, а это уже очень много; на
остальных «компактах» такого не было. Они и сейчас исправно работают! А еще эти камеры стоили совсем дешево — что-то около 400 рупий. Самую первую я потом забыл
в лондонском двухъяруснике, но остальные все при мне.
На «Смене» стояли линзы марки Weiss, их делали в Восточной Германии. У конкурентов были обычные пластиковые
линзы, здесь же стояло хорошее стекло. Ничего особенного,
конечно, но уже можно было добиться резкости и четкости
изображения. Мне очень нравилась простота этих камер,

притом что они отлично работали. Пожалуй, они во многом поспособствовали моему представлению о том, что вещи могут дешево стоить, быть очень простыми и все равно безотказно работать.

Собеседники нередко сравнивают те или иные советские вещи с западными аналогами того времени. Это говорит о том, что, хотя в своих рассказах они часто не обращаются к рамкам холодной войны, предполагаемый и предписываемый ею бинарный взгляд не был так уж чужд им. Простота и доступность советских вещей резко контрастировали с продукцией из других стран, особенно с товарами для среднего класса.

Анубхути Маурья (1978 года рождения) преподает сейчас в Нью-Дели, а ее родители преподавали в Делийском университете. Мать была специалистом по Кубе, а отец — по русскому языку, что, естественно, создавало дома атмосферу, благосклонную к советским идеям и вещам. Отец время от времени ездил по работе в Советский Союз, и Анубхути вспоминает, что в результате дома накопилось множество разнообразных приборов и украшений. Она подчеркивает доступность советских товаров, но неоднозначно оценивает их функциональность, а по ее тону можно предположить, что эти вещи во многом казались ей странными и необычными (рис. 7.8):

> У нас был небольшой телевизор, который можно было носить с собой, но он вечно не работал. У моего отца была заветная мечта — иметь такой портативный телевизор, чтобы можно было смотреть везде, где только захочешь. Как-то на каникулах мы поехали в Шимлу [горный курорт] и взяли с собой этот чертов телевизор, чтобы проверить, будет ли он работать на холмах, если на равнине он не работает. У нас был советский транзисторный радиоприемник, чтобы можно было поймать станции, которые любил слушать дед. Еще были советские бинокли — такие большие, очень здорово работали. В них можно было разглядеть даже спутники Юпитера. Советские вещи у нас в семье были просто потому, что мы могли купить их в Москве, а другие такой возможности не имели. Советская техника считалась

Рис. 7.8. Анубхути Маурья уверяет, что через этот советский бинокль можно наблюдать спутники Юпитера, что свидетельствует о его качестве. Публикуется с любезного разрешения Анубхути Маурья

намного более продвинутой в сравнении с местной. Хотя мне эти товары казались громоздкими, не очень эффективными и лишь изредка привлекательными. А вот книги, декоративные предметы и посуда — все это было по-настоящему красивым.

Несмотря на невероятную дальнобойность бинокля, вряд ли можно считать воспоминания Анубхути о советской технике положительным впечатлением от советской модернизации. По ее словам, советские вещи оказались у них лишь оттого, что благодаря связям ее отца с Россией они были доступны, и потому, что были лучше местной техники. Будь у них доступ к недорогой технике из Европы и США, они, скорее, выбрали бы ее. В этом смысле то был совершенно неидеологический выбор. Но, как и в кубинских рассказах, мораль советской модернизации играет доминирующую дискурсивную роль и в индийских интервью. Как и другие собеседники, Анубхути подчеркивает фактор доступности советских вещей («преподавательская зарплата родителей позволяла купить их»), а также общую атмосферу доброжелательности по отношению к Советскому Союзу, вместе с тем преуменьшая материальный аспект этих предметов. Опять же, это можно рассматривать в контексте той атмосферы «дружелюбия», коллективного чувства, располагавшего к потреблению советских товаров, какими бы странными те ни были. В целом истории о советских предметах также описывают, как представители среднего класса, изучавшие русский язык, получали благодаря этому доступ к современной технике и возможности для путешествий. Для индийцев среднего класса это был не единственный способ познакомиться с иностранным миром — существовала возможность учиться и в США или Великобритании, покупать западные товары, но все это было очень дорого и приемлемо лишь для некоторой части индийской элиты.

В воспоминаниях семьи Сингх также фигурируют такие качества советской техники, как доступность и функциональность. Как мы помним из их рассказа, роль СССР в Индии ассоциируется у них с чувством дома и маленькими детьми, росшими, когда они были в Москве (аналогичную историю нам поведали кубинцы Мириам Меса и Луис Борхес в главе 4). Перечисляя советские вещи, которые они приобрели и которыми пользовались, живя в Москве, г-н Сингх рассказывает о своем фотоаппарате:

> У меня были камеры «Зенит», снимали они хорошо. Тяжелые, правда, но качество съемки было неплохим, учитывая их стоимость. Конечно, они уступали западным фотоаппаратам, но, опять же, если учитывать то, сколько они стоили, качество было вполне приемлемым. Мы сравнивали с местными камерами, и те были на порядок хуже советских.

Он полагает, что советская модернизация превосходила местное производство, но уверенно присуждает американским и европейским товарам первенство в этой иерархии. Советские устройства приобретались, скорее, в рамках нишевого интереса (они отличались, были «не такими») или же потому, что были дешевле и качественнее индийских аналогов. Такая двойственность в отношении к советской технике — смесь удивления ее функционалом со скепсисом — звучит в рассказах большинства собеседников. В ней, собственно, находит отражение их лиминальная, пограничная геополитическая субъективность в условиях противостояния сверхдержав.

Дома у Гиты Сешу (1964 года рождения) до сих пор есть советский виниловый проигрыватель, но она не помнит, где отец достал его. Ее семья жила в прибрежном городе Вишакхапатнам, и на улицах нередко можно было встретить советских моряков, ищущих, где бы поменять советские вещи на местные. Отец работал инженером, и, вспоминает она, однажды в конце 1970-х годов он как-то пришел домой с этим проигрывателем. Откуда он, выяснить уже невозможно, но можно предположить, что он подержанный, а отцу его продал или выменял у него на что-то советский моряк либо какой-нибудь знакомый, сам его купивший.

> Ну вот, стоял у нас этот проигрыватель: с виду ничего — простая, вполне рабочая вертушка, сделан аккуратно, крышка пластиковая. Никаких особых изысков. Но у нас в те годы и из пластика-то ничего особо не делали. Еще там было что-то такое заковыристое написано, по-русски (наверное). Язык для нас тоже казался очень странным, как и все русское. Английское — нет, да и американское тоже... Помню, что проигрыватель был совсем дешевым. Вся инструкция была на русском, и мы не понимали, на какие кнопки нужно жать. Но отец был инженером и в итоге разобрался, что к чему! Мы очень долго им пользовались. Сделано все было очень добротно и работало многие годы. Отец уже успел выйти на пенсию и вернулся в Бангалор, а проигрыватель все работал. Ну а потом мы перестали покупать пластинки.

Этот советский прибор привлекал внимание нетипичным дизайном и непонятными надписями на корпусе; он проработал долгие годы, но запомнился главным образом тем, что вызывал удивление и недоумение у желающих им воспользоваться:

> Мы тогда еще сомневались, что он вообще работает. Отца подкалывали: и стоило тратиться, хоть и дешево? Но он заработал, и отец еще много лет слушал на нем пластинки. Кажется, потом он убрал его, потому что какая-то деталь наконец износилась, а мы не знали, как заменить ее. Это было всего пять — десять лет назад, а до того он исправно работал. Помню, приезжала к отцу в Бангалор и всегда ставила пластинки.

Гита то и дело подчеркивает многолетнюю работоспособность проигрывателя, но упоминает при этом, что советские вещи просто-напросто «так себе рекламировались». Ее рассказ отражает, что индийские потребители, будучи субъектами геополитики в эпоху отношений с обеими сторонами идеологического конфликта, предпочитали вещи из Соединенных Штатов Америки, а не из Советского Союза:

> Мало кто всерьез помышлял о советских вещах. Ценились американские товары, шоколад и прочие товары из Штатов. Они казались более... ну, как сказать... в общем, все их хотели. Они рекламировались в газетах и журналах, особенно иностранных, которые мы получали по подписке благодаря отцу. С советскими товарами ничего подобного не было. Немецкая техника тоже очень ценилась. Тогда еще много говорили о машиностроении и крупных промышленных предприятиях. Отец работал в американской нефтяной компании, благодаря чему западное влияние мы ощущали сильнее. Примерно в конце 1970-х годов рынок наводнили новые калькуляторы. Помню аппараты от Texas Instrument — это была самая желанная модель. Мой дядя учился тогда в Америке и привез всем детям по такому. Мы были просто счастливы. Все считали, что Соединенные Штаты Америки — намного более развитая страна. Никто, мне кажется, даже и не знал о советских товарах, о том, что они вообще нам поставляют. Об американских товарах можно было услышать повсюду, а о советских — нигде ни слова, вообще ничего.

Яркий рассказ о маргинальности советских вещей еще более подчеркивает значимость этого единственного проигрывателя в их гостиной. Получается, что он — воплощение единственной в их жизни встречи с советской геополитикой, не считая тех советских моряков. Воспоминания о нем и связанных с ним ситуациях позволяют предположить, что в семье Гиты советская техника воспринималась как эдакая диковинка, не центральная, да и не слишком важная в их повседневной жизни. Такие рассказы о советских вещах (за исключением книг) чем-то напоминают сказку, где вещь появляется (будто бы) из ниоткуда, ее простота вызывает недоумение и недоверие, но все неожиданно работает и, вопреки ожиданиям, поражает эффективностью и функциональностью.

### Инфраструктурные объекты как воплощение солидарности

Повсеместное ощущение «дружбы», несмотря на малое количество материальных следов, не считая книг, было связано с инфраструктурной поддержкой, которую Советский Союз оказывал Индии. То, что Индия стремилась поддержать отечественную промышленность и вводила строгие правила, регулирующие импорт зарубежной продукции, означало, что правительство страны было больше знакомо с советскими методами работы на крупных инфраструктурных объектах, нежели в области мелкой бытовой техники, хотя, как мы помним, Советы и не были единственной крупной державой, оказывавшей Индии инфраструктурную поддержку. Истории некоторых из собеседников были посвящены не личным или бытовым вещам, а как раз масштабным советским проектам, в которых они принимали участие. Я не мешала беседе развиваться и в этом направлении, поскольку обсуждение инфраструктурных проектов, осуществлявшихся при содействии Советского Союза, обуславливалось тем, что многим собеседникам попросту нечего было рассказать о советских вещах; обращение к столь крупным проектам подразумевает фактическое отсутствие в публичном поле (и это чрезвычайно важно) даже минимальной информации о советских бытовых товарах и домашней технике. Для ряда собеседников знакомство с советской «масштабной» материальной культурой произошло благодаря их работе на предприятиях, либо создававшихся при помощи СССР, либо работавших под руководством советских специалистов. Важно отметить, что значение советских технологий определялось в контексте сопоставления с технологиями других геополитических партнеров Индии.

Рассказы о крупных советских технологиях и пространствах, в которых они функционировали, как правило, вызывали воспоминания о материальных и технологических атрибутах этих технологий, а также о более общих моментах в двусторонних отношениях и опыте советских специалистов как технополитических акторов.

Так, в рассказе Свапана Дутта (1937 года рождения) о работе русским переводчиком (язык он выучил сам — по учебнику) возникает неожиданная ассоциация модернизации промышленности с американскими, а не советскими технологиями. «У меня дома не было никакой советской техники — только их книги», — говорит он. Первый раз с советскими технологиями Свапан столкнулся в Индийском статистическом институте, где стоял советский (и самый первый индийский) суперкомпьютер; по довольно будничному тону рассказа можно сделать вывод, что Свапан остался не слишком впечатлен советской машиной. Для него этот большой компьютер, занимавший множество комнат в институте, являлся тогда просто наиболее заметным проявлением советской материальной культуры и геополитической помощи:

> Советы, значит... они привезли в Институт статистики свой огромный «Урал-2». Мой настольный компьютер едва ли не мощнее той ЭВМ, занимавшей три комнаты... К ней прилагалась обширная документация, которую никто не понимал, так что мне пришлось взяться за ее перевод.

В его памяти советское присутствие в Индии воплощалось в том громоздком компьютере, инструкцию к которому под силу было дешифровать лишь ему. Его воспоминания — это не стандартный хвалебный рассказ о советской поддержке Индии в годы после обретения независимости. Наоборот, насколько позволяет судить его личный опыт, тот период скорее характеризовался амбивалентностью, чем категорической близостью идеологических пристрастий. «Неру действительно был социалистом, но не просоветским. Мы приняли их плановую систему, но она оказалась ложной», — такое двойственное отношение к советской системе означает, что в том же ключе запомнился и компьютер «Урал-2» — как подачка на правах единственного благодетеля, в то время как сами индийцы хотели, но не могли сделать лучше. После того как он со смехом описал колоссальные размеры компьютера, а также непривычную для себя роль единственного, кто мог прочесть документацию к нему, я спрашиваю, было ли это его первое знакомство с продуктом советской модернизации. В его ответе звучит явное пренебрежение к самой идее советской модернизации:

> Мне кажется, там и не было никакой модернизации, как считаете? После Второй мировой они начали заново все отстраивать; некоторая реконструкция — да, была, но не модернизация. А советская идея прогресса — это уже совсем другая тема. Полагаю, в Индии это вообще никого не увлекало. Действительно впечатляли нас европейцы с американцами, но Советы готовы были поставлять товары даже тогда, когда наши валютные резервы оказались чуть ли не на нуле. Так что у нас не было иного выбора. Не думаю, что Неру был просоветским. Конечно, неприсоединение и все такое... Неру был ярым социалистом и с готовностью принял эти пятилетки. Но проблема в том, что советские планы всегда оказывались обманом: если ты можешь в 20 раз перевыполнить собственный план, с ним явно что-то не так. Что до их промышленности, особого пиетета к ней не было, но не было и другого выбора.

Тут он напоминает мне о том, что и сами Советы закупали у Индии потребительские товары:

> Еще со времен Брежнева... после нефтяного кризиса они
> импортировали все подряд. Советские туристы, когда
> приезжали сюда, тоже закупались вещами, а кто-то шел на
> Коннот-Плейс и выменивал советские товары на местные.
> Там даже указатели на русском поставили. Индийцы, быва-
> ло, шли туда за покупками и по пути приобретали еще
> и советские магнитофоны. Правда, качество у них было так
> себе. А кому попадались неплохие, рассказывали, что сде-
> ланы они были в Восточной Европе, а не в Советском
> Союзе. Большинство же советских вещей... купил, а потом
> они вдруг просто переставали работать. А починишь, еще
> немного поработают и опять сломаются.

Замечание о том, что Советский Союз закупал у Индии потребительские товары, вполне подтверждается официальными
торговыми данными за 1980-е годы; тогда многие товары, собранные из западноевропейских и американских комплектующих,
далее экспортировались в Советский Союз. Поскольку г-н Дутта
никогда не имел советских вещей, он и не говорит о личном
опыте их использования, а обращается, скорее, к некоторому
общему мнению о качестве советской продукции. Вещи представляются и потребляются посредством своих социальных репрезентаций [Ross 2017], следовательно, то, что люди знали (или
думали, что знали) о Советском Союзе, и определяло их настроение в отношении советской техники.

То, о чем рассказывает Свапан Дутта, относится к периоду
1960-х годов, когда советская поддержка инфраструктурных
проектов в Индии год от года неуклонно росла. Одним из первых
советских предприятий был сталелитейный завод, а потом и вы-
росший вокруг него город Бокаро. Так начиналась реализация
идеи Неру о «современных индийских храмах».

Сушмита Пати (1983 года рождения) росла в Бокаро и вспоминает, что вокруг часто обсуждали Советский Союз: «Когда
я была маленькой, то часто слышала, что многие папины друзья
бывали в СССР. Весь город работает на заводе. Вот и все, что тут
происходит».

С Амитавой Де (1951 года рождения) читатель уже знаком по главе 6, где он рассказывал о советских справочниках по металлургии, которые штудировал во время учебы в ИИТ Харагпура. Амитава много лет проработал на построенном с помощью Советского Союза заводе в Бокаро. Подобно кубинским собеседникам, он тоже говорит о практичности советского проектирования, замечая, что все очень хорошо подходило для индийских реалий — наподобие тяжелых и прочных станков в цехах. Амитава говорит, что Соединенные Штаты Америки не горели желанием поставлять подобное оборудование просто ради того, чтобы помочь Индии, у которой тогда не было возможности платить за американские технологии. Его описание роли советских технологий говорит о том, что их главными качествами являлись износостойкость и адаптивность:

Фактически единственными, кто готов был реально продавать нам заводское оборудование, были Советы. И их грубая, прочная техника вполне нам подходила. Приведу пример. У нас на заводе есть прокатный цех, где из толстенных листов стали делают тонкие. Называется это прокатным станом. В советском станке было десять типовых гидроцилиндров разного размера, регулирующих подвижные части механизма. А на весь цех было, наверное, 10–15 типов цилиндров, то есть всего нужно было иметь запчастей на эти 15 типов. И если они у вас были, ваш завод в полном порядке. А теперь сравните с Америкой. В конце 1980-х годов в связи с расширением и модернизацией производства мы перешли на американские мощности. Детали все были тонкими, аккуратными, хотя основное оборудование было такое же, но там было 100 различных цилиндров. Для чего? Для того чтобы не нужно было искать цилиндр требуемого размера. Но для нас в цеху это означало, что теперь нам нужно было иметь запчасти уже для 100 цилиндров... А для советского станка хватало 15, и эти 15 подходили вообще ко всем машинам, то есть если где-то нужен был трехдюймовый цилиндр, они закладывали в проект пятидюймовый, чтобы можно было использовать его еще где-нибудь. И так были собраны все советские машины, чтобы можно было что-то открутить и прикрутить туда, куда требуется. А американские... ну, что тут скажешь... за что платишь — то и получаешь, ни больше ни меньше. Советские детали, к слову, еще и служили намного дольше.

Замечания Амитавы о том, что советская техника соответствовала местным условиям, отличалась износостойкостью и адаптивностью, практически дословно повторяют то, что рассказывали о советской технике кубинцы. Но, в отличие от последних, индийские собеседники не говорят о сознательном «отуземливании» техники Советами; если же таковое имело место, то, скорее, *вопреки* их участию. Как вспоминает Амитава, Советы не слишком охотно обсуждали с индийскими инженерами вопросы адаптации или варианты реализации какой-либо функции; впрочем, говорит он, они проявляли изрядное рвение, чтобы закрепить свое «присутствие» в проекте. Кроме того, он отмечает, что в глазах тех, кто каждый день на местах работал на советских машинах, они были напрочь лишены каких-либо ассоциаций с идеологией своих создателей:

Советская идеология для нас вообще не играла никакой роли. На правительственном уровне — там да, кто-то говорил о социализме, но нас в цехе все это не слишком волновало, покуда было оборудование. Приехавшие в Бокаро советские инженеры были очень честными, преданными своему делу ребятами. Наверное, прибыв издалека, они хотели приложить максимум усилий к общему делу. Научно-технический обмен с Советами проходил довольно легко: у них была масса документации, были переводчики, помогавшие прояснить технические вопросы. В общем можно было разобраться. Но с советскими проектами была другая проблема. Раз уж в конструкторском бюро проект утвердили, то все. А люди, по нему работающие, инженеры начинали задавать вопросы, недоумевать: а зачем это, а почему бы не сделать так, потому что хотелось сделать как лучше. Но с Советами такие вопросы оказывались неуместными: улучшить уже утвержденный проект стана холодной прокатки было нельзя. Скажем, станок, где огромные стальные листы нужно загрузить в специальные печи с фиксированными циклами нагрева и температурными режимами.

Спустя три-четыре года работы с этими печами нам показалось, что установленный цикл слишком длинный. Я обратился к инженерам с вопросом, можно ли сократить это время, и они сказали: «Нет, этого сделать нельзя». Тогда я провел несколько экспериментов, чтобы выяснить, что же можно сделать, и в результате обнаружился способ, позволяющий сократить время и увеличить производительность печей. Но советские инженеры к тому моменту уже ушли, и вопрос так и не решился.

Невероятно интересный рассказ! Во-первых, Амитава ассоциирует советскую технику не только с материальной помощью, но и с сопутствующей поддержкой — как в виде общения с советскими специалистами, так и в виде обширной технической документации с переводом на местные языки. Как уже упоминалось в главе 5, индийская общественность высоко ценила действия Советского Союза по поддержанию экономики и промышленности независимой Индии, в то время как американцы не оказывали столь масштабной поддержки. Амитава рассказывает, что Советы не только передавали технологии, но и делились опытом; важны были и конечный продукт, результат, и сам процесс, участие в нем всех задействованных лиц. Когда я слушала Амитаву, мне вспомнились рассказы кубинских собеседников о роли их ученых в научно-техническом обмене в ходе двусторонних проектов. Кроме этого, он вспоминает, что советскую технику, с которой ему довелось работать, было довольно легко локализовать, «индигенизировать», несмотря на то что советские ученые не оказывали в этом отношении деятельной помощи. Помимо того (и это, пожалуй, самое интересное), Амитава упоминает, как во время «модернизации производства» в конце 1980-х годов Индия перешла на американское заводское оборудование, то есть, несмотря на описанную им адаптивность и ремонтопригодность советской техники, в отличие от американской, она для него все же не ассоциировалась с модернизацией. Но, невзирая на подобный скепсис, у него сохранились очень теплые воспоминания о том, как Советы на деле доказывали свою искреннюю — в отличие от американцев — приверженность технологическому прогрессу Индии. Иллюстрирует он это следующим образом:

> С американцами как такового научно-технического обмена практически не было. Все упиралось в деньги, потому что тарифы были очень дорогими. Приходилось привлекать третьих лиц — американцев и англичан, имевших опыт работы с подобным оборудованием, поставлявшимся в Африку. От них мы и узнавали, как и что работает. А американцы просто продавали нам машину. «Если желаете к ней инженеров, вот, пожалуйста, стоимость», — примерно так. Они приехали в Бокаро, увидели, как далеко расположен город, и сказали, что не останутся здесь, так как до Калькутты, где находилась ближайшая станция метро, было 350 километров. Они заявили нам: «Мы вернемся в Калькутту, а потом приедем на три дня. Предоставьте нам вертолет». Когда мы подсчитали, сколько все это будет стоить, вопрос отпал сам собой. А советские ребята просто приехали в Бокаро и заселились в специально отстроенный для них новенький дом на 50 квартир с прекрасной мозаикой на полу. Вот в том-то и разница между советским и американским подходом к работе. Американцы просто не видели смысла тут оставаться.

То есть история путешествий советских технологий сплетается не только из фактической передачи промышленных ноу-хау, но и из деятельной заинтересованности и участия Советского Союза в процессе модернизации Индии.

К нашей беседе присоединяется супруга Амитавы, Ракхи Де (1956 года рождения). Она добавляет к сказанному мужем, что советские инженеры много общались с местными жителями и за пределами завода: «Их легко можно было встретить, скажем, на местном рынке, где они покупали овощи и фрукты». Замечание Ракхи прекрасно иллюстрирует то, как официально-формальное институциональное сотрудничество распространяется на повседневную жизнь, оказывая влияние на популярное восприятие Советского Союза и вне промышленного контекста.

Можно заключить, что общим местом историй собеседников является то, что, несмотря на явное отставание советской модернизации от западных визави, советский подход во многих отношениях показал себя более надежным, эффективным и гибким применительно к местным условиям.

Раджат Тандон (1965 года рождения) вспоминает о войне с Пакистаном в 1971 году, по итогам которой Бангладеш обрел независимость, так:

> Наша армия на советских танках — противник на американских, и все, конечно, обсуждали, насколько американские лучше. Но мы знали, что нашими верными друзьями и помощниками были именно трудолюбивые социалистические Советы, а потому, обсудив танки, прибавляли: «Но американцам-то веры нет: у них же все о деньгах».

Рассказ Раджата представляет собой очередную вариацию уже многократно упоминавшейся мысли о том, что доверие и надежность преобладают над материальным аспектом советского экспорта. Диссонанс от того, что Запад более развит, но помощь приходит советская, был практически у всех, и выражался он так: «Американцы все делают лучше, но помогают всегда Советы».

Советское геополитическое могущество заключалось в том, что Советы многое делали для других. Были и значительные достижения во многих отраслях, но реальным источником международной силы была именно моральная поддержка вместе с иного рода помощью, с готовностью оказывавшаяся друзьям и союзникам.

## Заключение

Советские сувениры, мелкая бытовая техника и огромные заводские комплексы — всему нашлось свое место (пусть и с разной степенью распространения и стойким ощущением некоторой «странности») в материальном ландшафте независимой Индии. Сувениры, чьи истории привязаны к личным взаимоотношениям, вызывают воспоминания о дружбе и общении с новыми людьми в качестве практики «гражданства мира» и расширения кругозора. В этом смысле подобные вещи исполняли свое предназначение, становясь и оставаясь проводниками нарративов политической дружбы, преданности и сопереживания. Для путешествовавших в СССР по дипломатической линии советские предметы домашнего обихода превращаются в символы космополитизма, воплощавшегося в их поездке в Советский Союз, и становятся частью пестрой палитры впечатлений, связанных с различными обстоятельствами дипломатической службы. Такие предметы и рассказы также свидетельствуют о важной роли подобных политических акторов в формировании геополитического воображения и подкреплении или оспаривании официальной риторики о международных отношениях.

По поводу советской бытовой техники собеседники рассказывают, что встречалась она довольно редко и часто вызывала сдержанное любопытство у видевших ее и пользовавшихся ею. Советской техники в Индии было действительно мало, но та, что была, воспринималась, как и планировалось, как вещи-товарищи[2], утилитарно-полезные и общедоступные. Даже в отсутствие физических предметов социальная репрезентация советской материальной культуры предполагала их восприятие и образ как воплощение социальной идеи. Если кубинцы подчеркивали ощущение благодарности и солидарности, воплощавшихся для них в этих вещах, в индийских воспоминаниях подобное присутствует в меньшей степени, поскольку советская техника у людей нередко появлялась не благодаря официальным торговым отношениям между странами, а в результате стечения обстоятельств. Случайность приобретения еще более подчеркивала исключительность советской вещи; она удивляла непривычным внешним исполнением и поражала долговечностью — главным качеством, упоминаемым почти во всех воспоминаниях. Если назвать процесс, при помощи которого «дикие», малоизвестные технологии «приручаются» и встраиваются в повседневную жизнь, «одомашниванием», по результатам проведенных изысканий можно заключить, что советская техника в большинстве случаев была «одомашнена» лишь ча-

---

[2]   Уже упоминавшееся выражение А. Родченко. — *Прим. пер.*

стично. В восприятии большинства индийцев она оставалась чем-то диковинным и маргинальным.

В случае с Индией наиболее поразительным оказалось то, сколь незначительное место в жизни людей занимали советские вещи. Таким образом, изучение истории индийских советских вещей является достаточно сложной задачей в плане подобных «раскопок». И в первую очередь — вследствие практически полного *отсутствия* каких бы то ни было «небольших советских вещей». Такое отсутствие не лишает предмета самостоятельной значимости: оно не только свидетельствует об относительной невещественности советской геополитики на местах, но и, словно в порядке компенсации, создает пространство для обсуждения дружеских чувств или атмосферу доброй воли между двумя странами. Воспоминания собеседников также прямо свидетельствуют о присутствии идеи о том, что Советы — друзья и им по силам создавать долговечное техническое оборудование.

Такова была «аффективная атмосфера» того времени: даже столь минимальный отпечаток советской материальной культуры не мешал принимать социальные принципы советской модернизации и в общем плане ничуть не заглушал широко распространенного чувства, что «все на одной стороне».

# Заключение

Геополитическая субъективность всегда пребывает в процессе *становления*, находясь на пересечении множества потоков: идей, предписываемых государством, транснациональных моделей, привычек и знаний прошлых лет, личных предпочтений и социальных ценностей. В этом смысле кубинские и индийские собеседники, рассказывая о своих вещах, излагают через эту *совокупность* факторов собственное мировоззрение, самоощущение и понимание истории. Рассмотрение геополитической практики в качестве такой совокупности означает, что включенные в нее институции и акторы всегда находятся во взаимодействии и могут реализовать свой потенциал лишь в его процессе. Никакой отдельный компонент совокупности не работает на формирование геополитического воображения, за исключением иных сил, действующих на том же поле. В рамках этой совокупности невозможно ожидать, что какой-либо отголосок советских идей будет действовать сам по себе, пресекая другие; напротив, следует понимать это в смысле мобилизации или актуализации в связи с остальным жизненным опытом собеседника. Соответственно, солидарность или иная форма идентификации с Советским Союзом не исключают и других форм взаимодействия или узнавания об альтернативных способах обретения геополитической субъектности.

Понятие солидарности как отношения позволяет заметить, что она характеризуется напряженностью и неоднозначностью между близким и далеким, принадлежностью и непринадлежностью, признанием и дезавуированием позиций, обусловленных этическими и политическими установками дискретно позиционированных субъектов, участвующих в акте солидарности. Сосуществование таких противонаправленных импульсов в процессе формирования культурной солидарности делает ее саму скорее процессом разомкнутым и проницаемым, чем монолитно-статичным и заведомо определенным [Helgesson et al. 2018: 264].

Анализ субъективного опыта жителей Глобального Юга, реализованного через отношения с социалистическим блоком, предлагает способ понимания разомкнутости солидарности и лиминальности геополитического опыта, обращает наше внимание на «геополитическую непредвиденность, множественность и креативность» [McConnell 2017: 142]. Обсуждение лиминальных геополитических субъективностей означает рассмотрение геополитики как процесса и «предполагает более тонкое понимание трансформации, возникновения и становления в рамках международной системы» [McConnell 2017: 142]. Обладая потенциалом — как оппозиционным, так и неопределенным, — геополитический опыт в лиминальном пространстве иллюстрирует «динамику процесса принадлежности, становления и признания» [McConnell 2017: 147]. Анализ лиминальности повседневного восприятия советской геополитической поддержки в годы холодной войны позволяет нам воздержаться от овеществления дифференциации.

Однако же эта лиминальность вполне проявляется лишь после обстоятельного изучения геополитической субъективности, что я и попыталась осуществить в настоящей работе, предоставив собеседникам возможность самим рассказать об опыте советской геополитики через имеющиеся (или когда-то имевшиеся) у них советские вещи.

## Советские вещи на перекрестке историй

Когнитивные рамки холодной войны скрывают куда больше, чем раскрывают, игнорируя факторы, позволяющие людям строить представления о мире таким образом, что тот выдается за рамки, не поддаваясь разделениям, предписываемым определенной дискурсивной моделью. В своих интерпретациях потребители геополитических текстов всегда вольны «выбирать из множества пересекающихся дискурсов, связанных с различными аспектами их идентичности» [Dittmer, Dodds 2008: 447]. Отсюда следует, что исторический анализ геополитических субъектов, в котором ключевая роль отведена дискурсивному режиму холодной войны, является лишь «частичным и слабо проясняет не-геополитические аспекты международных отношений или транснациональных движений» [Iriye 2013: 15]. К тому же в подобном случае предпочтение отдается такому взгляду на XX век, в фокусе которого оказываются конфликты и трения. Но тогда за кадром остается солидарность, формировавшаяся как благодаря, так и вопреки холодной войне. Холодная война и сообщенные ею геополитические импульсы сопровождались транснациональными и глобальными процессами деколонизации, национализма, неприсоединения, интернационализма и иного рода солидарности. Подобные векторы по-разному пересекались в каждой стране, гарантируя, что опыт людей во время холодной войны не мог быть строго привязан к идеологическим разногласиям сторон конфликта. Живой опыт блоковой политики с необходимостью формировался в ходе пересечения многих других процессов. Мало где это проявляется столь же ярко, как в использовании, демонстрации и воспоминаниях о советских бытовых вещах в индийских и кубинских домах.

Целью настоящей книги являлось изучить семиотические путешествия советских предметов, используя их в качестве призмы для прояснения живого опыта советской геополитической поддержки в годы холодной войны. Моей задачей было рассмотреть, что происходило (и происходит) на стороне «адресата» высокопарной риторики и жестов советского послевоенного интернационализма в Индии и на Кубе. Кроме того, мне было интересно выяснить, как ведет себя локальное при пересечении с глобальным, как советское геополитическое влияние осмыслялось непосредственно на местах.

## Значение советских вещей

Советские вещи попадали в Индию и на Кубу самыми разными, официальными и неофициальными, путями, из чего следует, что их конечный потребитель мог оказаться как целевым, так и случайным; последние далеко не всегда понимали, что представляют собой советские товары, чего стоит от них ожидать. Подобное разнообразие в процессах приобретения (вещи и дарили, и покупали, и находили на блошиных рынках, или вообще уже нельзя было припомнить, где и как они появлялись) трансформировало восприятие как материальной, так и символической функции советских предметов. Некоторые приписываемые им смыслы могли говорить об «эффективности» советской «мягкой силы», другие же указывали на нечто менее уловимое — наподобие сдержанного одобрения или даже похвалы в отношении методов советской модернизации. Ни то ни другое не иллюстрирует успеха или провала советской техники, равно как и доказательство обратного не входило в задачи настоящей работы. Пожалуй, в силу самой природы материальных вещей советские вещи приобретали для пользовавшихся ими множество различных значений (как социальных, так и личных), указывая на наиболее устойчивые закономерности в становлении вещей частью личной истории, связывавшей человека и пространство его дома с глобальными событиями периода холодной войны.

Советская бытовая техника потреблялась тогда и вспоминается сегодня на Кубе так, что ее материально-технические достоинства преимущественно «уступают в цене» чувствам эмоциональной близости, взаимной поддержки, благодарности и одобрения социальных принципов социалистической модернизации, то есть громоздкость посудомоечной машины вторична относительно ее доступности и долговечности и уж точно менее важна в сравнении с олицетворяемым ею жестом солидарности в условиях противостояния американскому империализму. В этом смысле нарративное неповиновение имеет место лишь в той степени, в какой потребитель советской вещи не уверен в технологической составляющей советских достижений; впрочем, смыслов, совершенно отличных от первоначально заложенных, вещь не приобретала. В первую очередь эти вещи воспринимаются как носители социальных функций в виде доступности и долговечности, а также как вехи антиимпериалистической солидарности.

Некогда включенные в моральную экономику кубинского дома, советские сувениры и культурные артефакты играют роль мнемонических инструментов, с помощью которых домашнее пространство связывается с мировым. Для собеседников они являются своего рода «историческими сборниками», хранящими воспоминания о самых разных — регулярных и разовых, кратковременных и долгосрочных, деловых и личных — советских поездках. Из олицетворения русского народа советские сувениры стали воплощением советской идеи сплоченного в борьбе против империализма международного сообщества. Пожалуй, они делают это несколько иначе, чем изначально предполагалось, но оказали (и продолжают оказывать) серьезное влияние на укрепление культурно-политической идеи солидарности между восточным блоком и Глобальным Югом. Судя по всему, в своем семиотическом путешествии советские вещи сохраняют социокультурную идею, выдвинутую на передний план дискурсом их производства: материальность вещи в риторике коммунистического производства имела значение лишь постольку, поскольку вещь выступала в качестве общественного блага. Этот смысл затем встраивался в то, как люди пользовались вещами и воспринимали их даже после того, как избавились от них.

В Индии доминирующими среди советских вещей являлись книги, оставаясь, впрочем, несмотря на условную «распространенность», нишевым явлением. Как официально поставлявшиеся в Индию, так и распространявшиеся через неформальные каналы, книги являются очевидным нарративным средством мироустройства и формирования ощущения мирового гражданства. Индийские читатели советских книг — как художественных, так и научно-популярных — в качестве элемента собственных «горизонтов ожиданий» привносили в их чтение личный опыт деколонизации. В читателях зарождалось ощущение, что живой советский мир — это тот мир, с которым они могли идентифицировать себя — в силу описываемых вызовов и отношения к своему читателю как взрослому. Советская книга во многом успешно исполняла свое предназначение, формируя гражданское самосознание и делая науку доступной массам, пусть и с разной интенсивностью, в зависимости от склонностей и интересов читателя. Вместе с тем поскольку советская литература находилась в условиях, когда книги со всего мира выступали в качестве конкурирующих геополитических артефактов, ее рецепция также свидетельствует о множественности читательских «горизонтов» и разомкнутости чувства солидарности читателя в отношении советского мира.

Советские сувениры и бытовая техника в Индии обладают культурной значимостью, поскольку через них собеседники могут рассказывать о своем политическом сознании в прошлом: сувениры становятся своего рода якорем, который удерживает рассказ о собственном геосоциальном опыте, дружбе, раскинувшейся через континенты, и ощущении принадлежности к мировому гражданскому сообществу, объединенному общими политическими и социальными ценностями. Как и в случае с Кубой, сувениры здесь довольно мало сообщают о русской народной культуре, становясь, напротив, средством символического указания на международные отношения и солидарность, возникшие в период «дружбы». Как и в случае с Кубой, индийская бытовая техника также стремилась исполнить свое предназначение, убеждая потребителя в важности функциональной составляющей — вместо неадекватного акцента на материальной форме, которую надлежит подчинить социальной природе определенного товара. Слабое распространение советских приборов означает, что они воспринимались как нечто странное и всегда сравнивались с западными аналогами — как в положительном, так и в отрицательном ключе. Тем не менее семиотический путь, проделанный ими в индийские дома, как видно, нимало не отклонился от намеченного курса: качества, делавшие их «общественно полезными», перевешивали материальную форму — как в тогдашнем, так и в сегодняшнем ретроспективном восприятии.

В своей основополагающей работе о материальной культуре «Мир товаров» Мэри Дуглас и Барон Ишервуд говорят о том, что потребление — это не только экономический акт. Оно обладает мощной моральной составляющей, и ему свойствен эмоциональный резонанс [Douglas, Isherwood 2002: 38–39]. «В качестве средства осмысления мира предметы потребления помогают людям демаркировать социальные категории, поддерживать социальные отношения и тем самым наделять вещи и людей ценностью и значимостью» [Woodward 2007: 103–104]. Повседневные акты потребления вещей становятся возможностью провести границу в критическом противостоянии *я* с *не-я*, неподлинного с правдивым, хорошего с плохим [Ibid.: 103–105]. В этой связи и кубинские, и индийские собеседники с различной интенсивностью, обусловленной степенью доступности советских вещей, рассказывают о них в свете советской помощи и поддержки как критически важных элементов формирования их геополитической субъективности. Здесь же они отмечают уникальность советского подхода к модернизации и указывают, что именно Советский Союз в критический момент истории обеих стран оказывал им экономическую помощь и дипломатическую поддержку. Проще говоря, они «считывают» советские товары в моральном ключе; если воспользоваться емкой формулировкой Александра Родченко, вещи для них оставались «друзьями-товарищами».

В рассказах о советских вещах, которые деловыми, туристическими и иными неформальными путями попадали на Кубу и в Индию, материальный аспект занимал довольно незначительное место в описании их путешествий. Вещи в воспоминаниях собеседников играют роль нарративных стержней, на которые нанизываются истории из личной жизни о поездках, об учебе, о знаменательных событиях, встречах и новых друзьях или же рассказы о межгосударственной солидарности и социальных принципах советской модернизации. Следовательно, когда в рассказе не фигурирует материальность вещи, речь идет о средствах, при помощи которых в кубинской и индийской повседневной жизни реализовывалась советская геополитическая пропаганда, выражаясь в форме аффективного режима взаимного доверия, открытости и солидарности. Учитывая же, что все это — ретроспективные рассказы, надо полагать, что события постсоветского времени также оставили на них известный отпечаток. К таковым относятся переход к неолиберализму и ухудшение общественного отношения к социализму в Индии, а на Кубе — сохранение коммунистического режима, но с внедрением различных элементов рыночной экономики на фоне продолжающегося американского эмбарго.

В обеих странах собеседники соотносят советские предметы с прошлым, когда геополитические союзы напрямую влияли на материальный ландшафт потребительских товаров. В рассказах кубинцев социалистическое прошлое представлено эпохой, когда люди умели обходиться малым; сегодня же, к их сожалению, общество утратило этот навык. Индийский рынок с 1990-х годов все больше наводняется американскими книгами и поп-культурой, что пробуждает в старшем поколении тоску по разнообразию культурных миров, с которыми можно было соприкоснуться во времена холодной войны. Подобный аффективный резонанс в отношении всего советского *не был* абсолютным и не окрашивал каждого аспекта их субъективности, о чем еще будет сказано далее в этой заключительной главе. Геополитическое потребление столкнулось также со стратегией сопротивления. В случае с Индией это с очевидностью следует из того, что многие собеседники вовсе не имели и не покупали советских вещей, заведомо считая их уступающими конкурентам; так и на Кубе многие без особых сантиментов стремятся сменить советскую технику на товары из капиталистических стран, с которыми теперь есть возможность вести торговлю.

Кроме того, воспоминания о советских вещах, ставших артефактами холодной войны, сплетаются со смыслами параллельных историй — с надеждами и чаяниями после обретения независимости или революции, а равно и с постколониальным скептицизмом в отношении альянсов с сопутствующей зависимостью от них. Все эти взаимопересекающиеся процессы способствовали формированию «горизонтов ожиданий» людей, рассказывающих о советских вещах. Стремясь мобилизовать общественные настроения в Индии и на Кубе, вызвав массовую поддержку своего проекта, Советский Союз был вынужден сталкиваться и соперничать с другими течениями, также формировавшими коллективные настроения и память. Это означало то, что, несмотря на все прилагаемые усилия, планомерное и последовательное внедрение советских идей и образа жизни так никогда и не происходило. В обеих странах все в итоге сводилось лишь к одному из прочих возможных исторических, идеологических и культурных векторов развития.

## Советская геополитика и общественное настроение

Порой подробности исчезают из народной памяти. По мере того как воспоминания обрастают все новыми историями, а первоначальный опыт подвергается ретроспективному переосмыслению, начинают доминировать не материальные аспекты вещей, а культурные и социальные ассоциации, сохраняющиеся в качестве их атрибутов. Иногда же, напротив, какие-то детали память хранит куда лучше других. То, что удается вспомнить, и то, что выбирается для рассказа, представляют собой пестрый бриколаж разнородных эпизодов и эмоций. Вместе они сообщают о том, как «ощущали» себя люди, участвовавшие в чем-либо благодаря дружественным отношениям своей страны с Советским Союзом, в частности — как в то время ощущалось и переживалось советское геополитическое присутствие. Материальных следов этого на сегодня осталось уже немного. На Кубе это обусловлено тем, что в течение энергетической революции 2005 года и после нее советскую технику меняли на более энергоэффективную; к тому же многие кубинцы и сами охотно избавлялись от старой советской техники в пользу более современной (например, из Восточной Азии). В Индии материальных следов и так всегда было мало, а сейчас осталось и того меньше (пусть советские книги и можно найти в букинистических магазинах, а Игоря Иродова до сих пор штудируют студенты Индийского института технологий).

В условиях исчезающих материальных отпечатков лучше всего сохраняется главным образом память об *атмосфере* времен дружбы и поддержки. «С одной стороны, атмосфера — вполне реальный феномен. Она как бы "обволакивает" и тем самым с известной силой давит на общество уже "со всех сторон". С другой же, вовсе не обязательно, что это — явно ощутимый феномен» [Anderson 2009: 78]. В пространственном смысле атмосфера представляется «"окутывающей" формой — наподобие окружающей сферы» [Anderson 2009: 80]. Аффективная атмосфера советской помощи, чувства солидарности и выражения благодарности — вот что сохраняется и в кубинских, и в индийских интервью. Так, в Индии с отсутствием какого-либо ощутимого советского влияния в общественной (и — в незаметности присутствия — в материальной) культуре для большинства собеседников существовало просто общее ощущение, что Советский Союз «на их стороне». Часто речь вовсе не идет о каком-либо вдумчивом, комплексном понимании того, что представляло собой Советское государство, какой идеологический резонанс имели его те или иные шаги: сама геополитическая роль Советов была настолько исполнена морали, что помнят их просто как «тех, кто был рядом». Следовательно, вещи и их истории рассказывают нам не столько о внутренней ценности советской системы, сколько о реляционной значимости Советского Союза; проще говоря, о том, *что он значил, мог делать и сделал для других*.

В свете подобного морального взгляда на геополитических акторов Советский Союз занимал высокое положение в глазах большинства собеседников, чьи советские объекты становились моральными артефактами. Зеркальность — наподобие той, о которой Джоанна Шарп пишет на примере «Ридерз дайджест» (в духе: СССР — моральный авторитет, США — моральный банкрот), — по понятным причинам весьма остро ощущается на Кубе, которая по-прежнему страдает от американского эмбарго, и менее заметна и интенсивна в случае с Индией [Sharp 1993: 498–499]. Кубинские славословия СССР за помощь и поддержку сопровождают указания на карибскую или латиноамериканскую самобытность, а также на то, что революция Кастро вовсе не была связана с советским проектом. Большинство индийских собеседников категорически заявили, что никогда особо не искали дополнительной информации о Советском Союзе, не имели к нему никакого отношения и не ощущали с ним никаких идеологических связей. Собеседники из обеих стран — независимо от того, были у них советские вещи или нет, — говорили скорее об общем ощущении дружбы с Советами, чем о преобладании советского культурного влияния. В этом смысле Советский Союз там, несомненно, геополитически присутствовал, но во многом воспринимался как нечто случайное и второстепенное.

Таким образом, Советский Союз мог одновременно присутствовать (дискурсивно — в геополитических реалиях) и отсутствовать, являясь фактором политической жизни, который вместе с тем никак не влиял на повседневную жизнь. Аффективная атмосфера реализуется «между живыми существами и материальными объектами, между нарративами и сигнификаторами», являясь одновременно коллективным ощущением и личным переживанием, присутствующим и отсутствующим, материальным и нематериальным [Anderson 2009: 80]. Обсуждать воспоминания о советской геополитической помощи в первую очередь как память о коллективном ощущении — значит признать эту двусмысленность, то есть можно сказать, что Советский Союз в общем и целом, конечно, «где-то там» присутствовал, но конкретного влияния этого присутствия (разве что в порядке известной благодарности и томительной ностальгии по прошлому) никто особенно не испытывал. Некоторые из собеседников прямо говорят об этом в своих воспоминаниях. К примеру, когда в 1970-х годах она была на медицинской конференции в Москве, Ума Мукхерджи (1939 года рождения) приобрела красивый, «весьма характерный», как она говорит, расписанный деревянный поднос, «довольно интересный» (рис. 8.1).

Школьные годы и первые курсы университета Умы прошли в Калькутте, где преобладала левая политическая культура. Рассказывая о своем кругозоре тех лет, она говорит, что всегда много читала, дома у них было множество журналов. Ее родите-

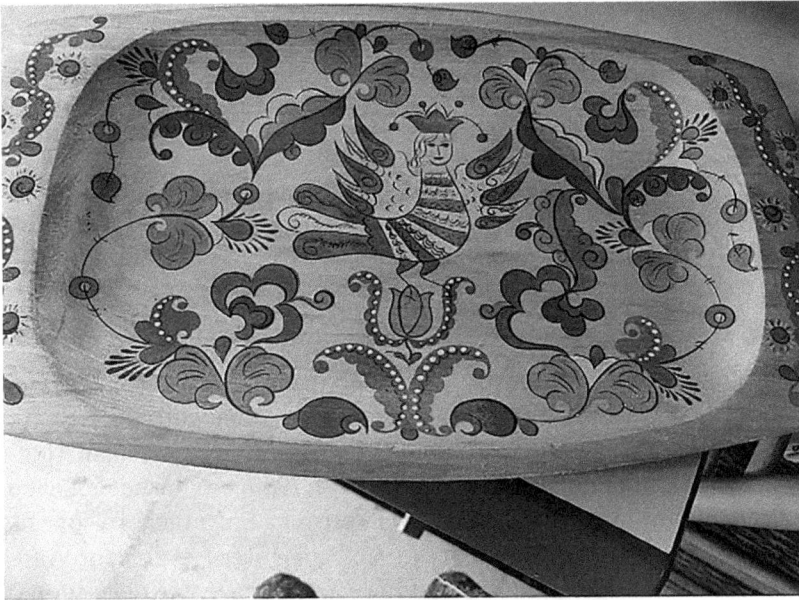

Рис. 8.1. Расписной поднос, который Ума Мукхерджи купила
в Москве во время конференции. Публикуется с любезного
разрешения Умы Мукхерджи

ли были убежденными коммунистами, состояли в партии, однако она говорит о Советском Союзе также в смысле общественного настроения, а не личных идеологических симпатий:

> В то время Индия и Советский Союз были большими друзьями, в новостях постоянно рассказывали о разных совместных проектах. Мы росли (особенно здесь, в Калькутте) с ощущением, что Россия — наш большой друг, а Америка — нет.

В ответ на мой вопрос, сформировалось ли это впечатление еще в школе, она отвечает, что училась в средней школе Бенгали, где до этого никому не было дела:

Мы просто ощущали, что Советы с нами, за нас. Мне вообще кажется, что индийцам всегда легче поладить с восточноевропейцами: они во многом похожи на нас. А американцы — это совсем другая культура. С Восточной Европой у нас и ценности схожие. Так я думала, хотя тогда еще ни разу даже не бывала в Европе. Не то чтобы я была в восторге от Советского Союза, но все же для индийцев он был куда ближе Америки, да и ЦРУ в Индии очень не любят. Когда были большие визиты русских, все высыпали на балконы и бросали цветочные лепестки, приветствуя гостей. Так было, когда приезжал Гагарин. Это я точно помню.

Довольно популярным среди молодежи местом был *Горький садан* (то есть Дом Горького) — Дом советской культуры в Калькутте[1]. Ума вспоминает, что не раз была там на выставках и кинопоказах. Впрочем, говорит она, в конце 1950-х годов не меньшей популярностью пользовались и Библиотека Британского совета, где они постоянно брали нужные для учебы книги, и Альянс Франсез, и Немецкий дом. Она рассказывает это для иллюстрации того, что какое бы то ни было сближение с советским присутствием в Индии вовсе не исключало близости к другим и не особо превосходило ее. Уже впоследствии, когда она была в Москве по случаю конференции, Ума вспоминает, как ее поразило московское метро. Она была, как она сама говорит, «приятно удивлена», и этот факт явно свидетельствует о том, что она не придавала особого значения советским заявлениям о передовых научных достижениях, несмотря на их успехи в космосе. Вообще же, замечает Ума, советские вещи были в ее жизни довольно случайными эпизодами, словно извиняясь за свою «бесполезность» в рамках настоящего проекта. Вместе с тем именно это свойство советских вещей быть «случайными», замеченное Умой, и делает ее рассказ столь полезным и красноречивым в контексте нашего исследования живого опыта холодной войны. Это ощущение случайной второстепенности советской роли и последующее «открытие» в виде непонятно успешной жизни Советского

---

[1] Ныне — Русский дом в Калькутте (полное название — Российский центр науки и культуры в Калькутте). — *Прим. пер.*

Рис. 8.2. Обложка пластинки легендарной группы «Аквариум». Этот альбом Субир Синха приобрел в Нью-Дели вскоре после распада СССР. Публикуется с любезного разрешения Субира Синха

Рис. 8.3. Задняя сторона того же винила. Публикуется с любезного разрешения Субира Синха

государства в известной степени иллюстрируют маргинальность советской материальной культуры и лежащей в ее основе идеологии в жизни большинства индийцев. Советы являлись лишь одним из многих прочих акторов, формировавших геополитическую субъективность на Глобальном Юге, и их присутствие нередко было скорее эмоциональным, чем идеологическим.

Воспоминания об «ощущении дружбы» при отсутствии (или по крайней мере весьма маргинальном присутствии) материальной составляющей фигурируют во всех индийских интервью.

Как раз после распада Советского Союза Субир Синха (1965 года рождения) был в Дели и наткнулся в магазине на пластинку советской рок-группы «Аквариум» (на альбоме были записи, сделанные с 1982 по 1991 год) (рис. 8.2, 8.3).

Это был первый советский винил Субира (но у него было много кассет с советской музыкой), и он вспоминает, что тогда их было не так-то просто достать. Советские книги продавались повсюду; знакомые, бывавшие в Советском Союзе, периодически привозили оттуда магнитофонные записи, а вот виниловые пластинки были редкостью. Тем не менее, несмотря на столь незначительное материальное присутствие, Советский Союз остался в его памяти отнюдь не тем, что был лучше или сильнее Соединенных Штатов Америки, но именно тем, что был с Индией «на одной стороне». Просто удивительно: порой у собеседника есть в лучшем случае одна советская вещь, да и та нашедшаяся совершенно случайно, но он все равно уверенно расскажет о стойком ощущении «дружбы с Советами». Такое коллективное настроение возникало благодаря отношениям на государственном уровне, ряду прочих общественных каналов и тому случайному предмету — их совокупными усилиями и обеспечивались чувство солидарности и ощущение советского «присутствия».

На Кубе же одним из многочисленных и описанных нами примеров реализации подобной привязанности/отстраненности является история Эдуардо Пуэнте о письме «Питера Пэна» и советской открытке, полученной от тети (см. главу 4). Эмоциональное дистанцирование Эдуардо проявилось в том, что на прощание он предложил подарить мне эту и другие открытки того времени на память о нашей встрече, заметив, что ему они больше не нужны. Вместе с тем Эдуардо спокойно выражает и ощущавшуюся многими его соотечественниками благодарность Советскому Союзу за стойкую поддержку, невзирая на геополитические превратности эпохи, при этом его воспоминания также свидетельствуют и о понимании периферийной роли Советов в плане кубинского самоощущения. Он прямо говорит, что не может толком обсуждать действия Советского Союза или давать им оценку, потому что недостаточно о нем знает. Эдуардо также вспоминает, как он и остальные кубинские моряки при любой удобной возможности старались выменять советские товары на японские, когда плавали на советский Дальний Восток, а на обратном пути останавливались в портах Восточной Азии. Описание подобных настроений он подкрепляет и культурным утверждением: «Мы — карибы, и Испания с Африкой нам куда ближе, чем Россия». Как видно, в том, как люди описывают свой опыт советской геополитики, или же в том, как они понимали ее, имеет место известный спектр интенсивности. Вновь обратимся к Андерсону по поводу амбивалентности, присущей аффективной атмосфере: «Такая атмосфера есть нечто среднее между присутствием и отсутствием; она давит на нас, формируя субъектность. Именно это внутренне противоречивое и неопределенное "настроение", этот "дух" и производит коллективный аффект, оживляющий наше воображение» [Anderson 2009].

Благодаря рассказам кубинцев и индийцев об их советских вещах мы как раз и имеем возможность заглянуть в этот промежуток между присутствием и отсутствием (предметов, чувств, лояльности), обращая внимание на такие неоднозначные факторы, как общественное настроение или чувство близости, фигурирующие в описаниях холодной войны как живого опыта.

## Сожительство вещей: эклектичная солидарность

Отсутствие или случайный характер советского присутствия, ощущение того, что оно не обладало культурной гегемонией, означает, что вместе с ним ощущались и присутствовали параллельные влияния. Постколониальный статус Индии и участие в неприсоединении, равно как и дореволюционная история Кубы с ее политикой неприсоединения, позволяли иметь дело с уже известными и знакомиться с новыми технологическими, моральными и социальными режимами, что подрывало идеологические границы холодной войны. Постколониальная ситуация делала холодную войну для Индии лишь одним из событий, оказывавших влияние на ее внешние связи с миром. В случае же с Кубой ее отношения с обеими Америками, карибская культурная идентичность, колониальная история и дореволюционное прошлое, связанное с Соединенными Штатами Америки, — все это и определяло геополитическую субъективность кубинцев как в период холодной войны, так и сегодня.

Мысль о том, что сфера идеологии никогда не бывает дискретной, все чаще звучит в работах, посвященных блоковой политике в период холодной войны. Так, применительно к восточному блоку многие исследователи пишут не о железном, а о «нейлоновом» занавесе, подразумевая проницаемость этого мнимого барьера. Кроме того, отмечается несостоятельность представлений о блоках как герметически закупоренных странах: в коммунистическом блоке весьма остро переживали о том, как живется в других странах. Ученые, исследующие встроенность восточного блока в глобальную систему (к примеру, Дьердь Петери), призывают к более комплексному пониманию социалистического геополитического воображения, поскольку таковое состояло из жизненных знаний и опыта с обеих сторон холодной войны. В качестве аргументации Петери показывает, как люди в коммунистических странах колебались между ощущением превосходства и чувством неполноценности, интегрализмом и изоляционизмом, иллюстрируя этим, что явно или подспудно они имели представление о жизни во внешнем мире с его бесчисленными возможностями, выгодно отличавшейся от их [Peteri 2006: 7].

Если подобная «гибридность» справедлива в отношении Восточной Европы, еще более актуальна она для стран, симпатизировавших Советскому Союзу, но имевших возможность действовать вне сферы его влияния, в пространстве которых также осуществлялись многие другие транснациональные культурные и материальные движения. Оба блока экспортировали свои товары, стремясь транслировать идею о своих достижениях, вследствие чего потребление во время холодной войны не раз подвергалось редукционистскому анализу, когда социальные и культурные потоки между обществами рассматривались сугубо в категориях американизации или советизации. Однако же более продуктивный инструментарий предоставляет гибридный взгляд со смещением фокуса на местное, предлагая более весомую концептуальную основу понимания потребления вещей, поступавших из противоборствующих идеологических блоков, равно как и общей попытки осмысления холодной войны как живого опыта [Castillo 2010: xv]. К тому же хитросплетения паутины истории и различные культурные влияния обеспечивают наличие в кубинских и индийских домах артефактов из многих частей света, свидетельствуя о непростой геополитической и исторической ситуации. Этот фактор чрезвычайно значим в контексте влияния артефактов на геополитическое воображение. Даже основанные на личном опыте восторженные похвалы в адрес советской культуры производства и социалистических принципов, воплощавшихся в советских артефактах и воплощаемых ими, вынуждены были сосуществовать с очевидным наличием вещей местного или западного производства и опытом их использования (нередко в качестве сильно выигрывавших). Здесь не могло быть никакой «эксклюзивной» солидарности с Советским Союзом, потому что не отвергалась и потенциальная солидарность с людьми и идеями из других стран. Такая «неоднозначность между близким и далеким» делает саму «солидарность скорее разомкнутым и проницаемым, чем монолитно-статичным и заведомо определенным процессом» [Helgesson et al. 2018: 264]. Иными словами, солидарность не работает в режиме герметизации и намеренной глухоты к другому потенциальному сопереживанию (или даже критическому скептицизму).

Наиболее значимый вклад личных воспоминаний и историй о вещах в представленный здесь нарратив холодной войны заключается в том, что с их помощью собеседники могут выразить эклектичность, лежащую в основе их геополитических представлений и делающую их более комплексными. Так, на Кубе считали, что Америка производит более качественные вещи, но Советский Союз является большим, надежным и лояльным другом; в Индии же страстное увлечение советской литературой ничуть не мешало стремиться поехать на учебу на Запад, где университетское образование считалось более развитым. Поток идей и товаров во времени в Индии и на Кубе (вкупе с их расположением на пересечении транснациональных процессов и местной истории)

Рис. 8.4. Аудиосистема Мигеля Аризы — типичный пример кубинского DIY для меломанов: усилитель Crown с подключенным к нему старым советским виниловым проигрывателем. Фото автора, публикуется с любезного разрешения Мигеля Аризы

сделал народы восприимчивыми к различным влияниям, а их геополитическую субъективность — расплывчатой и космополитичной.

Каждая комната в гаванской квартире Мигеля Аризы хранит следы многочисленных встреч Кубы с куда большим миром, чем это предполагалось коммунистическими реалиями времени. В гостиной «живут» советский утюг и виниловый проигрыватель, которые мы помним по одной из кубинских глав, в столовой — старый холодильник фирмы General Electric. Можно заметить и еще один проигрыватель — старую модель Gimbels; теперь на нем — советская игла, чтобы продлить срок службы. «Проигрыватель американский, а игла — марки "Селена", их выпускали в 1950-е годы», — сообщает он по поводу долговечности своей техники. Аналогичный «дуэт» я наблюдаю и в гостиной: к японскому усилителю Crown Мигель приладил сверху советский проигрыватель, чтобы улучшить качество звучания советских пластинок (рис. 8.4).

Я нахожу подобное «сожительство» советской и американской (или советской и японской) техники весьма примечательным, поскольку оно сообщает о подспудном сосуществовании, которого идеологическая риторика холодной войны не допускала и которое она не признавала. В случае с собеседниками наподобие Мигеля Аризы не ощущается и намека на нежелательность присутствия американских вещей. Это просто живая история на перекрестке торговых путей. Так, если Gimbels свидетельствует о переходе Кубы от союзнических отношений с американцами к дружбе с Советами, японский усилитель с советским проигрывателем означает переход уже в новую геополитическую реальность постсоветской эпохи. Тот факт, что обе конструкции из идеологически разнородных объектов столь легко уживаются в общем пространстве *и даже улучшают функциональность друг друга*, весьма наглядно иллюстрирует, как геополитическая субъективность реализуется в повседневной жизни. Последние же, по меткой характеристике Джерарда О'Тоала, являются весьма «беспорядочными» [О'Тоал 2009: 191].

Мы, конечно, не предполагаем, что смыслы «сожительствующих» объектов стабильны, что их значение в глазах пользователя сопоставимо. Приписываемые объектам значения менялись на протяжении десятилетий, по-разному обозначая символический капитал по мере трансформации политических и социальных обстоятельств.

Вспоминая свои детские годы, Мария Каброра Арус (1973 года рождения) рассказывает, как двоюродная сестра просила деда, подвозившего ее в школу на американской машине, высаживать ее за квартал. Ей не хотелось, чтобы друзья видели американскую машину, потому что «в городской части Гаваны американская машина означала, что семья из деревни». К 1970-м годам именно советский автомобиль стал в Гаване символом социальной мобильности. Свою мысль Мария развивает, замечая, что ее муж был родом из глубинки, а в те годы американские машины все еще были у них «предпочтительным выбором». Такое постоянное соприсутствие материальных отголосков дореволюционного и постреволюционного периодов, пусть и обладающих разными социальными и моральными значениями, по-прежнему уверенно опровергает тезис о прямой корреляции между потреблением техники и идеологической близостью в годы холодной войны.

В гостиной Родриго Эспины (1951 года рождения) и Кристины Гутьеррес (1954 года рождения) — великое множество вещей, которыми хозяева пользовались на протяжении долгих лет. Мы уже пересмотрели целую гору, но новые советские артефакты все продолжали заполнять большой обеденный стол.

Родриго показывает мне советский утюг, выуживая откуда-то второй марки General Electric еще дореволюционных времен (рис. 8.5).

Он говорит, что советскую бытовую культуру приняли не сразу; лишь постепенно она стала для них чем-то близким и знакомым. «Время пить чай! Этой привычкой мы обязаны не англичанам, а Советам».

Книжные полки в гостиной хранят огромное количество стоящих вперемешку книг и вещей. Он демонстрирует то одну, то другую, рассказывая, как дешевы были книги на Кубе в 1980-е годы: вот испанские, вот советские, вот индийские, вот очень много английских. Разговор переключается на кино, и с равным знанием дела он рассказывает о советских, европейских и, естественно, карибско-латиноамериканских фильмах.

Вспоминая о советских артефактах, собеседники нечасто упоминают книги, но многие, подобно Хуану Кабрере (1980 года рождения), говорят о советской мультипликации, убедительно рассказывавшей о личных и общественных морально-этических нормах.

Более типичное мнение отражено в рассказе Кристины Вивес, работавшей в министерстве культуры и сейчас управляющей арт-галереей. Она категорически отрицает, что Советы оказывали какое-либо культурное влияние на Кубу, при этом с ничуть не меньшим пылом, как прежде — о культурной дистанции от Советского Союза, она рассказывает, как они с дочкой засматри-

Рис. 8.5. Примирение эпох материальной культуры:
дореволюционный утюг фирмы General Electric на фоне советского
визави. Фото автора, публикуется с любезного разрешения
Родриго Эспины

вались muñequitos rusos (так кубинцы называют советские мультики).

В силу того, что собеседникам из Индии были доступны книги и товары (как местные, так и поставлявшиеся из Европы и Америки), большинство из них воспринимали приобретение (и тем более коллекционирование) советских книг и бытовых приборов как довольно редкое и нишевое явление. Сосуществование с нередко более качественными иностранными товарами притупляло остроту советской пропаганды, вещавшей о превосходном качестве отечественной продукции. Напротив, тем, кто не слишком верил в чудеса западной промышленности, советские вещи предлагали более приемлемую альтернативу американскому и европейскому стилю модернизации и модернизма.

Сарнат Баннерджи (1972 года рождения) вспоминает, как любовалась иллюстрациями в советских книгах («Боже, эти рисунки были просто каким-то чудом! Я и представить не могла, что физически возможно так рисовать!») и читала «Мастера и Маргариту» Булгакова даже на кухне «над кастрюлей с закипающей водой». Сарнат продолжает:

> Индийский модернизм в корне отличается от западного. У нас другая мораль. На Западе считают, что причина здесь в англичанах, но Советы были этому хорошим противовесом. С ними у нас сложился свой космополитизм. Их культура не стремилась доминировать... И это внесло свой вклад в наше восприятие современности, осмысление себя в ней; словом, мы могли увидеть себя в новом времени, но не через западную призму.

Советский Союз давал индийцам возможность ощутить себя «в мире», почувствовать его частью, не поддаваясь при этом западному культурному диктату.

Другие индийские собеседники, как и Сарнат, через свои воспоминания о советских книгах рассказывают о том, как их геополитическая субъективность разворачивалась на пересечении идеологических блоков.

К примеру, рассказ Ранджита Хоскота о его личном опыте неприсоединения вновь заставляет вспомнить о «беспорядочной контекстуальной данности», которую О'Тоал связывает с геополитикой [О'Тоал 2009: 191]:

> Помню, как думал: насколько же Советы умнее. Вот, недавно посадили ракету на Байконуре, а американцы свою утопили в океане [смеется]. В общем, та еще каша в голове,

но мне кажется, что это и есть квинтэссенция неприсоединения. Да, одна сторона мне ближе, но нельзя не признать, что, помимо побед, у нее были и промахи. Мое отношение к США оставалось тем же потом еще очень долго. Для меня Европа и Советский Союз почему-то представлялись намного большей эмоциональной реальностью.

В своей работе о модернизме и литературных культурах в Индии в годы холодной войны Летиция Дзеккини говорит, что индийские писатели, приобщившись «к новым диалогам культур» и подхватывая разные «диковинки» с обеих сторон железного занавеса, создали независимую литературную культуру, выступив «против биполяризации мира» [Zecchini 2020: 173–174]. Нечто подобное делают и читатели советских книг, рассказывая о них, правда, неизменно в связи с другой литературной культурой, тогда им тоже доступной. Индийцы были читателями весьма «непослушными», и выражалось это в том, что они не читали (как не читают и сегодня) советскую литературу так, чтобы в процессе исключались любые иные литературные и политические взгляды на мир.

То, как Ниипа Маджумдар с одинаковой теплотой рассказывает сначала о том, какое впечатление произвел на нее «Тихий Дон», первый прочитанный ею советский роман, а затем пускается в эмоциональные воспоминания о благотворительном концерте Джоан Баэз во время войны в Бангладеш 1971 года, — это и есть типичная геополитическая реальность среднего (и относящегося к среднему классу) жителя Индии. «И в этом смысле мы были очень свободными», — замечает Ниипа.

Раджат Тандон (1965 года рождения) вспоминает эклектизм тех лет как неоспоримое преимущество своего индийского детства, говоря, что с 1960-х и до конца 1980-х годов он «вдоволь черпал с обеих сторон». К этому он прибавляет, что это «положительное отношение к Советам» сегодня мешает ему «вполне поверить нарративу о российском вмешательстве в иностранные выборы»:

Они (то есть Запад) просто не желают видеть в русских ничего хорошего. У меня же взгляды более умеренные, так как я давно все это слышал, а значит, могу смотреть на ситуацию с обеих точек зрения. Людям на Западе повезло меньше моего: у них-то была только своя пропаганда...

В постсоветский период позиция неприсоединения способствовала космополитическому видению мира, благодаря чему индийские читатели могли более детально видеть, что получалось у Советского Союза, а что — у американцев, считает Раджат. Он говорит, что подобная позиция была куда менее скована идеологическими мифологемами. При ней мир, как следствие, воспринимается более подробным и сложным образом. То же мнение разделяют и остальные индийские собеседники.

При помощи имеющихся (или имевшихся) у них советских вещей собеседники из обеих стран рассказывают о периоде блокового противостояния. Их воспоминания основаны на пестром многообразии впечатлений и переживаний, не все из которых были обусловлены советским покровительством. Советские вещи, то есть то, что они призваны олицетворять, и биографии, воплощаемые ими, иллюстрируют, как люди воспринимали многие политические идеи и акторов, не ограничиваясь когнитивными рамками холодной войны. Речь идет о солидарности послевоенного антиимпериализма и согласии с провозглашенными целями советской модернизации, а вовсе не о строгой идеологической лояльности к покровителю.

Итак, исследование геополитической повседневности выявляет лиминальное положение геополитического субъекта. Промежуточность, проявляющаяся в «повседневном», позволяет нам отказаться от нарративных рамок, доминировавших в геополитике времен холодной войны. Вместо идеологической гегемонии стоит говорить, скорее, об альтернативном космополитизме: он разворачивался через путешествия советских вещей, реализовывался через личные переживания неизбежно составляющих часть этого «конвейера» людей и осуществлялся вопреки эпистемологическому порядку холодной войны.

# Библиография

**Русскоязычные монографии**

Арватов 1925 — Арватов Б. И. Быт и культура вещи (к постановке вопроса) // Альманах пролеткульта. Всероссийский пролеткульт: М., 1925. С. 75–82.

Внешняя торговля России 2019 — Внешняя торговля России с Кубой за девять месяцев 2019 г. URL: https://russian-trade.com/reports-and-reviews/2019–11/vneshnyaya-torgovlya-rossii-s-kuboy-za-9-mesyatsev-2019-g/.

Голубев 2022 — Голубев А. В. Вещная жизнь. Материальность позднего социализма / пер. с англ. Т. А. Пирусской. М.: Новое литературное обозрение, 2022.

Копытофф 2006 — Копытофф И. Культурная «биография вещей»: товаризация как процесс // Социология вещей: сб. ст. / под ред. В. Вахштайна; пер. Н. Эдельман. М.: Издательский дом «Территория будущего». С. 134–167.

Лунев 2017 — Лунев С. И. Советско-индийские отношения (1955–1971): рождение дружбы // Вестник МГИМО. 2017. № 2 (53). С. 24–51.

Макарова 2012 — Макарова Е. В. Народные художественные промыслы Подмосковья (Гжель, Жостово, Федоскино): история возникновения и развития // Отечественная история. Вестник МГГУ им. М. А. Шолохова. 2012. № 3. С. 5–10.

Титаренко 2018 — Титаренко Е. Я. 50 лет кафедре методики преподавания филологических дисциплин // Диалог культур: теория и практика преподавания языков и литератур: труды и материалы VI Международной научно-практической конференции (9–11 октября 2018 г.). Симферополь: ИТ «Ариал», 2018.

Третьяков 1929/2000 — Третьяков С. М. «Биография вещи» // Литература факта: первый сборник материалов работников ЛЕФа / ред. Н. Ф. Чужака. М.: Федерация, 2000.

Цветкова, Цветков 2020 — Цветкова Н. А., Цветков И. А. Страх как фактор политики США и СССР в университетах Гватемалы и Кубы // Вестник Волгоградского государственного университета. Сер. 4. История. Регионоведение. Международные отношения. 2020. Т. 25. № 2. С. 170–184.

## Иностранные работы, переведенные на русский язык

О'Тоал 2009 — О'Тоал Дж. Геополитика постмодерна? Геополитические представления модерна и за их пределами / пер. с англ. О. И. Ляховенко, Л. А. Рудых, И. А. Чихарев // Политическая наука. 2009. № 1. С. 188–223.

Хайдеггер 1993 — Хайдеггер М. Время и бытие: статьи и выступления / пер. с нем. В. В. Бибихина. М.: Республика, 1993.

## Иностранные работы на языке оригинала

Adamson 2009 — Adamson G. The Case of the Missing Footstool: Reading the Absent Object // History and Material Culture: A Student's Guide to Approaching Alternative Sources / Ed. by K. Harvey. London and New York: Routledge, 2009. P. 192–207.

Ahmed 2004 — Ahmed S. The Cultural Politics of Emotion. Edinburgh: Edinburgh University Press, 2004.

Ahmed 2011 — Ahmed W. Neoliberal Utopia and Urban Realities in Delhi // ACME: An International E-Journal for Critical Geographies. 211. Vol. 10. № 2. P. 163–188.

Ameerudheen 2017 — Ameerudheen T. A. A Facebook Group is Preserving Old Soviet Books that Generations of Kerala's Children Grew Up On // Scroll. 2017. 29 November.

Anderson 2009 — Anderson B. Affective Atmospheres // Emotion, Space and Society. Vol. 2. № 2. P. 77–81.

Appadurai 1986 — Appadurai A., eds. The Social Life of Things: Commodities in Cultural Perspective. Cambridge, UK: Cambridge University Press, 1986.

Appadurai 1996 — Appadurai A. Modernity at Large: Cultural Dimensions of Globalization. Minneapolis and London: University of Minnesota Press, 1996.

Arús 2019 — Arús M. A. Cabrera. The Material Promise of Socialist Modernity: Fashion and Domestic Space in the 1970s // The Revolution from

Within / Ed. by M. J. Bustamante and J. L. Lambe. Durham Duke University Press. Kindle, 2019. P. 189–217.

Arvatov, Kiaer 1997 — Arvatov B., Kiaer C. Everyday Life and the Culture of the Thing // Toward the Formulation of the Question. October 81 (Summer). P. 119–128.

Askins 2015 — Askins K. Being Together: Everyday Geographies and the Quiet Politics of Belonging // ACME: An International E-Journal for Critical Geographies. 2015. Vol. 14. № 2. P. 470–478.

Bain 2005 — Bain M. J. Cuba-Soviet Relations in the Gorbachev Era // Journal of Latin American Studies. 2005. Vol. 37. № 4. P. 769–791.

Bain 2014 — Bain M. Cuba and Russia at a Time of Change // International Relations and Diplomacy. 2014. Vol. 2. № 7. P. 451–461.

Basu 2008 — Basu K. The Enigma of India's Arrival // Journal of Economic Literature. 2008. Vol. 46. № 2. P. 396–406.

Bennett 1983 — Bennett T. Texts, Readers, Reading Formations // The Bulletin of the Midwest Modern Language Association. 1983. Vol. 16. № 1. P. 3–17.

Berker et al. 2006 — Berker T. Domestication of Media and Technology. Open University Press, 2006.

Bobb 1980 — Bobb D. India, USA & USSR: The Myth of Dependence. India Today. 1980. February 29.

Bogdanov 1961 — Bogdanov N. Literary Characters Influence Life of Soviet Children // The Journal of Educational Sociology. 1961. Vol. 35. № 4 (December). P. 162–164.

Bohemia 77, № 40 1985 — Bohemia 77, № 40. Microfiche Collections at the Biblioteca Nacional José Martí, Havana, 1964.

Bohemia № 24 1961 — Bohemia № 24. Microfiche Collections at the Biblioteca Nacional José Martí, Havana, 1961.

Bohemia № 45 1961 — Bohemia № 45. Microfiche Collections at the Biblioteca Nacional José Martí, Havana, 1961.

Bohemia, January 31, 1964 — Un Testimonio Vivo Entre La Patria de Matria Y La Tierra de Lenin. Microfiche Collections at the Biblioteca Nacional José Martí, Havana, 1964.

Boltanski 2004 — Boltanski L. Distant Suffering, Morality, Media and Politics. Cambridge, UK: Cambridge University Press, 2004.

Bourdieu 1990 — Bourdieu P. The Logic of Practice. Cambridge, UK: Polity, 1990.

Bowles 1971 — Bowles, Chester. America and Russia in India // Foreign Affairs. 1971. Vol. 49. № 4. P. 635–651.

Boym 1994 — Boym S. Common Places: Mythologies of Everyday Life in Russia. Cambridge: Harvard University Press ,1994.

Brennan 2004 — Brennan T. The Transmission of Affect. Ithaca: University of Cornell Press, 2004.

Brouillette 2015 — Brouillette S. US-Soviet Antagonism and the «Indirect Propaganda» of Book Schemes in India in the 1950s // University of Toronto Quarterly. 2015. Vol. 84. № 4. P. 170–188.

Bunnell et al. 2012 — Bunnell T., Sallie Y., Linda P., Tracey S., Smith M. Geographies of Friendships // Progress in Human Geography. 2012. Vol. 36. № 4. P. 490–507.

Castillo 2010 — Castillo G. Cold War on the Home Front: The Soft Power of Midcentury Design. Minneapolis and London: University of Minnesota Press, 2010.

Charon-Cardona 2013 — Charon-Cardona E. Socialism and Education in Cuba and Soviet Uzbekistan // Globalisation, Societies and Education. 2013. Vol. 11. № 2. P. 296–313.

Cheal 2015 — Cheal D. The Gift Economy. London and New York: Routledge, 2015.

CIA Intelligence Brief 1986 — CIA Intelligence Brief. The Soviets in India: Moscow's Major Penetration Program. CIA, 1986.

Claes, Deblon 2018 — Claes T., Deblon V. When Nothing Remains: Anatomical Collections, the Ethics of Stewardship and the Meanings of Absence // Journal of the History of Collections. 2018. Vol. 30. № 2. P. 351–362.

Clarkson 1973 — Clarkson S. Non-Impact of Soviet Writing on Indian Thinking and Policy // Economic and Political Weekly. 1973. Vol. 8. № 15. P. 1715–1724.

Collins-Kreiner, Zins 2011 — Collins-Kreiner N., Zins Y. Tourists and Souvenirs: Changes through Time, Space and Meaning // Journal of Heritage Tourism. 2011. Vol. 6. № 1. P. 17–27.

Colloredo-Mansfield 2003 — Colloredo-Mansfield R. Introduction: Matter Unbound // Journal of Material Culture. 2003. Vol. 8. № 3. P. 245–254.

Coltman 2015 — Coltman V. Material Culture and the History of Art(efacts) // Writing Material Culture History / Ed. by A. Gerritsen and G. Riello. London: Bloomsbury, 2015. P. 17–31.

Cowan 1987 — Cowan R. S. The Consumption Junction: A Proposal for Research Strategies in the Sociology of Technology // The Social Construction of Technological Systems: New Directions in the Sociology and History of Technology / Ed. by W. E. Bijker, T. P. Hughes, and T. Pinch. Cambridge, MA and London: MIT Press, 1987. P. 261–280.

Craggs 2014 — Craggs R. Hospitality in Geopolitics and the Making of Commonwealth International Relations // Geoforum. 2014. № 52. P. 90–100.

Craggs 2018 — Craggs R. Subaltern Geopolitics and the Post-Colonial Commonwealth, 1965–1990 // Political Geography. 2018. № 65. P. 46–56.

Desai, Bhagwati 1975 — Desai P., Bhagwati J. Socialism and Indian Economic Policy // World Development. 1975. Vol. 3. № 4. P. 213–221.

Digby 2006 — Digby S. The Casket of Magic: Home and Identity from Salvaged Objects. Home Cultures // The Journal of Architecture, Design and Domestic Space. 2006. Vol. 3. № 2. P. 169–190.

Dittmer, Dodds 2008 — Dittmer J., Dodds K. Popular Geopolitics Past and Future: Fandom, Identities and Audiences // Geopolitics. 2008. Vol. 13. № 3. P. 437–457.

Dittmer, Gray 2010 — Dittmer J., Gray N. Popular Geopolitics 2.0: Towards New Methodologies of the Everyday // Geography Compass. 2010. Vol. 4. № 11. P. 1664–1677.

Djagalov 2019 — Djagalov R. Progress Publishers // The East was Read: Socialist Culture in the Third World / Ed. by V. Prashad. New Delhi: Left Word Publishers, 2019. P. 78–86.

Dodds 2002 — Dodds K. Enframing Bosnia: The Geopolitical Iconography of Steve Bell // Rethinking Politics / Ed. by G. O. Tuathail and S. Dalby. London: Routledge, 2002. P. 170–197.

Douglas, Isherwood 2002 — Douglas M., Isherwood B. The World of Goods: Towards an Anthropology of Consumption. London and New York: Routledge, 2002.

Dowler, Sharpe 2001 — Dowler L., Sharpe J. A Feminist Geopolitics? // Space and Polity. 2001. Vol. 5. № 3. P. 165–176.

Dufrenne 1973 (1953) — Dufrenne M. The Phenomenology of Aesthetic Experience / Translated by E. S. Casey, A. A. Anderson, W. Domingo, and L. Jacobson. Evanston: Northwestern University Press, 1973.

Duncan 1976 — Duncan W. Cuba: National Communism in the Global Setting // International Journal. 1976. Vol. 32. № 1. P. 156–177.

Duncan 1989 — Duncan P. J. S. Soviet Union and India. London: Routledge, 1989.

Dyakanov 2015 — Dyakanov S. Soviet cultural diplomacy in India, 1955–1963. Master's Thesis, Concordia University, 2015.

Dyakanov 2023 — Dyakanov S. «Propaganda was Almost Nil?»: Soviet Books and Publishing in India in the 1960s // Performing the Cold War in the Postcolonial World: Theatre, Film, Literature and Things / Ed. by C. Balme and G. Chakrabarti. Routledge Studies in Cultures of the Global Cold War. New York: Routledge, 2023.

Eckstein 2003 — Eckstein S. Back from the Future: Cuba under Castro. New York: Routledge, 2003.

Ekerdt 2009 — Ekerdt D. J. Dispossession: The Tenacity of Things // Consumption and Generational Change: The Rise of Consumer Lifestyles and the Transformation of Later Life / Ed. by I. R. Jones, P. Higgs, and D. J. Ekerdt. New Brunswick: Transaction Books, 2009. P. 63–78.

Engerman 2011 — Engerman D. C. The Anti-Politics of Inequality: Reflections on a Special Issue // Journal of Global History. 2011. Vol. 6. № 1. P. 143–151.

Engerman 2013 — Engerman D. C. Learning from the East: Soviet Experts and India in the Era of Competitive Coexistence // Comparative Studies of South Asia, Africa and the Middle East. 2013. Vol. 33. № 2. P. 227–238.

Engerman, Gilman, Haefele, Latham 2003 — Engerman D. C., Gilman N., Haefele M. H., Latham M. E., eds. Staging Growth: Modernization, Development, and the Global Cold War. Amherst: University of Massachusetts Press, 2003.

Engerman, Unger 2009 — Engerman D. C., Unger C. R. Introduction: Towards a Global History of Modernization // Diplomatic History. 2009. Vol. 33. № 3. P. 375–385.

Fagen 1978 — Fagen R. Cuba and the Soviet Union // The Wilson Quarterly. 1978. Vol. 2. № 1 (Winter). P. 69–78.

Feinsilver 1993 — Feinsilver J. M. Healing the Masses: Cuban health Politics at Home and Abroad. Berkeley, CA: University of California Press, 1993.

Feinsilver 2010 — Feinsilver J. M. Fifty Years of Cuba's Medical Diplomacy: From Idealism to Pragmatism // Cuban Studies. 2010. № 41. P. 85–104.

Fitzgerald 1978 — Fitzgerald F. A Critique of the Sovietization of Cuba. Thesis // Science & Society. 1978. Vol. 42. № 1. P. 1–32.

Fitzgerald 1987/1988 — Fitzgerald F. The Sovietization of Cuba Thesis. Revisited // Science & Society. 1988/1988. Vol. 51. № 4 (Winter). P. 439–457.

Fourcade, Healy 2007 — Fourcade M., Healy K. Moral Views of Market Society // Annual Review of Sociology. 2007. Vol. 33. № 1. P. 285–311.

Frisch 1990 — Frisch M. A Shared Authority: Essays on the Craft and Meaning of Oral and Public History. Albany: State University of New York Press, 1990.

Getchell 2020 — Getchell Mi. Cuba, the USSR, and the Non-Aligned Movement // Negotiating Non-Alignment in Latin America and the Global

Cold War / Ed. by T. C. Field, S. Krepp, and V. Pettina. Chapel Hill: The University of North Carolina Press, 2020. P. 148–173.

Ghosh, Panda 1983 — Ghosh P. S., Panda R. Domestic Support for Mrs. Gandhi's Afghan Policy: The Soviet Factor in Indian Politics // Asian Survey. 1983. Vol. 23. № 3. P. 261–279.

Gidadhubli 1985 — Gidadhubli R. G. Economic Diplomacy of the Billion Ruble Credit // Economic and Political Weekly. 1985. Vol. 20 (21). P. 910–912.

Golubev 2020 — Golubev A. The Things of Life: Materiality in Late Soviet Russia. Ithaca, NY: Cornell University Press, 2020.

Gorsuch 2015 — Gorsuch A. «Cuba, My Love»: The Romance of Revolutionary Cuba in the Soviet Sixties // American Historical Review. 2015. Vol. 120. № 2. P. 497–526.

Goscilo 2019 — Goscilo H. Stacking National Identity: The Lucrative Legacy of the Matreshka // Experiment. 2019. № 25. P. 227–243.

Graham 1964 — Graham I. The Indo-Soviet MIG Deal and Its International Repercussions // Asian Survey IV. 1964. № 5. P. 823–832.

Griffiths 2019 — Griffiths T. G. Socialism in Cuba: Debate and Socialist Renewal for the Twenty-First Century // International Critical Thought. 2019. Vol. 9. № 2. P. 236–253.

Griffiths, Charon-Cardona 2015 — Griffiths T. G., Cardona E. C. Education for Social Transformation: Soviet University Education Aid in the Cold War Capitalist World-System // European Education. 2015. Vol. 47. № 3. P. 226–241.

Grossman 2015 — Grossman A. Forgotten Domestic Objects: Capturing Involuntary Memories in Post-Communist Bucharest // Home Cultures. 2015. Vol. 12. № 3. P. 291–310.

Guerra 2012 — Guerra L. Visions of Power in Cuba: Revolution, Redemption, and Resistance, 1959–1971. Chapel Hill: University of North Carolina Press, 2012.

Hage 1997 — Hage G. At Home in the Entrails of the West: Multiculturalism, Ethnic Food and Migrant Home-Building // Home / World: Space, Community and Marginality in Sydney's West / Ed. by H. Grace, G. Hage, L. Johnson, J. Langsworth, and M. Symonds. Marrickville: Pluto Press. 1997. P. 99–153.

Haldrup 2009 — Haldrup M. Banal Tourism? Between Cosmopolitanism and Orientalism // Cultures of Mass Tourism: Doing the Mediterranean in the Age of Banal Mobilities / Ed. by P. O. Pons, M. Crang, and P. Travlou. Aldershot and Burlington, VT: Ashgate Publishing, 2009. P. 53–74.

Haldrup 2017 — Haldrup Michael. Souvenirs: Magical Objects in Everyday Life // Emotion, Space and Society. 2017. Vol. 22. P. 52–60.

Harding 1992 — Harding E. The 1992 Cuban Constitution: A Revolution Within the Revolution? // Latin America Digital Beat. 1992. URL: https://digitalrepository.unm.edu/cgi/viewcontent.cgi?article=11070&context=notisur.

Harman 2010 — Harman G. Technology, objects and things in Heidegger // Cambridge Journal of Economics. 2010. Vol. 3. P. 17–25.

Harré 2002 — Harré R. Material Objects in Social Worlds // Theory, Culture & Society. 2002. Vol. 19. № 5–6. P. 23–33.

Hattori 2001 — Hattori T. Reconceptualizing Foreign Aid // Review of International Political Economy. 2001. Vol. 8. № 4. P. 633–660.

Hattori 2003 — Hattori T. The Moral Politics of Foreign Aid // Review of International Studies. 2003. Vol. 29. № 2. P. 229–247.

Hehct 2011 — Hecht G., eds. Entangled Geographies: Empire and Technopolitics in the Global Cold War. Cambridge, MA and London: MIT Press. Kindle. Location 83, 2011.

Helgesson, Bethlehem, Han 2018 — Helgesson S., Bethlehem L., and Han G. B. Cultural Solidarities: Apartheid and the Anticolonial Commons of World Literature // Safundi. 2018. Vol. 19. № 3. P. 260–268.

Hessler 2018 — Hessler J. Third World Students at Soviet Universities in the Brezhnev Period // Global Exchanges: Scholarships and Transnational Circulations in the Modern World / Ed. by L. Tournès and G. Scott-Smith. New York and Oxford: Berghahn, 2018. P. 202–215.

Hetherington 2004 — Hetherington K. Secondhandedness: Consumption, Disposal, and Absent Presence // Environment and Planning D: Society and Space. 2004. Vol. 22. № 1. P. 157–173.

Hilton 1995 — Hilton A. Russian Folk Art. Bloomington: Indiana University Press, 1995.

Holmes, Hall 2020 — Holmes H. and Sarah Hall M. Mundane Methods: Innovative Ways to Research the Everyday. Manchester: Manchester University Press, 2020.

Holstein, Gubrium 1995 — Holstein J., Gubrium J. F. The Active Interview. Thousand Oaks: SAGE Publications, 1995.

Honeck, Rosenberg 2014 — Honeck, Mischa and Gabriel Rosenberg. Transnational Generations: Organizing Youth in the Cold War // Diplomatic History. 2014. Vol. 38. № 2. P. 233–239.

Hörschelmann 2008 — Hörschelmann K. Populating the Landscapes of Critical Geopolitics — Young People's Responses to the War in Iraq (2003) // Political Geography. 2008. Vol. 27. № 5. P. 587–609.

Hubbert 2017 — Hubert J. The Biopolitics of Gratitude and Equivalence: Debt, Exchange, and Disaster Politics at the Shanghai World's Fair // Studies in Global Asias. 2017. Vol. 3. № 1. P. 162–188.

Hume 2014 — Hume D. L. Tourism Art and Souvenirs: The Material Culture of Tourism. London and New York: Routledge, 2014.

Humphries, Smith 2014 — Humphries C., Smith A. C. T. Talking Objects: Towards a Postsocial Research Framework for Exploring Object Narratives // Organization. 2014. Vol. 21. № 4. P. 477–494.

IPSOS 2018 — IPSOS. Globally Half Think Socialist Ideals are of Great Value. 2 May. Jankevičiūtė G. and V. Geetha. 2017. Another History of the Children's Picture Book: from Soviet Lithuania to India. Chennai: Tara Books, in association with Lithuanian Culture Institute, 2018.

Iriye 2013 — Iriye A. Historicizing the Cold War // Oxford Handbook of the Cold War / Ed. by R. H. Immerman and P. Goedde. Oxford: Oxford University Press, 2013. P. 15–31.

Jankevičiūtė, Geetha 2017 — Jankevičiūtė G., Geetha V. Another History of the Children's Picture Book: From Soviet Lithuania to India. Chennai: Tara Books, in association with Lithuanian Culture Institute, 2017.

Jenks 2003 — Jenks A. Palekh and the Forging of a Russian Nation in the Brezhnev Era // Cahiers du monde russe. 2003. Vol. 44. № 4. P. 629–655.

Jobs, Pomfret 2015 — Jobs R. E., Pomfret D. Transnational Histories of Youth in the Twentieth Century. Basingstoke and New York: Palgrave Macmillan, 2015.

Jones 2011 — Jones O. Geography, Memory and Non-Representational Geographies // Geography Compass. 2011. Vol. 5. № 12. P. 875–885.

Kallio, Häkli 2017 — Kallio K. P., Häkli J. Geosocial Lives in Topological Polis: Mohamed Bouazizi as a Political Agent // Geopolitics. 2017. Vol. 22. № 1. P. 91–109.

Kapcia 2011 — Kapcia A. Defying Expectations: The External Profile and Activism of the Cuban Revolution // Latin American Foreign Policies / Ed. by G. L. Gardini and P. Lambert. New York: Palgrave Macmillan, 2011.

Kapcia 2021 — Kapcia A. A Short History of Revolutionary Cuba: Power, Authority and the State since 1959. London, New York, and Dublin: Bloomsbury, 2021.

Kapur 1972 — Kapur H. Soviet Union and the Emerging Nations: A case Study of Soviet Policy Towards India. Geneva: Graduate Institute of International Studies, 1972.

Karl 1975 — Karl T. Work Incentives in Cuba // Latin American Perspectives. 1975. Vol. 2. № 4. P. 21–41.

Karpova 2020 — Karpova Y. Comradely Objects: Design and Material Culture in Soviet Russia, 1960–1980s. Manchester: Manchester University Press, 2020.

Katsakioris 2017 — Katsakioris C. Burden or Allies? Third World Students and Internationalist Duty through Soviet Eyes // Kritika: Explorations in Russian and Eurasian History. 2017. Vol. 18. № 3. P. 539–567.

Kiaer 2005 — Kiaer C. Imagine No Possessions: The Socialist Objects of Russian Constructiirism. Cambridge, MA: MIT Press, 2005.

Kohli 2006 — Kohli A. Politics of Economic Growth in India, 1980–2005. P. I. The 1980s // Economic and Political Weekly. 2006. Vol. 41. № 13. P. 1251–1259.

Kojevnikov 2008 — Kojevnikov A. The Phenomenon of Soviet Science // Osiris 23. 2008. № 1. P. 115–135.

Kopytoff 1986 — Kopytoff I. The Cultural Biography of Things: Commoditization as Process // The Social Life of Things: Commodities in Cultural Perspective / Ed. by A. Appadurai. Cambridge, UK: Cambridge University Press, 1986. P. 64–91.

Korkiamäki, Kallio 2018 — Korkiamäki R., Kallio K. P. Experiencing and Practising Inclusion through Friendships // Area. 2018. Vol. 50. № 1. P. 74–82.

Kravets 2013 — Kravets O. On Things and Comrades // Ephemera: Theory and Politics in Organisation. 2013. Vol. 13. № 2. P. 421–436.

Kret 2013 — Kret A. J. We Unite with Knowledge: The People's Friendship University and Soviet Education for the Third World // Comparative Studies of South Asia, Africa and the Middle East. 2013. Vol. 33. № 2. P. 239–256.

Kuhn 1995 — Kuhn A. Family Secrets: Acts of Memory and Imagination. London and New York: Verso, 1995.

Kuhn 2010 — Kuhn A. Memory Texts and Memory Work: Performances of Memory in and with Visual Media // Memory Studies. 2010. Vol. 3. № 4. P. 298–313.

Latham 2011 — Latham M. E. The Right Kind of Revolution: Modernization, Development, and US Foreign Policy from the Cold War to the Present. Ithaca and London: Cornell University Press, 2011.

Leypoldt 2008 — Leypoldt G. Uses of Metaphor: Richard Rorty's Literary Criticism and the Poetics of World-Making // New Literary History. 2008. Vol. 39. № 1. P. 145–163.

Linger 1992 — Linger E. Combining Moral and Material Incentives in Cuba // Behavior and Social Issues. 1992. Vol. 2. № 2. P. 119–136.

Livingstone 1992 — Livingstone S. The Meaning of Domestic Technologies: A Personal Construct Analysis of Familial Gender Relations // Consuming

Technologies: Media and Information in Domestic Spaces / Ed. by E. Hirsch and R. Silverstone. London: Routledge, 1992. P. 113–130.

Livingstone 2005 — Livingstone D. N. Science, Text and Space: Thoughts on the Geography of Reading // Transactions of the Institute of British Geographers, New Series. 2005. Vol. 30. № 4. P. 391–401.

Long, Moore 2013 — Long N. J., Moore H. L., eds. Sociality: New Directions. New York and Oxford: Berghahn Books, 2013.

Loss 2013 — Loss J. Dreaming in Russian. The Cuban Soviet Imaginary. Austin: University of Texas Press, 2013.

Loss, Prieto 2012 — Loss J., Prieto J. M. Caviar with Rum: Cuba-USSR and the Post-Soviet Experience. New York: Palgrave Macmillan, 2012.

Lunev 2017 — Lunev S. I. Sovetsko-Indijskoe otnoshcheniia (1955–1971): Rozhdenie Druzhby // Vestnik MGIMO. 2017. Vol. 2. № 53. P. 24–51.

Maheswaran 1994 — Maheswaran D. Country of Origin as a Stereotype: Effects of Consumer Expertise and Attribute // Journal of Consumer Research. 1994. Vol. 21. № 2. P. 354–365.

Massaro, Williams 2013 — Massaro V. A., Williams J. Feminist Geopolitics // Geography Compass. 2013. Vol. 7. № 8. P. 567–577.

Masset, Decrop 2021 — Masset J., Decrop A. Meanings of Tourist Souvenirs: From the Holiday Experience to Everyday Life // Journal of Travel Research. 2021. Vol. 60. № 4. P. 718–734.

Mastny 2010 — Mastny V. The Soviet Union's Partnership with India // Journal of Cold War Studies. 2010. Vol. 12. № 3. P. 50–90.

Matusevich 2008 — Matusevich M. An Exotic Subversive: Africa, Africans and the Soviet Everyday // Race & Class. 2008. Vol. 49. № 4. P. 57–81.

Matusevich 2009 — Matusevich M. Probing the Limits of Internationalism: African Students Confront Soviet Ritual // Anthropology of East Europe Review. 2009. Vol. 27. № 2. P. 19–39.

McConnell 2017 — McConnell F. Liminal Geopolitics: The Subjectivity and Spatiality of Diplomacy at the Margins // Transactions of the Institute of British Geographers. 2017. Vol. 42. № 1. P. 139–152.

McIntosh, Wright 2019 — McIntosh I., Wright S. Exploring What the Notion of Lived Experience Might Offer for Social Policy Analysis // Journal of Social Policy. 2019. Vol. 48. № 3. P. 449–467.

McMahon 2013 — McMahon R. The Cold War in the Third World. New York: Oxford University Press, 2013.

Mehrota 1990 — Mehrotra S. India and the Soviet Union: Trade and Technology Transfer. New York: Cambridge University Press, 1990.

Menon 2018 — Menon N. Chasing the Machine: India's First Computers and the Cold War // The Caravan. 2018. 1 April.

Mercer 2006 — Mercer J. Human Nature and the First Image: Emotion in International Politics // Journal of International Relations and Development. 2006. Vol. 9. № 3. P. 288–303.

Merriman, Jones 2017 — Merriman P., Jones R. Nations, Materialities and Affects // Progress in Human Geography. 2017. Vol. 41. № 5. P. 600–617.

Meyer 2012 — Meyer M. Placing and Tracing Absence: A Material Culture of the Immaterial // Journal of Material Culture. 2012. Vol. 17. № 1. P. 103–110.

Miller 1987 — Miller D. Material Culture and Mass Consumption. Oxford: Blackwell, 1987.

Mishra 2006 — Mishra P. The East Was Read // The Guardian. 2006. February 4.

Mitchell, Kirsi 2017 — Mitchell K., Kallio K. P. Spaces of the Geosocial: Exploring Transnational Topologies // Geopolitics. 2017. Vol. 22. № 1. P. 1–14.

Mukherjee 1987 — Mukherjee D. Indo-Soviet Economic Ties // Problems of Communism. 1987. Vol. 36. № 1. P. 13–24.

Munro 1997 — Munro R. Ideas of Difference: Stability, Social Spaces and the Labour of Division // Ideas of Difference / Ed. by K. Hetherington and R. Munro. Oxford: Blackwell, 1997. P. 3–26.

Myers 2004 — Myers F. Social Agency and the Cultural Value(s) of the Art Object // Journal of Material Culture. 2004. Vol. 9. № 2. P. 203–211.

Nair 2020 — Nair D. Sociability in International Politics: Golf and ASEAN's Cold War Diplomacy // International Political Sociology. 2020. Vol. 14. № 2. P. 196–214.

Nayudu 2017 — Nayudu S. K. «When the Elephant Swallowed the Hedgehog»: The Prague Spring & Indo-Soviet Relations, 1968. 83. The CWIHP Working Paper Series. Washington DC: Woodrow Wilson International Center for Scholars, 2017.

New York Times 1964 — Specialists in Washington Find; Cuban-Soviet Ties Weakening // New York Times. 1964. October 26.

Newman 2000 — Newman L. Putin, Castro Talk on Trade, Debt Issues // CNN. 2000. September 14.

O'Tuathail 1996 — O'Tuathail G. Ó. Critical geopolitics. Minneapolis: University of Minnesota press; London: Routledge, 1996.

O'Tuathail, Dalby 2002 — O'Tuathail G. Ó., Dalby S. Rethinking Geopolitics. London and New York: Routledge, 2002.

Oldenziel, Zachmann 2009 — Oldenziel R., Zachmann K., eds. Cold War Kitchen: Americanization, Technology, and European Users. Cambridge, MA and London: MIT Press, 2009.

Olich 2000 — Olich J. M. Competing ideologies and children's books: The making of a Soviet children's literature, 1918–1935. PhD diss. The University of North Carolina at Chapel Hill. ProQuest 9968648, 2000.

Orlov 2014 — Orlov I. The Soviet Union Outgoing Tourism in 1955–1985: Volume, Geography, Organizational Forms. Higher School of Economics Research Paper № WP BRP 50/HUM/2014.

Oroza 2017 — Oroza E. Technological Disobedience: Ernesto Oroza // Assemblage Papers. 2017. № 7. April 28.

Oswald 1961 — Oswald G. Soviet News and Notes // The Hispanic American Historical Review. 1961. Vol. 41. № 1 (February). P. 120–126.

Oudshoorn, Pinch 2003 — Oudshoorn N., Pinch T., eds. How Users Matter: The Co-Construction of Users and Technology. Cambridge, MA: MIT Press, 2003.

Oushakine 2016 — Oushakine S. A. Translating Communism for Children: Fables and Posters of the Revolution // Boundary 2. 2016. Vol. 43. № 3. P. 159–219.

Oushakine 2019 — Oushakine S. A. Second-Hand Nostalgia: On Charms and Spells of the Soviet Trukhliashechka // Post-Soviet Nostalgia: Confronting the Empire's Legacies / Ed. by O. Boele, B. Noordenbos, and K. Robbe. New York and London: Routledge, 2019. P. 38–69.

Pain, Staeheli 2014 — Pain R., Staeheli L. Introduction: Intimacy-Geopolitics and Violence // Area. 2014. Vol. 46. № 4. P. 344–360.

Pain, Kindon, Little 2010 — Pain R. P., Kindon S., Little J. Moments in Everyday / Distant Geopolitics: Young People's Fears and Hopes // Geoforum. 2010. Vol. 41. № 6. P. 972–982.

Pavlov 1994 — Pavlov Y. Soviet-Cuban Alliance, 1959–1991. New Brunswick, NJ: Transaction Publishers, 1994.

Pechurina 2015 — Pechurina A. Material Cultures, Migrations, and Identities: What the Eye Cannot See. Houndmills and New York: Palgrave Macmillan, 2015.

Perez 2006 — Perez L. A. Cuba. Between Reform and Revolution. Oxford and New York: Oxford University Press, 2006.

Pertierra 2008 — Pertierra A. C. En Casa: Women and Households in Post-Soviet Cuba // Journal of Latin American Studies. 2008. Vol. 40. № 4. P. 743–767.

Pertierra 2011 — Pertierra A. C. Cuba: The Struggle for Consumption. Coconut Creek: Caribbean Studies Press, 2011.

Peteri 2006 — Peteri G. Nylon Curtain: Transnational and Transsystemic Tendencies in the Cultural Life of State-Socialist Russia and East-Central Europe // Trondheim Studies on East European Cultures & Societies. Trondheim: Program on East European Cultures and Societies, 2006.

Petrelli, Whittaker 2010 — Petrelli D., Whittaker S. Family Memories in the Home: Contrasting Physical and Digital Mementos // Personal and Ubiquitous Computing. 2010. Vol. 14. № 2. P. 153–169.

Plamper 2015 — Plamper J. The History of Emotions: An Introduction. Oxford: Oxford University Press, 2015.

Pratt, Rosner 2006 — Pratt G., Rosner V. Introduction: The Global & the Intimate // Women's Studies Quarterly. 2006. Vol. 34 (½). P. 13–24.

Puñales-Alpizar 2013 — Puñales-Alpizar D. Escrito en cirílico, El ideal soviético en la cultura cubana posnoventa. Santiago: Cuarto Propio, 2013.

Racioppi 1994 — Racioppi L. Soviet Policy Towards South Asia Since 1970. Cambridge UK: Cambridge University Press, 1994.

Raina 2017 — Raina D. Engineering Science Education and the Indian Institutes of Technology: Reframing the Context of the «Cold War and Science» (1950–1970) // Contemporary Education Dialogue. 2017. Vol. 14. № 1. P. 49–70.

Rajagopalan 2008 — Rajagopalan S. Indian Films in Soviet Cinemas: The Culture of Moviegoing After Stalin. Bloomington, IN: Indiana University Press, 2008.

Rajagopalan 2015 — Rajagopalan S. Incompatible Institutions: Socialism versus Constitutionalism in India // Constitutional Political Economy. 2015. Vol. 26. № 3. P. 328–355.

Rao 1973 — Rao R. V. R. Chandrasekhara. Indo-Soviet Economic Relations // Asian Survey. 1973. Vol. 13. № 8. P. 793–801.

Ratnam 2018 — Ratnam C. Creating Home: Intersections of Memory and Identity // Geography Compass. 2018. Vol. 12. № 4. P. 1–11.

Reid 2002 — Reid S. Cold War in the Kitchen: Gender and the De-Stalinization of Consumer Taste in the Soviet Union under Khrushchev // Slavic Review. 2002. Vol. 61. № 2. P. 211–252.

Richins 1994 — Richins M. L. Special Possessions and the Expression of Material Values // Journal of Consumer Research. 1994. Vol. 21. № 3. P. 522–533.

Riggins 1994a — Riggins S. H. Fieldwork in the Living Room // The Socialness of Things / Ed. by S. H. Riggins. Berlin: Mouton de Gruyter, 1994.

Riggins 1994b — Riggins S. The Socialness of Things. New York: Mouton de Gruyter, 1994.

Roepstorff 2020 — Roepstorff K. A Call for Critical Reflection on the Localisation Agenda in Humanitarian Action // Third World Quarterly. 2020. Vol. 41. № 2. P. 284–301.

Rognoli, Oroza 2015 — Rognoli V., Oroza E. «Worker, build your own machinery!» A work-shop to practice the Technological Disobedience // Paper presented at PLATE conference Nottingham Trent University. June 2015. P. 17–19.

Rose, Blume 2003 — Rose D., Blume S. Citizens as Users of Technology: An Exploratory Study of Vaccines and Vaccination // How Users Matter: The Co-Construction of Users and Technology / Ed. by N. Oudshoorn and T. Pinch. Cambridge, MA: MIT Press, 2003. P. 103–131.

Rosen 1973 — Rosen S. The Development of Peoples' Friendship University in Moscow. Washington, DC: Institute of International Studies (DHEW/OE), 1973.

Rosenberg 1992 — Rosenberg J. Cuba's Free-Market Experiment: Los Mercados Libres Campesinos, 1980–1986 // Latin American Research Review. 1992. Vol. 27. № 3. P. 51–89.

Rosendahl 1997 — Rosendahl M. Inside the Revolution, Everyday Life in Socialist Cuba. Ithaca and London: Cornell University Press, 1997.

Rosenthal 1955 — Rosenthal A. M. Indians' Souvenirs of Soviet Trip Include Doubts // New York Times. 1955. January 11.

Rosenthal 2015 — Rosenthal G. The Social Construction of Individual and Collective Memory // Theorizing Social Memories / Ed. by G. Sebald and J. Wagl. London: Routledge, 2015. P. 37–55.

Ross 2017 — Ross S. Object Nationalities: Connecting Nations and Commodities, or: Using Things to Talk about People // Digital Icons: Studies in Russian, Eurasian and Central European New Media. 2017. № 17. P. 1–18.

Routledge 1996 — Routledge P. Critical Geopolitics and Terrains of Resistance // Political Geography. 1996. Vol. 15. № 6–7. P. 505–531.

Rupprecht 2015 — Rupprecht T. Soviet Internationalism after Stalin: Interaction and Exchange between the USSR and Latin America during the Cold War. Cambridge, UK and New York: Cambridge University Press, 2015.

Russian Foreign Trade 2019 — Russian Trade with Cuba in Q3 2019. URL: https://en.russian-trade.com/reports-and-reviews/2019–11/russian-trade-in-goods-with-cuba-in-q3–2019/.

Scholz 2015 — Scholz S. J. Seeking Solidarity // Philosophy Compass. 2015. Vol. 10. № 10. P. 725–735.

Schwall 2018 — Schwall E. A Spectacular Embrace: Dance Dialogues between Cuba and the Soviet Union, 1959–1973 // Dance Chronicle. 2018. Vol. 4. № 3. P. 275–302.

Scott 1992 — Scott J. W. Experience // Feminists Theorize the political / Ed. by J. Butler and J. W. Scott. New York and London: Routledge, 1992. P. 22–40.

Sen 1989 — Sen P. Growth and Instability of Indian Exports to the USSR // Economic and Political Weekly. 1989. Vol. 24. № 13. P. 687–692.

Sharma 2015 — Sharma D. The Outsourcer: The Story of India's IT Revolution. Cambridge, MA: The MIT Press, 2015.

Sharp 1993 — Sharp J. Publishing American Identity: Popular Geopolitics, Myth and the Reader's Digest // Political Geography. 1993. Vol. 12. № 6. P. 491–503.

Sharp 2011 — Sharp J. Subaltern Geopolitics: Introduction // Geoforum. 2011. Vol. 42. № 3. P. 271–273.

Shaw, Bransford 1977 — Shaw R., Bransford J. Perceiving, Acting, and Knowing: Towards an Ecological Psychology. London: John Wiley, 1977.

Silverstone, Hirsch 1992 — Silverstone R., Hirsch E. Introduction // Consuming Technologies: Media and Information in Domestic Spaces / Ed. by R. Silverstone and E. Hirsch. London and New York: Routledge, 1992. P. 1–14.

Silverstone, Hirsch, Morley 1992 — Silverstone R., Hirsch E., Morley D. Information and Communication Technologies and the Moral Economy of the Household // Consuming Technologies: Media and Information in Domestic Spaces / Ed. by R. Silverstone and E. Hirsch. London and New York: Routledge, 1992. P. 15–31.

Singh 1995 — Singh A. I. India's Relations with Russia and Central Asia // International Affairs. 1995. Vol. 71. P. 1. P. 69–81.

Singh 2005 — Singh A. August, the Month of Winds. A Wind-up Bird Chronicle: The work of an aspiring writer. Fiction. Mostly. Real. Mostly, that too (blog). 2005. 7 September. URL: https://guides.library.uq.edu.au/referencing/chicago17-footnotes-bibliography/blogs.

Smith 2011 — Smith S. She Says Herself, «I Have No Future»: Love, Fate and Territory in Leh District, India // Gender, Place & Culture. 2011. Vol. 18. № 4. P. 455–476.

Smith 2014 — Smith G. M. Friendship, State, and Nation // Friendship and International Relations / Ed. by S. Koschut and A. Oelsner. Basington: Palgrave Macmillan, 2014. P. 35–50.

Smith et al. 2009 — Smith M., Davidson J., Cameron L., Bondi L. Introduction Geography and Emotion — Emerging Constellations // Emotion, Place and Culture / Ed. by M. Smith, J. Davidson, L. Cameron, and L. Bondi. Aldershot: Ashgate Publishing, 2009. P. 1–18.

Squire 2015 — Squire V. Reshaping Critical Geopolitics? The Materialist Challenge // Review of International Studies. 2015. Vol. 41. № 1. P. 139–159.

Staeheli, Peake 2004 — Staeheli K., Peake L. Mapping Women, Making Politics. Feminist Perspectives on Political Geography. London: Routledge, 2004.

Stein 1967 — Stein A. India and the USSR: The Post-Nehru Period // Asian Survey. 1967. Vol. 7. № 3. P. 165–175.

Stigler, Ham 1986 — Stigler F., Ham K. An Analysis of Addition and Subtraction Word Problems in American and Soviet Elementary Mathematics Textbooks // Cognition and Instruction. 1986. Vol. 3. № 3. P. 153–171.

Stolte 2019 — Stolte C. «The People's Bandung»: Local Anti-Imperialists on an Afro-Asian Stage // Journal of World History. 2019. Vol. 30. № 1. P. 125–156.

Storey 2017 — Storey J. Theories of Consumption. London and New York: Routledge, 2017.

Strathern 1996 — Strathern M. The Concept of Society Is Theoretically Obsolete: For the Motion // Key Debates in Anthropology / Ed. by T. Ingold. London: Routledge, 1996. P. 60–66.

The Economic Weekly 1955 — Anonymous. The Indian Industries Fair // The Economic Weekly. 1955. October 29.

Thomson, Hamilton 1994 — Thomson F., Hamilton P. The Memory and History Debates: Some International Perspectives // Oral History. 1994. Vol. 22. № 2 (Autumn). P. 33–43.

Thorpe 2018 — Thorpe A. «I Slipped into the Pages of a Book»: Intertextuality and Literary Solidarities in South African Writing about London // Safundi. 2018. Vol. 19. № 3. P. 306–320.

Titarenko 2018 — Titarenko E. I. 50 years of Pedagogical Methods in Philology (50 лет кафедре методики преподавания филологических дисциплин) // Cultural Dialogue: Theory and Practice in Teaching Languages and Literatures (Dialog kul'tur. Teoriia i praktika: prepodavanie iazykov i literatury). VI Mezhdunarodnaia nauchno-prakticheskaia konferentsiia. P. 9–11.

Tolia-Kelly 2004 — Tolia-Kelly D. P. Materializing Post-Colonial Geographies: Examining the Textural Landscapes of Migration in the South Asian Home // Geoforum. 2004. Vol. 35. № 6. P. 675–688.

Tournès, Scott-Smith 2018 — Tournès L., Scott-Smith G, eds. Global Exchanges: Scholarships and Transnational Circulations in the Modern World. New York and Oxford: Berghahn, 2018.

Tsokhas 1980 — Tsokhas K. The Political Economy of Cuban Dependence on the Soviet Union // Theory and Society. 1980. Vol. 9. № 2. P. 319–362.

Tsvetkova, Tsvetkov 2020 — Tsvetkova N. A., Tsvtekov I. A. Fear as a Factor in the Politics of the United States and the Soviet Union in Universities of Guatemala and Cuba (Strakh kak faktor politiki SShA i SSSR v universitetakh Gvatemaly i Kuby) // Science Journal of Volgograd State University. History. Area Studies. International Relations (Vestnik Volgogradskogo gosudarstvennogo universiteta. Ser. 4. Istoriya. Regionovedenie. Mezhdunarodnye otnosheniya). 2020. Vol. 25. № 2. P. 170–184.

Ulrich et al. 2015 — Ulrich L. T., Gaskell I., Schechner S. J., Carter S. A. Tangible Things: Making History Through Objects. Oxford: Oxford University Press, 2015.

Van Hoef, Oelsner 2016 — Van Hoef Y., Oelsner A. Friendship and Positive Peace: Conceptualising Friendship in Politics and International Relations // Politics and Governance. 2016. Vol. 6. № 4. P. 115–124.

Walters 1966 — Walters R. S. Soviet Economic Aid to Cuba: 1959–1964 // International Affairs. 1966. Vol. 42. № 1. P. 74–86.

Weinraub 1985 — Weinraub B. Reagan-Gandhi Talks Tough on Arms // New York Times. 1985. June 13.

Wherry 2010 — Wherry F. F. The Sacred and the Profane in the Marketplace // Handbook of the Sociology of Morality / Ed. by S. Hitlin and S. Vaisey. New York: Springer, 2010. P. 147–162.

Wilk 2001 — Wilk R. Consuming Morality // Journal of Consumer Culture. 2001. Vol. 1. № 2. P. 245–260.

Williams 1961 — Williams R. The Long Revolution. New York: Columbia University Press, 1961.

Williams, Massaro 2013 — Williams J., Massaro V. Feminist Geopolitics: Unpacking (In) Security, Animating Social Change // Geopolitics. 2013. Vol. 18. № 4. P. 751–758.

Wise 2013 — Wise M. B. Cuban Constitutionalism: Will There Be Changes // Duquesne Law Review. 2013. Vol. 51. № 2 (Spring). P. 467–486.

Wise 2016 — Wise A. Convivial Labour and the «Joking Relationship»: Humour and Everyday Multiculturalism at Work // Journal of Intercultural Studies. 2016. Vol. 37. № 5. P. 481–500.

Wishon 2013 — Wishon J. Journeys beyond Three Seas: Cold War Indo-Soviet Tourism // Valahian Journal of Historical Studies. 2013. Vol. 20. P. 109–134.

Woodward 2007 — Woodward I. Understanding Material Culture. London: SAGE Publications Ltd., 2007.

Wyatt 2003 — Wyatt S. Non-Users Also Matter: The Construction of Users and Non-Users of the Internet // How Users Matter: The Co-Construction of Users and Technology / Ed. by N. Oudshoorn and T. Pinch. Cambridge, MA: MIT Press, 2003. P. 67–79.

Yaffe 2009 — Yaffe H. Che Guevara's Enduring Legacy: Not the Foco but the Theory of Socialist Construction // Latin American Perspectives. 2009. Vol. 36. № 2 (March). P. 49–65.

Yaffe 2012 — Yaffe H. Che Guevara and the Great Debate, Past and Present // Science and Society. 2012. Vol. 76. № 1. P. 11–40.

Yaffe 2020 — Yaffe H. We Are Cuba: How a Revolutionary People Have Survived in a Post-Soviet World. New Haven: Yale University Press, 2020.

Zecchini 2020 — Zecchini L. What Filters Through the Curtain: Reconsidering Indian Modernisms, Travelling Literatures, and Little Magazines in a Cold War Context // Interventions: International Journal of Postcolonial Studies. 2020. Vol. 22. № 2. P. 172–194.

Zubok 2009 — Zubok V. Zhivago's Children: The Last Russian Intelligentsia. Cambridge, MA and London: The Belknap Press of Harvard University Press, 2009.

# Предметно-именной указатель

авоська 286
агентность, инициативность 16, 31, 41, 58, 60, 144
активное интервью 35, 63
Альянс Франсез 316
Америка 28, 36, 75, 78, 82, 91, 104, 111, 121, 132, 152, 153, 191–193, 195, 196, 198, 204, 210, 212, 236, 254, 258, 259, 264, 292, 297, 315, 316, 318, 320, 321, 325
   модернизация 192, 193, 294, 297, 299, 326
   *мягкая сила* 235, 236, 260, 262
   технологии 197, 297
   учебники 207, 216, 246
американское телевидение, качество 125
антикоммунистическая пропаганда 157, 171
антиимпериализм 19, 20, 101, 194, 267, 328
антиимпериалистический 19, 83, 191–193,195, 213, 308
   блок 83
   интернационализм 19
   солидарность 213, 308, 328
аскетика советского потребления 126

*Аурика*, советская стиральная машина 97, 108, 109, 121, 126, 138, 142–144
аффективная атмосфера 48, 49, 218, 254–260, 263, 274, 303, 313, 314, 319
antes 105–109, 151–160

Баба-яга 258
Бандунгская конференция (1955) 19
Батиста Фульхенсио 72, 105, 160
Баэз Джоан 260, 327
Берлинская стена, падение 71
бинокль 214, 288, 289
биография 17, 21, 31, 33, 34, 41, 55, 58, 59, 64, 155, 188, 328
*Битва идей*, кампания (2000) 99
Библиотека Британского совета 316
благодарность как геополитическое чувство 102, 105, 109–115
блендер 107, 132
блоковая политика 42, 84, 306, 320
Бокаро 37, 198, 199, 250, 296–298, 300
*большая дискуссия* 76
брак 81, 149, 187

Брежнев Леонид Ильич 124, 184, 255, 296
буржуазная демократия 19
*Bohemia*, кубинский журнал 71, 88, 90, 94, 95
bolos (кегли для боулинга) 98, 147

Варшавский договор, выход Чехословакии из 83
Взаимность 114, 164
взаимозависимость 71, 75,
Великая Отечественная война 22, 133, 157, 232
вещи как товарищи 21, 302, 310
*Вокруг света*, журнал 115
воспитание 23, 28, 30, 231, 242, 271
Восточная Европа 90, 116, 296, 316, 320
восточный блок 18, 73, 76, 86, 143, 214, 261, 276, 308, 320
  встроенность в глобальную систему 320
  солидарность с Глобальным Югом 214
Всемирный банк 211
VI Всемирный фестиваль молодежи и студентов (Москва, 1957) 28
всемирные выставки 29
вторичное использование 96
высадка в заливе Свиней 72
высокотехнологичные отрасли промышленности 74
высшее образование 30, 76, 79, 158
  программы 29, 30, 79, 80
  советские университеты 79–81, 87, 165–167, 187, 198, 203, 273, 277, 278, 281, 282, 285

Гаванский университет 85, 90
Ганди Индира 195, 196, 199, 214, 223, 255, 256
Ганди Раджив 196, 199, 200
Гевара Че 72, 76–78, 84
гегемония 84, 99, 115, 212, 319, 328
геополитика 15–17, 31, 39–67, 75, 81, 90, 140, 168, 181, 187, 191, 204, 222, 227, 244, 254–256, 260, 265, 279, 282, 293, 303, 305, 312, 319, 326
геополитическое/ая/ие 15–20, 25, 29–35, 37, 39, 40, 42–45, 47, 49–54, 57, 58, 67, 85, 87, 99, 100, 102, 104, 105, 109, 110, 132, 137, 138, 141, 142, 146, 148–151, 153, 160, 161, 164, 170, 186, 187, 191, 199, 201, 202, 204, 205, 211, 213, 214, 215, 217, 219, 222, 228, 230, 238, 242, 243, 245, 254–257, 260, 262, 263, 265, 267, 268, 271–273, 276, 279, 283, 291, 294, 301, 302, 304–306, 309–314, 317, 318, 320–323, 326–328
  артефакты 18, 58, 215, 217, 309
  иконография 42
  воображение 16, 40, 43, 45, 47, 50, 51, 217, 222, 302, 304, 320, 321
геосоциальность 16, 32, 46, 50–52, 148–151, 160–170, 179, 263, 285, 309
  студенческая жизнь как пространство 160–170
гжель, гжельский фарфор 26, 27, 32, 149, 150, 162, 163, 168, 174, 267, 270, 279–281
*гибридность* 320

гидроэлектростанции 75
гласность, политика 84, 85, 184, 197
глобальная торговая система 78
Глобальный Юг 17, 19, 20, 28, 29, 41, 78–80, 82–84, 148, 195, 203, 214, 277, 279, 281, 282, 305, 308, 317
солидарность с восточным блоком 214
Горбачев Михаил Сергеевич 84, 127, 184, 185, 200, 214
визит на Кубу 84, 184, 185
в Индию 199, 200
*горизонты ожиданий* 217, 308, 311
гостеприимство 13, 53, 54, 83, 149, 150, 158–160, 171, 175, 265, 267, 277, 279, 282
гражданство мира, глобальное 281, 301, 308
Гуантанамо, залив 82
гуманитарная помощь, локализация 116

Движение 26 июля (1953) 72
Движение неприсоединения 19, 84, 195, 201
членство Кубы в 19, 84
*Денискины рассказы*, В. Драгунский 235
детские книги, книги для 23–25, 207, 231, 215, 216, 224, 227, 232, 235, 236, 238–240, 243, 250, 252, 258, 263, 286
дипломаты 20, 31, 42, 51, 53, 74,79, 86, 148, 149, 160, 167,

170, 182, 193, 203, 204, 258, 265, 267, 268, 271, 272, 302, 310
добрая воля 20, 29, 109, 110, 114, 115, 146, 303
доверие 30, 52, 54, 57, 210, 281, 301, 311
договор, соглашение 83, 197, 203, 204, 210
долговечность 112, 126, 129, 131–134, 136, 141, 260, 286, 302, 307, 308, 322
Дома советской культуры 205, 232, 316
*дома подарков* 93; см. casas de regalos
дореволюционная жизнь 26, 88, 95, 105, 120, 121, 124, 142, 319, 320, 324, 325
доступность 41, 105, 146, 205, 215, 226, 250, 261, 264, 288, 290, 307, 308, 310
дружеские отношения 48, 51, 57, 149, 164, 167, 179, 204, 271, 281, 283
дружественная страна, дипломатия 94, 203, 312

Ельцин Борис Николаевич 210

живой опыт 18, 45–47, 50, 53, 54, 66, 188, 306, 316, 319
Жуков Георгий Константинович 274, 275

зависимость 32, 37, 74–76, 78, 87, 143, 144, 194, 309, 311
заслуги благодетеля 109
*Зенит*, советский фотоаппарат 290

идеология 19, 20, 24, 26, 28–30, 32, 33, 42–44, 57, 60, 76–78, 80, 83, 97, 99, 105, 136, 185, 187, 193, 202, 205, 212, 219, 228, 231, 241, 242, 256, 263, 268, 271, 285, 292, 295, 298, 306, 312–315, 317, 319–321, 323, 324, 326, 328

избыток 75, 97, 136, 192

Издательство литературы на иностранных языках 207, 208

изменчивость вещей 58

изустная история 146

индийская госадминистрация 222

Индийский институт общественного мнения 196, 204

Индийский институт технологий (ИИТ) 206, 252, 312

индийская начальная школа 207

индийская общественность 204, 205, 299

    влияние советской идеологии на 205

Индийский статистический институт в Калькутте 193, 294

Индия 12, 13, 15, 18, 19, 28, 30–32, 35–38, 43, 62, 66, 84, 134, 167, 191–216, 218, 219, 221–223, 227–229, 231–234, 236, 244, 245, 248–250, 254–256, 258, 260, 264–266, 268, 270, 272, 274, 276, 277, 285, 290, 293–297, 299–303, 306–313, 315, 316, 318, 319, 321, 325–327

    американская аналитика по реакции Советского Союза 201

    американский пакет помощи 198

    взлеты и падения в торговых отношениях с Советским Союзом 197–202

    внешняя политика и планы модернизации 192–197

    визит Горбачева в 199, 200

    голосование против СССР в Совете безопасности ООН 195

    Движение неприсоединения 19, 84, 195, 201

    импорт советских книг и журналов 206, 217, 228

    крен в сторону Советского Союза 193

    научно-технический обмен с Соединенными Штатами Америки 298–300

    смешанная экономика 197–202, 211

    отношения с Советским Союзом на международной арене 201, 202

    переговоры с Пакистаном в Ташкенте 195

    роль советской материальной культуры в жизни индийцев 33, 36, 106, 125, 155, 202, 214, 265, 294, 302, 303, 317

    советские артефакты 26, 27, 33, 117, 142, 148, 150, 151, 160, 165, 176, 179, 181, 187, 215, 264–303, 321, 324

    советская геополитика 81, 227, 244, 256, 260, 265, 293, 303, 305, 312, 319

    советская военная помощь Индии 195

советская *рекламная кампания* в Индии 198
советская инфраструктурная поддержка Индии 206, 265, 293–301
строительство центров энергоснабжения 198
Индо-советская комиссия по научно-справочной литературе 210
Институт русского языка имени А. С. Пушкина (Москва) 203
Институт русского языка имени Максима Горького (Гавана) 80, 155, 156, 158
институты 13, 79, 80, 108, 115, 155, 156, 158, 161,171, 193, 196, 199, 203, 204, 206, 210, 246, 252, 294, 312
интернационализм, идея 19, 22, 28, 30, 87,193, 207, 243, 277, 306
интимно-личная геополитика 32, 148, 187
Иродов Игорь Евгеньевич 252, 312
истории из жизни 54, 55, 64, 310
источник модерности 115

календарь 174, 175
капитализм 83, 84, 127, 133, 136, 146, 192
капиталистический блок 259
капиталистический рост 199
Карибский кризис (1961) 82, 116
карибская культурная идентичность 313, 319, 320
картографирование океана 247
Кастро Рауль 72, 99

Кастро Фидель 19, 71, 72, 75, 78, 82–86, 109, 116, 121, 122, 130, 141, 154, 158–161, 164, 170, 182, 255, 314
Движение 26 июля (1953) 72
критика СССР 84
визит в Советский Союз 71, 84
квазиколониализм 82
керамика 56, 169
Китай 99, 114, 145, 194–196, 212
китайская техника 133
Китайско-индийская пограничная война (1962) 195
советская поддержка Индии 195
классика, классическая литература 23, 181, 216, 232
классовое расслоение 93
коммунизм, советская идея о 83
коммунистический 19, 23, 26–28, 30, 84, 137, 157, 158, 195, 201, 204, 226, 228, 262, 308, 311, 320, 322
интернационализм 84
мораль 27
революция 19, 28
Коммунистическая партия Индии 204, 208
кондиционер 92, 94, 106, 107, 110, 130, 136, 138–140, 184
конструктивизм 21, 22
Конференции народов Азии, Африки и Латинской Америки, трехконтинентальная (1966) 82
космополитизм 187, 229, 256, 302, 326, 328
крестьянские мотивы 26

критическая геополитика 31, 41–54

*Крокодил Гена и его друзья*, повесть Эдуарда Успенского 181

Куба 15, 18–20, 28, 30, 32, 36, 43, 62, 66, 72–88, 91, 92, 94, 96–106, 108, 110–122, 124–127, 132–134, 137, 138, 140, 141, 143, 146, 147, 152, 153, 155, 157, 161, 162, 165, 167–171, 176, 179, 180, 182–185, 203, 210, 263, 288, 306–313, 318, 319, 321–324
американское эмбарго 72, 78, 82, 88, 100, 110, 115, 141, 311, 313
взаимное недоверие с советскими властями 87
внешняя политика 19, 32, 82–85, 170
влияние США 72
восприятие в годы холодной войны 15, 32, 33, 43, 52, 66, 83–85, 90, 102, 122, 132, 146, 149, 179, 306, 311, 319–321, 323
высадка США в залив Свиней 72
геополитическое влияние СССР 74, 76, 77, 97, 98, 146, 306, 313
геополитическая солидарность 32, 48, 83, 100, 104, 105, 109, 110, 115, 116, 121, 122, 137, 145, 146, 149, 168, 170, 179, 277, 304, 306–313, 321
Движение 26 июля (1953) 72
история советского покровительства 52, 112, 115, 124, 143

кампания *Битва идей* (2000) 99
культурная близость с Советским Союзом 137
медицинская дипломатия 72
отношения с социалистическим блоком 73, 74, 85, 91, 92, 99, 138
поддержка партизанских движений в Латинской Америке 82
революция на 19, 36, 72–79, 87, 90, 91, 106, 130, 152, 155, 167
ректификация, исправление 84, 185
роль Советского Союза в поддержании обороноспособности 132
советизация 72–79, 87
особый период в мирное время 96, 97, 99, 101, 102, 117, 143, 144
членство в Движении неприсоединения 19, 84
экспорт сахара в США 72, 73, 306, 319

кубинский коммунизм 19, 72, 78, 152

кубинский средний класс, рост

Кубинская революция (1959) 19, 36, 72–79, 87, 90, 91, 106, 130, 152, 155, 167

кубинская техника 103

кубинская экономика 75, 86, 97, 99, 185, 308

кулинарная книга 15, 169, 170

культура DIY, переработки и модернизации 96

культурный обмен между Востоком и Западом 29

культуры коллективной памяти 66, 67, 105, 144, 147, 151, 160, 314
кухонная техника 22, 42, 107, 132

*Лада*, автомобиль 93, 118, 120, 126, 134, 136
Латинская Америка 20, 30, 79, 82, 142
  кубинская поддержка партизанских движений в 82
лиминальность 291, 305, 328
литература 23, 24, 43, 57, 71, 90, 94, 98, 193, 205, 207–210, 215–217, 219, 220, 222, 223, 227, 230–242, 244–246, 252, 253, 257, 259–263, 277, 283, 284, 286, 309, 321, 327
личные воспоминания 36, 46, 64, 67, 100, 105, 109, 321
личное значение 61, 104, 266
локализация 116, 117, 275

магниты на холодильник 179, 181, 214
марксизм-ленинизм 23, 31, 78, 85, 97
материальность, вещественность 308, 310
материальный аспект советской геополитики 115–122, 143, 147, 290, 301, 310, 312
материальный комфорт, советская идея о 42, 124, 125
материальная культура 17, 21, 23, 31, 33, 36, 41, 55–57, 59, 64, 88, 90, 103, 106, 125, 153, 155, 184, 188, 202, 214, 265, 266, 294, 302, 303, 310, 313, 317, 325

исследования по 31, 41, 55, 56, 103, 265
материальные стимулы 74, 92
матрешка 27, 149, 165–168, 172, 181, 273, 281
Махаланобис Прасанта Чандра 192, 193
МВФ (Международный валютный фонд) 211
*Международная книга* 207
Микоян Анастас Иванович 73
*Мир*, издательство 208, 209, 228, 253
мироустроение 43, 219, 308
мнемонические объекты 177
многонациональная идентичность, советский проект 27
мобильность 30, 79, 179, 203, 273, 277, 282, 323
модернизация, советские идеи 20, 33, 125, 289, 290, 295, 300, 301, 303, 307, 310, 328
монеты 174
мораль, нравственность
моральная экономика 56, 61, 65, 103, 142, 266, 308
  иерархия вещей 138
*Моральный кодекс строителя коммунизма* 242
моральные сценарии 104
Московский государственный университет (МГУ) 165, 172, 277, 278
*мягкая сила* 17, 170, 235, 236, 250, 260, 262, 307
  идея эффективности 307

напряженность между советскими и кубинскими/индийскими гражданами на национально-расовой почве 54

настроения, отношение 18, 32, 49, 67, 102, 185, 199, 211, 213, 214, 230, 254–257, 267, 274, 276, 281, 296, 312, 315, 318, 319

национализация 72, 275

*наемные кули* 201

независимость Индии 28, 192, 194, 195, 214, 231, 232, 244, 255, 264, 276, 277, 295, 299, 301

неиспользование 63, 266

*нейлоновый* занавес 320

Немецкий дом 316

неолиберализм 210, 262, 311

*непроизвольные* воспоминания 137

Неру Джавахарлал 192, 194, 195, 202, 206, 214, 229, 256, 259, 275, 277, 295, 296

    беседы с Хрущевым 294

    основа для создания технологических институтов 206

    промышленные объекты как *храмы современной Индии* 206

неформальная экономика 206

нормирование 73, 91, 92

ностальгия 13, 98, 131, 143, 168, 213, 314

Нью-Дели 15, 29, 37, 201, 220, 281, 283, 284, 288, 317

оборудование 73, 74, 85, 100, 198, 200, 297–300, 303

образ жизни в советский период 28, 49, 140, 141, 312

общежитие 150, 166, 273, 277, 282

общежительство 149, 160, 161, 167, 187, 265, 285

общественное значение 61, 145, 254, 285

объективация, идея 62

Октябрьская революция (1917) 23, 154, 173, 232

операция *Питер Пэн* 152, 154, 318

*Орбита*, советский настольный вентилятор 103, 128, 135

Организация американских государств (ОАГ) 82

особый период в мирное время 96, 97, 99, 101, 102, 117, 143, 144

открытки 56, 88, 100, 149, 153, 154, 223, 273, 318

отсутствие 49, 53, 58, 59, 84, 92, 98, 111, 136, 137, 144, 147, 164, 178, 192, 205, 235, 236, 279, 293, 313, 317, 319

оттепель, период 167, 181

*О чем рассказал телескоп*, книга Павла Клушанцева 224

ощутимая атмосфера, понятие о 313

ощущение безопасности 108, 171

ощущение *перескакивания*, идея 48

палехская роспись 27, 32, 150

памятные вещи 65, 88, 150, 163, 264, 279

*панча шила/Пять принципов мирного сосуществования* 194

параллельные рынки сбыта 93, 96; см. mercados paralelos

перевод советских книг на хинди 209, 238

передача знаний 35, 80

передвижная книготорговля 215

переработка, повторное использование 96, 102

перестройка, политика 84, 85, 181, 182, 184–186, 197

плановая экономика, советская модель 244

повествование 33, 34, 46, 47, 54, 67, 146, 166, 266

подарки 51, 52, 55–57, 82, 93, 142, 148–188, 263, 279, 283, 284

*Полет*, часы 89, 90, 94, 103

политика неприсоединения 194, 319

пользователи 56, 60, 61, 63, 67, 103, 285, 286, 323

популярная геополитика 45, 50, 55, 222

популярная культура 17, 18, 45, 229, 260

послевоенная деколонизация 42

постколониальный/ая/ое 31, 191, 206, 311, 319

посудомоечные машины 22, 100, 307

потребитель 22, 39, 60, 62, 87, 95, 103, 129, 133, 292, 306, 307, 309

потребительские товары, массовые 42, 73, 88, 91, 94, 145, 197, 206, 295, 296, 311

потребительская экономика 136

практика повседневного мира 39, 44, 51, 53, 228

предметы декора 79, 171, 268, 270, 289

предприниматели индийские 192

приготовление пищи, кухня 181

принадлежности, ощущение 81, 309

провизия 181

программы для инженеров и медиков 79–81

*Прогресс*, издательство 207–209, 281

продуктивистский принцип 21

профсоюзы 79, 92, 139, 140, 212

Профсоюзный центр трудящихся Кубы 92

путешествия 16, 17, 18, 26, 32, 34, 36, 52, 66, 100, 114, 137, 146, 148, 150, 151, 155, 173, 174, 177, 230, 265, 266, 268, 273, 290, 300, 306, 308, 310, 328

Путин Владимир Владимирович 99, 101, 127, 212

радио, радиоприемник 22, 87, 91, 118, 119, 125, 133, 234, 288

*Радуга*, издательство 208, 209

развитие промышленности 77, 206

расизм 54

расписные изделия 56

революция Кубинская 19, 36, 72–79, 87, 90, 91, 106, 130, 152, 155, 167; см. Кубинская революция (1959)

Рейган Рональд 196

реляционная матрица 222, 263, 276

ремесла 26, 43, 79, 164

реклама советских товаров 89, 90, 94, 198, 292

ректификация, исправление 84, 185

репрезентации 42, 43, 61, 62, 66, 164, 179, 188, 296, 302

рецепция, восприятие 43, 57, 59, 309

Родченко Александр Михайлович 21, 302
романы 221, 231, 237, 238, 327
Россия 97, 99, 100, 104, 112, 113,
127, 152, 168, 170, 179–181, 187,
210–213, 228, 234, 235, 246, 247,
257–259, 270, 284, 289, 315, 319
русский Дальний Восток
141, 319
русский язык 35, 79–81, 85, 86,
117. 126, 155–158, 161, 164, 165,
168, 171, 174, 203, 205, 210, 218,
276, 277, 281–284, 288, 290
русско-кубинская идентич-
ность 179
русскость 26, 27, 162, 270

самобытная традиция 19, 26, 27,
104, 122, 146, 314
самовар 158, 159, 174
сахарные фабрики 75, 120
свадьба 108, 172, 173
сверхдержавы 20, 29, 42, 43, 60,
83, 154, 194, 201, 291
семейные узы 219
семейная жизнь 34, 174, 177, 187
семиотическая жизнь 41
серая пятилетка / quinquenio
gris 74
*Смена,* советский фотоаппарат
103, 286, 287
Совет безопасности ООН 195
Совет экономической взаимопомощи (СЭВ) 74, 78
советизация 72, 74, 79, 87, 320
советско-американские космиче-
ские миссии 243
советская мультипликация
181, 324

советская бытовая техника,
циркуляция 122
Советская бытовая техника на
Кубе 87–147
адаптация дореволюционных
технологий 120
кубинская локализация
116, 117
сопереживание советским
решениям 122–137
воспоминания людей 100, 101
качество 106, 109, 112–114,
117, 120
отказ от использования
и утилизация 137–145
материальный аспект соли-
дарности 115–122
стратегия потребления
104–115
вентилятор *Орбита* 103,
128, 135
*тропикализация* 117, 118, 171
Советская геополитика 81, 227,
244, 256, 260, 265, 293, 303, 305,
312, 319
и общественное настроение
312–319
в Индии 244, 256, 260,
293, 303
советская литература 94, 207,
209, 215, 217, 220, 222, 223, 227,
230–232, 236, 238, 241, 242, 246,
252, 260–263, 284, 309, 321, 327
советская модернизация 20, 33,
125, 289, 290, 295, 301, 303, 307,
310, 328
принципы 125, 286
социальные установки 303,
307, 310

предпочтение долговечности
в ущерб желанию потребителя 129
советская наука 25, 73, 204,
245–247, 250
советская продукция 22, 138, 141,
159, 200, 206, 296
Советский Союз, СССР 16,
*passim*
    критика Кастро в адрес 71, 84
    визит Кастро в 84
    распад 96, 127, 128, 141, 145,
    184, 211, 317, 318
    экспорт на Кубу 73, 74
    как сверхдержава 20, 29, 42, 43,
    60, 83, 164, 194, 201, 291
    доброжелательное отношение
    к Глобальному Югу 19, 20, 28,
    79, 80, 83, 84, 148, 195, 203,
    281, 282
    поддержка кубинской эконо-
    мики 73, 74
    идеи социального обеспече-
    ния 73, 100
    вторжение в Афганистан
    195, 196
    в Прагу 83, 195
    военная сила
    проект модернизации 20, 33,
    125, 289, 290, 295, 301, 303, 307,
    310, 328
    *рекламная кампания* в Ин-
    дии 198
    как мощный центр мировой
    науки и культуры 203
    роль в поддержании обороно-
    способности Кубы от Соеди-
    ненных Штатов Америки 132
советские артефакты 148–188

    antes 151–160
    подарки 148, 160–165, 167, 172,
    174, 181, 187
    гжель 149, 150, 162, 163,
    168, 174
    сувениры, воплощавшие
    геосоциальность 150, 151
    стенка 172, 173
    времен распада советской
    системы 181–186
советские бытовые приборы
    и техника на Кубе
советские декоративные и функ-
    циональные предметы
    в индийских домах 264–303
    воспоминания о «доме»
    267–273
    интеллектуальное родство
    и солидарность 273–285
    диковинки и социальные
    товары 285–293
советские книги 215–263
    аффективная атмосфера
    254–260
    в Кочине 259
    в переводе на хинди 209, 223,
    238, 281
    в сравнении с американскими
    учебниками 250
    детские книги 239–241
    доступность 215, 216, 226, 235,
    256, 261
    жизненные сближения
    231–244
    книги о космосе 218, 228, 229
    книжные магазины 215, 216,
    226, 239
    книжные ярмарки и частные
    лавки 215, 216

книжный коллаж Ранджита
Хоскота 245, 257
моральный режим 260–262
научная литература 246, 247
о семье и социальной матрице
230, 242
отождествление 230, 231, 243
раскрытие мира 219–230
распространение 215, 216,
256, 258
советская геополитика
в Индии посредством 219, 222,
227, 228, 230, 245
учебник по алгебре 250, 251
ценность и пафос советского
научного подхода 244–254
чтение 216, 217, 219–223, 226,
228, 229–233, 239, 242, 243, 248,
253–256, 259–263
советские коммунистические
артефакты 27
советские промышленные
предприятия 286
советские туристы в Индии
206, 296
советский проект, местная
сборка 117
советские сочинения об Индии 204
советское гостеприимство
и дружелюбие 158, 277,
279, 281
советское производство 27, 62,
77, 94, 102, 112, 120, 132,
145, 206
советские удобства 102–147
советско-кубинские отношения
32, 36, 71, 78, 81, 82, 101,
118, 121

советско-кубинские связи
в области промышленности
81, 117
советско-кубинское сотрудничество 74, 99, 117, 121,
151, 171
Советско-кубинская комиссия
по экономическому и научно-
техническому сотрудниче-
ству 74
совокупность 304
Соединенные Штаты Америки
(США) 28, 29, 72, 73, 75, 78, 82,
83, 100, 101, 104, 111, 112, 114,
121, 132, 152, 153, 191–193,
195, 196, 198, 204, 207, 210,
212, 214, 221, 229, 235, 236,
246, 264, 289, 290, 292, 297,
313, 318, 320, 327
пакет помощи для Индии 198
высадка в заливе Свиней 72
эмбарго против Кубы 72, 78,
82, 88, 100, 110, 115, 141, 147,
311, 313
Служба иммиграции и нату-
рализации 152
империализм 75
операция *Питер Пэн* 152,
154, 318
импорт кубинского сахара
72, 73
безвизовый въезд 152, 153
солидарность людей друг
с другом 150
солидарность между восточным
блоком и Глобальным Югом
83, 214, 308
*Солнечный ветер*, книга Алексея
Леонова 243–245

сопереживание 105, 122–137, 171,
230, 231, 261, 262, 274, 285,
302, 321
социализм 19, 22, 27, 30, 72, 73,
77, 185, 196, 199, 210–212, 220,
223, 232, 272, 281, 298, 311
социалистическая глобализация
18, 146
социалистическая модернизация
286, 307
социалистические достиже-
ния 143
социалистические товары, идеал
конструктивистов 22
социалистический блок 73, 74,
85, 91, 92, 97, 99, 138, 145,
151, 305
социалистический интернационализм 28, 277
социалистический менталитет
136, 211
социалистическое сознание
102, 103
социальная маргинализация 99
социальная мобильность 282, 323
социальная справедливость 83,
104, 267, 285
социальное обеспечение 73, 100
социальные агенты 51–54
социальные отношения 56, 310
социальные потребности 122
социальные репрезентации 61,
62, 296, 302
социальные сети 13, 57, 187, 213
Союз писателей и художников
Кубы 98
стабилизация 62
сталелитейные заводы 198, 199,
222, 250, 255, 264, 296

Сталин Иосиф Виссарионович
152, 194
сталинизм 152
стенка, советская 172, 173
стипендии 29, 167, 203, 204, 267
структура чувства 49, 65
студенты 28–31, 39, 51, 53, 54,
79–81, 86, 87, 148, 158, 160, 162,
166–168, 202, 203, 247, 251, 257,
273, 277, 278, 281, 282, 312
студенческая жизнь как пространство геосоциальности
160–170
студенческий обмен 20, 28, 29,
202, 265
субальтернативная геополитика 51
субъективность 18, 67, 186, 219,
262, 291, 304, 305, 310, 311, 317,
320, 322, 323, 326
сувениры 20, 26, 27, 32, 33, 42, 43,
52, 55–57, 62, 65, 79, 81, 100,
101, 148–153, 160–163,
166–168, 171, 173, 187, 203,
205, 206, 214, 263–268, 271,
273, 277–279, 281, 282, 285,
301, 308, 309
и бытовая техника в Индии
265, 266
как артефакты, воплощающие
геосоциальность 150, 151
индийские собеседники
213, 214
и моральная экономика
кубинского дома 142, 308

*Та сторона, где ветер*, повесть
Владислава Крапивина
236, 237

телевидение, телевизор 22, 87, 91, 93, 103, 112, 117–123, 125, 126, 128, 130, 133, 134, 136, 145, 168, 288

технологические достижения 60, 121

технологические институты 199, 246

технологические ноу-хау, обмен 210, 300

технологический прогресс 42, 300

технополитика 41–43

тихая политика 52, 148, 230, 265

*Тихий Дон*, роман Михаила Шолохова 238, 256, 327

товарищество 86, 92, 149, 161, 171, 186, 234

товары длительного пользования 42, 197

торговля 29, 40, 42, 72, 78, 79, 100, 115, 127, 197, 199, 202, 207, 311

транснациональная дипломатия 51

транснациональное гражданство 279, 282

транснациональное культурное пространство 248, 249, 320

транснациональные дружеские отношения 282, 283

транснациональные путешествия 173

третьемиризм 77

Третьяков Сергей Михайлович 21

*тропикализация* 117, 118, 171

*труд общежительства* 149, 265

туристы 28, 31, 51, 203, 206, 278, 296

тяжелая промышленность 42, 133, 198

удобства, бытовые 22, 92, 106

Университет дружбы народов имени Патриса Лумумбы 80, 87, 203

университетская жизнь 166, 172, 277

*Урал-2*, советский суперкомпьютер 294, 295

уровень жизни 88

устройства, приборы 23, 27, 33, 42, 55, 58, 60, 62, 63, 94, 96, 97, 102–105, 109, 114, 117–119, 125–128, 131, 132, 141, 166, 264–267, 270, 285–293, 309, 325

утилизация, избавление 58, 59, 105, 137–145

утюг 92, 112–114, 130, 136, 322, 324, 325

учебники, научно-справочная литература 25, 207, 208, 210, 213, 215, 216, 244, 246, 250–252, 294

фарфор 26, 27, 32, 39, 149, 150, 162, 168, 171–173, 279–281

финансовая нестабильность 108

фотографии 14, 38, 56, 57, 67

функциональность 134, 286, 288, 290, 293, 323

холодная война 13–15, 17–20, 28, 29, 32–35, 39, 41–44, 47, 52, 54, 60, 64–67, 83–85, 90, 102, 122, 132, 146, 149, 152, 164, 168, 170,

174, 179, 188, 192–194, 196, 209, 210, 214, 217, 220, 236, 262, 264, 270, 288, 305–307, 311, 316, 319–321, 323, 324, 327, 328
противостояние сверхдержав 20, 83, 291
геополитические нарративы 39, 54
идеологические границы 319
социалистическая глобализация во время 18, 146
хохлома, расписные ложки 27, 149, 150, 168, 214, 267, 273
Хрущев Никита Сергеевич 28, 71, 79, 86, 130, 194
беседы Неру с 194
политика мирного сосуществования 28, 79, 82, 194

циркуляция знаний 29

Чернобыль 170
Чук и Гек, книга Аркадия Гайдара 234

экспорт 20, 29, 73, 74, 97, 100, 124, 134, 147, 197, 207, 301
«экспорт» модернизации, советский дискурс о 124
эклектичная солидарность 319–328
экономическое развитие 76, 193, 199
экономическое превосходство 115
экономность, бережливость 95, 123
элитарный сценарий 16, 45

эмбарго, американское 72, 78, 82, 88, 100, 110, 115, 141, 147, 311, 313
эмоции 18, 21, 41, 47–51, 56, 64, 105, 109, 115, 128, 150, 204, 230, 234, 257, 259
эмоциональная география 47, 55
эмоциональные связи 56, 65, 149, 150, 164, 172, 179
энергетическая революция 99, 141, 312
эстетическая ценность 56
этическое потребление 286

Югославия 73, 84

ядерные технологии 15, 196
Япония 141

General Electric 87, 322, 324, 325
Hindustan Publishing Company 207
India Today 202
Caribé (советский телевизор) 103, 117, 118, 122, 123
casas de regalos / дома подарков 93, 96, 103
Central de Trabajadores de Cuba / Профсоюзный центр трудящихся Кубы 92
Quest, журнал 254
quinquenio gris / серая пятилетка 74
Mad Magazine, журнал 222
mercados paralelos / параллельные рынки сбыта 96
Newsweek, журнал 222

polovinas, потомки русско-
кубинских браков 81
*Scroll*, индийское ежедневное
интернет-издание 220
*Soviet Land / Soviet Bhoomi /
Советский Союз*, журнал
222, 223
*Soviet Life*, журнал 254

*SPAN*, пропагандистский
американский журнал 209, 254
*Sputnik*, журнал 218
*Time*, журнал 222, 254
Hindustan Publishing Com-
pany 207
*Economic and Political Weekly The*,
журнал 29, 199

# Оглавление

Список иллюстраций ......................... 7
Слова благодарности ....................... 12

Введение ................................... 15
Глава 1. Геополитика. Жизненный опыт. Аффект. Вещи .... 40

## Часть I. КУБА

Глава 2. Кубинский советский период .................. 71
Глава 3. Советские удобства. Солидарность и благодарность
    как геополитическое настроение ..................... 102
Глава 4. Советские подарки и сувениры. Общение
    и дружелюбие в дипломатическом быту .............. 148

## Часть II. ИНДИЯ

Глава 5. Индия в период дружбы с Советами ............ 191
Глава 6. Советские книги. Аффекты международной
    солидарности ..................................... 215
Глава 7. Артефакты советского быта. Социальный фактор
    и доступность .................................... 264
Заключение ................................. 304

Библиографический список .................... 329
Предметно-именной указатель ................ 348

*Научное издание*

**Судха Раджагопалан**
**ПУТЕШЕСТВИЯ СОВЕТСКИХ ВЕЩЕЙ**
**Холодная война как жизненный опыт на Кубе и в Индии**

Директор издательства *И. В. Немировский*
Ответственный редактор *И. Белецкий*
Куратор серии *Р. Борисова*
Заведующая редакцией *Н. Ломтева*

Дизайн *И. Граве*
Редактор *П. Матвеева*
Корректоры *Н. Занозина, И. Манлыбаева*
Верстка *Е. Падалки*

Подписано в печать 31.10.2024.
Формат издания 60 × 90 $^1/_{16}$. Усл. печ. л. 22,9.
Тираж 200 экз.

Academic Studies Press
1577 Beacon Street, Brookline, MA 02446 USA
https://www.academicstudiespress.com

ООО «Библиороссика».
198207, г. Санкт-Петербург, а/я № 8

Эксклюзивные дистрибьюторы:
ООО «Караван»
ООО «КНИЖНЫЙ КЛУБ 36.6»
http://www.club366.ru
Тел./факс: 8(495)9264544
e-mail: club366@club366.ru

Книги издательства можно купить
в интернет-магазине: www.bibliorossicapress.com
e-mail: sales@bibliorossicapress.ru

12+

www.ingramcontent.com/pod-product-compliance
Lightning Source LLC
Chambersburg PA
CBHW070403100426
42812CB00005B/1617